U0026801

隋書

四部備要

史部

中華書局據武英殿本校刊

桐鄉　陸費逵　總勘

杭縣　高時顯　吳汝霖　輯校

杭縣　丁輔之　監造

隋書卷十八

唐太尉揚州都督監修國史上柱國趙國公臣長孫無忌等撰

律曆志第十三

律曆下

開皇二十年，袁充奏日長影短，高祖因以曆事付皇太子，遣更研詳著日長之候。太子徵天下曆算之士，咸集于東宮。劉焯以太子新立，復增修其書，名曰皇極曆，駁正胄玄之短。太子頗嘉之，未獲考驗。焯爲太學博士，負其精博，志解胄玄之印，官不滿意，又稱疾罷歸。至仁壽四年，焯言胄玄之誤於皇太子，其一曰：張胄玄所上見行曆，日月交食，星度見留，雖未盡善，得其大較，官至五品，誠無所愧。但因人成事，非其實錄，就而討論，違舛甚衆。其二曰：胄玄弦望晦朔，違古且疏，氣節閏候，乖天爽命。時不從子半，晨前別爲後日。日躔莫悟緩急，月逡妄爲兩種，月度之轉，輒遺盈縮，交會之際，意造氣差。七曜之行，不循其道，月星之度，行無出入，應黃反赤，當近更遠，虧食乖準，陰陽無法。星端不協，珠璧不同，盈縮失倫行度愆序去極晷漏應有而無食分先後彌爲煩碎測今不審考古莫通立術之疎不可紀極今隨事糾駁凡五百三十六條其三曰冑玄以開皇五年與李文琮於張賓曆行之後本州貢舉即齎所造曆擬以上應其曆在鄉陽流布散寫甚多今所見行與焯前曆不異玄前擬獻年將六十非是怱迫倉卒始爲何故至京未幾即變同焯曆與舊懸殊焯作於前玄獻於後捨己從人異同暗會且孝孫因焯冑玄後附孝孫曆術之文又皆是孝孫所作則元本偷竊事甚分明恐冑玄推諱故依前曆爲駁凡七十五條并前曆本俱上其四曰玄爲史官自奏虧食前後所上多與曆違今算其乖舛有一十三事又前與太史令劉暉等校其疎密五十四事云五十三條新計後爲曆應密於舊見用算推更疎於本今糾發并前凡四十四條其五曰冑玄於曆未爲精通然孝孫初造皆有意徵天推步事必出生不是空文徒爲臆斷其六曰焯以開皇三年奉勑修造顧循記注自許精微秦漢以來無所與讓尋聖人之迹悟曩哲之心測七曜之行得三光之度正諸氣朔成一曆象會通今古符允經傳稽於庶類信而

有徵胄玄所違焯法皆合胄玄所闕今則盡有檃括始終謂爲總備仍上啓曰自木鐸寢聲緒言成燼羣生蕩析諸夏沸騰曲技雲浮疇官兩絶曆紀廢壞千百年矣焯以庸鄙謬荷甄擢專精藝業躭翫數象自力羣儒之下冀覩聖人之意開皇之初奉勅修撰性不諧物功不克終猶被胄玄竊爲己法未能盡妙協時多爽尸官亂日實玷皇猷請徵胄玄荅驗其長短焯又造曆家同異名曰稽極大業元年著作郎王劭諸葛頴二人因入侍宴言劉焯善曆推步精審證引陽明帝曰知之久矣仍下其書與胄玄參校胄玄駮難云焯曆有歲率月率而立定朔月有三大三小案歲率月率者平朔之章歲章月也以平朔之率而求定朔值三小者猶似減三五爲十四值三大者增三五爲十六也校其理實並非十五之正故張衡及何承天創有此意爲難者執數以校其率率皆自敗故不克成今焯爲定朔則須除其平率然後爲可互相駮難是非不決焯又罷歸四年駕幸汾陽宮太史奏曰日食無效帝召焯欲行其曆袁充方幸於帝左右胄玄共排焯曆又會焯死曆竟不行術士咸稱其妙故錄其術云

甲子元距大隋仁壽四年甲子稱一百萬八千八百四十算

歲率六百七十六

月率八千三百六十七

朔日法千二百四十二

朔實三萬六千六百七十七

旬周六十

朔晨百三半

日干元五十二

日限十一

盈汎十六

虧總十七

推經朔術

置入元距所求年月率乘之如歲率而一爲積月不滿爲閏衰朔實乘積月滿

朔日法得一爲積日不滿爲朔餘旬周去積日不盡爲日卽所求年天正經朔日及餘求上下弦望加經朔日七餘四百七十五小卽上弦經日及餘又加得望下弦及後月朔就徑求望者加日十四餘九百五十半下弦加日二十二餘百八十四餘九百五十半下弦加五十九每月加閏衰二十大卽各其月閏衰也凡月建子爲天正建丑爲地正建寅爲人正卽以人正爲正月統求所起本於天正若建歲曆從正月始氣候月星所值節度雖有前却並亦隨之其前地正爲十二月天正爲十一月幷諸氣度皆屬往年其日之初亦從星起晨前多少俱歸昨日若氣在夜半之後量影以後日爲正諸因加者各以其餘減法殘者爲全餘若所因之餘滿全餘以上皆增全一而加之減其全餘卽因餘少於全餘者不增全加皆得所求分度亦爾凡曰不全爲餘積以成餘者曰秒度不全爲分積以成分者曰篾其有不成秒曰麼不成篾曰幺其分餘秒篾皆一爲小二爲半三爲大四爲全加滿全者從一其三分者一爲少二爲太若加者秒篾成法分餘滿法從日度一百度有所滿則從去之而日命以日辰者滿旬周

則亦除命有連分餘秒篾者亦隨全而從去其日度雖滿而分秒不滿者未可
從去仍依本數若減者秒篾不足減分餘一加法而減之分餘不足減者加所
從去或前日度乃減之即其名有總而日度全及分餘共者須相加除當皆連
全及分餘共加除之若須相乘有分餘者母必通全內子乘訖報除或分餘相
并母不同者子乘而并之母相乘爲法其并滿法從一爲全此即齊同之也既
除爲分餘而有不成若例有秒篾法乘而又法除得秒篾數已爲秒篾及正有
分餘而所不成不復須者須過半從一無半棄之若分餘其母不等須變相通
以彼所法之母乘此而分餘而此母除之得彼所須之子所有秒篾者亦法乘
不滿此母又除而得其數麽么亦然其所除去而有不盡全則謂之不盡亦曰
不如其不成全全乃爲不滿分餘秒篾更曰不成凡以數相減而有小及半太
須相加減同於分餘法者皆以其母三四除其氣度日法以半及太大本率二
三乘之少小即須因所除之數隨其分餘而加減焉秋分後春分前爲盈汎春
分後秋分前爲虧總須取其數汎總爲名指用其時春分爲主虧日分後盈日

分前凡所不見皆放於此

氣日法四萬六千六百四十四

歲數千七百三萬六千四百六十六半

度準三百四十八

約率九

氣辰三千八百八十七

餘道八百九十七

秒法四十八

𢈔法五

推氣術

半閏衰乘朔實又準度乘朔餘加之如約率而一所得滿氣日法爲去經朔日不滿爲氣餘以去經朔日卽天正月冬至恆日定餘乃如夜數之半者減日一滿者因前皆爲定日命日甲子算外卽定冬至日其餘如半氣辰千九百四十

三半以下者爲氣加子半後也過以上先加此數乃氣辰而一命以辰算外即氣所在辰十二辰外爲子初以後餘也又十二乘辰餘四爲小太亦曰少

五爲半少　六爲半　七爲半太

八爲大少亦曰太　九爲太　十爲大太

十一爲窮辰少

其又不成法者半以上爲進以下爲退退以配前爲強進以配後爲弱即初不成一而有退者謂之沾辰初成十一而有進者謂之窮辰未旦其名有重者則於間可以加之命辰通用其餘辨日分辰而判諸日因別亦皆準此因冬至有減日者還加之每加日十五餘萬一百九十秒三十七即各次氣恆日及餘諸月齊其閏衰如求冬至法亦即其月中氣恆日去經朔數其求後月節氣恆日如次之求前節者減之

月　氣	躔衰	衰總	陟降率	遲速數
十一月 大雪 冬至中	增二十八	先端	陟五十	速本

月	氣	損益	先後	陟降	遲速
十二月	小寒節	增二十四	先二十八	陟五十三	速五十
	大寒中	增二十	先五十二	陟三十六	速九十三
正月	立春節	增二十	先七十二	陟三十六	速一百二十九
	雨水中	增二十四	先九十二	陟四十三	速一百六十五
二月	驚蟄節	增二十八	先一百一十六	陟五十	速二百
	春分中	損二十八	先一百四十四	陟五十	速二百五十八
三月	清明節	損二十四	先一百一十六	降四十三	速二百八
	穀雨中	損二十	先九十二	降三十六	速一百六十五
四月	立夏節	損二十	先七十二	降三十六	速一百二十九
	小滿中	損二十四	先五十二	降四十三	速九十三
五月	芒種節	損二十八	先後端	降五十	速五十
	夏至中	增二十八	後端	降五十	遲九十
六月	小暑節	增二十	後五十二	陟三十六	遲九十三
	大暑中	增二十	後五十二	陟三十六	遲九十三
七月	立秋節	增二十	後七十二	陟三十六	遲一百二十九
	處暑中	增二十四	後九十二	陟四十四	遲一百六十九
八月	白露節	增二十八	後一百一十六	陟五十	遲二百八
	秋分中	損二十八	後一百四十四	陟五十	遲二百五十八
九月	寒露節	損二十四	後一百一十六	陟四十三	遲二百八
	霜降中	損二十	後九十二	降三十六	遲一百六十三
十月	立冬節	損二十	後七十二	降三十六	遲一百二十九
	小雪中	損二十四	後五十二	降四十三	遲九十三
十一月	大雪節	損二十八	後二十八	降五十	遲五十
	冬至				

推每日遲速數術

見求所在氣陟降率并後氣率半之以日限乘而汎總除得氣末率又日限乘二率相減之殘汎總除爲總差其總差亦日限乘而汎總除爲別差率前少者以總差減末率爲初率乃別差加之前多者卽以總差加末率皆爲氣初日陟降數以別差前多者日減前少者日加初數得每日數所曆推定氣日隨算其數陟加降減其遲速爲各遲速數其後氣無同率及有數同者皆因前末以末數爲初率加總差爲末率及差漸加初率爲每日數通計其秒調而御之求月朔弦望應平會日所入遲速各置其經餘爲辰以入氣辰減之乃日限乘日日內辰爲入限以乘其氣前多之末率前少之初率日限而一爲總率其前多者入限減汎總之殘乘總差汎總而一爲入差并於總差入限乘倍日限除以總率前少者入限再乘差別日限自乘倍而除亦加總率皆爲總數乃以陟加降減其氣遲速數爲定卽速加遲減其經餘各其月平會日所入遲速定日及餘求每日所入先後各置其氣躔衰與衰總皆以餘通乘之所乃躔衰如陟降衰總如遲速數亦如求遲速法卽得每所入先後及定數

求定氣其每日所入先後數卽爲氣餘其所曆日皆以先加之以後減之隨算其日通准其餘滿一恆氣卽爲二至後一氣之數以加二如法用別其日而命之又算其次每相加命各得其定氣日及餘也亦以其先後已通者先減後加其恆氣卽次氣定日及餘亦因別其日命以甲子各得所求

求土王距四立各四氣外所入先後加減滿二日餘八千一百五十四秒十歷除所滿日外卽土始王日

求候日定氣卽初候日也三除恆氣各爲平候日餘亦以所入先後數爲氣餘所曆之日皆以先加後減隨計其日通準其餘每滿其平以加氣日而命之卽得次候日亦算其次每相加命又得末候及次氣日

氣	初候	次候	末候	夜半漏	昏去中星
冬至	武始交	芸始生	荔挺出	二十七刻分四十二	八十二度轉分四十七
小寒	蚯蚓結	麋角解	水泉動	二十七刻二十六	八十三度十六
大寒	鴈北向	鵲始巢	雉始雊	二十六刻七十六	八十五度六

節氣	初候	次候	末候	晝刻	度
立春	雞始乳	東風解凍	蟄蟲始振	二十五刻九十八半	八十七度四十九
雨水	魚上冰	獺祭魚	鴻鴈來	二十四刻九十六半	九十一度四十八
驚蟄	始雨水	桃始華	倉庚鳴	二十三刻七十七半	九十六度三
春分	鷹化爲鳩	玄鳥至	雷始發聲	二十二刻五十	一百度三十七半
清明	電始見	蟄蟲咸動	蟄蟲啓戶	二十一刻二十二半	百五度二十一
穀雨	桐始華	田鼠爲鴽	虹始見	二十刻三半	百九度三十九
立夏	萍始生	戴勝降桑	螻蟈鳴	十九刻一半	百一十三度二十五
小滿	蚯蚓出	王瓜生	苦菜秀	十八刻二十三	百一十六度十九
芒種	靡草死	小暑至	螳蜋生	十七刻六十九	百一十八度十八
夏至夜四十刻十四分	鵙始鳴	反舌無聲	鹿角解	十七刻五十七	百一十八度四十
小暑	蟬始鳴	半夏生	木堇榮	十七刻六十九	百一十八度十八
大暑	温風至	蟋蟀居壁	鷹乃學習	十八刻二十三	百一十六度十九
立秋	腐草爲螢	土潤溽暑	涼風至	十九刻一半	百一十三度二十五

處暑	白露降	寒蟬鳴	鷹祭鳥	二十刻 三	百九度 三十九
白露	天地始肅	暴風至	鴻雁來	二十一刻 二十三半	百五度 二十一
秋分	玄鳥歸	羣鳥養羞	雷始收聲	二十二刻 五十	百度 二十七半
寒露	蟄蟲附戶	殺氣盛	陽氣始衰	二十三刻 七十七半	九十六度 三
霜降	水始涸	鴻雁來賓	雀入水爲蛤	二十四刻 九十六半	九十一度 三十六
立冬	菊有黃華	豺祭獸	水始冰	二十五刻 九十八半	八十七度 三
小雪	地始凍	雉入水爲蜃	虹藏不見	二十六刻 九十六	八十五度 六
大雪	冰益壯	地始坼	鶡旦鳴	二十七刻 二十六	八十三度 十六

倍夜半之漏得夜刻也以減百刻不盡爲晝刻每減晝刻五以加夜刻即其晝爲日見夜爲不見刻數刻分以百爲母

求日出入辰刻十二除百刻十二除百刻得辰刻數爲法半不見刻以半辰加之爲日出實又加日出見刻爲日入實如法而一命子算外即所在辰不滿法爲刻及分

求辰前餘數氣朔日法乘夜半刻百而一卽其餘也

求每日刻差每氣準爲十五日全刻二百二十五爲法其二至各前後於二分而數因相加減間皆六氣各盡於四立爲三氣至與前日爲一乃每日增太又各二氣每日增少其末之氣每日增少之小而末六日不加而裁焉二望至前後一氣之末日終於十少二氣初日稍增爲十二半終於二十大三氣初日二十一終於三十少四立初日三十一終於三十五太五氣亦稍增初日三十六太終四十一少末氣初日四十一少終於四十二每氣前後累算其數又百八十乘爲實各汎總乘法而除得其刻差隨而加減夜刻而半之各得入氣夜之半刻其分後十五日外累算盡日乃副置之百八十乘虧總除爲其所因數以減上位不盡爲所加也不全日者隨辰率之

求晨去中星加周度一各昏去中星減之不盡爲辰去度

求每日度差準日因增加裁累算所得百四十三之四百而一亦百八十乘汎總除爲度差數滿轉法爲度隨日加減各得所求分後氣間亦求準外與前求

刻至前加減皆因日數逆算求之亦可因至向背其刻各減夏加而度各加夏減者至前以入氣減氣間不盡者因後氣而反之以不盡日累算乘除所定從後氣而逆以加減皆得其數此但略校其總若精存于稽極云

轉終日二十七餘千二百五十五

終法二千二百六十三

終實六萬二千三百五十六

終全餘千八

轉法五十二

篾法八百九十七

閏限六百七十六

推入轉術終實去積日不盡以終法乘而又去不如終實者滿終法得一日不滿爲餘卽其年天正經朔夜半入轉日及餘

求次日加一日每日滿轉終則去之且二十八日者加全餘爲夜半入初日餘

求弦望皆因朔加其經日各得夜半所入日餘

求次月加大月二日小月一日皆及全餘亦其夜半所入

求經辰所入朔弦望經餘變從轉不成爲秒加其夜半所入皆其辰入日及餘因朔辰所入每加日七餘八百六十五秒千一百六十大秒滿日法成餘亦得上弦望下弦次朔經辰所入徑求者加望日十四餘千七百三十一秒千七十九半下弦日二十二餘三百三十四秒八百九十七小次朔日一餘二千二百入秒九百一十七亦朔望各增日一減其全餘望五百三十一秒百六十二半朔五十四秒三百二十五

求月平應會日所入以月朔弦望會日所入遲速定數亦變從轉餘乃速加遲減其經辰所入餘卽各平會所入日餘

轉日	速分	違差	加減	朓朒積
一日	七百六十四	消七	加六十八	朓初
二日	七百五十七	消八	加六十一	朓百二十三

三日	七百四十九	消十一	加五十三	朓二百四十四
四日	七百四十八	消十二	加四十二	朓三百三十一
五日	七百二十六	消十三	加三十一	朓四百八
六日	七百一十三	消十三	加十八	朓四百六十四
七日	七百	消十三加五減秒太	九分八加二減	朓四百九十六
八日	六百八十八	消十四	減七	朓五百五
九日	六百七十四	消十四	減二十一	朓四百九十二
十日	六百六十	消十二	減三十四	朓四百五十四
十一日	六百四十八	消九	減四十六	朓三百九十一
十二日	六百三十九	消七	減五十五	朓三百七
十三日	六百三十二	消六	減六十二	朓二百七
十四日	六百二十六	息二	減五十六減七加十六二加	朓九十四
十五日	六百二十八	息七	加六十六	朒二十八

十六日	六百三十五	息九	加五十九	朒百四十八
十七日	六百四十四	息十一	加五十	朒二百五十六
十八日	六百五十五	息十一	加三十九	朒三百四十七
十九日	六百六十六	息十三	加二十九	朒四百一十九
二十日	六百七十九	息十四	加十六	朒四百七十一
二十一日	六百九十三	息十三	加三六加減大三減	朒五百
二十二日	七百五	息十四	減十七	朒五百五當日自見爲五
二十三日	七百二十九	息十三	減二十三	朒四百八十七
二十四日	七百三十一	息十二	減三十六	朒四百四十六
二十五日	七百四十四	息十	減四十八	朒三百八十
二十六日	七百五十四	息七	減五十八	朒二百九十三
二十七日	七百六十一	息五篾四	減六十五	朒百八十八
二十八日	七百六十六篾	平五息四消	減七十三十八少終餘四十一太全餘	朒七十

推朔弦望定日術

各以月平會所入之日加減限限并後限而半之爲通率又二限相減爲限衰前多者以入餘減終法殘乘限衰終法而一并於限衰而半之前少者半入餘乘限衰亦終法而一皆加通率入餘乘之日法而一所得爲平會加減限數其限數又別從轉餘爲變餘朓減朒加本入餘限前多者朓以減與未減朒以加與未加皆減終法并而半之以乘限衰前少者亦朓朒各并二入餘半以乘限衰皆終法而一加於通率變餘乘之日法而一所得以朓減朒加限數加減朓朒積而定朓朒乃朓減朒加其平會日所入餘滿若不足進退之卽朔弦望定日及餘不滿晨前數者借減日算命甲子算外各其日也不減與減朔日立算與後月同若俱無立算者月大其定朔算後加所借減算閏衰限滿閏限定朔無中氣者爲閏滿之前後在分前若近春分後秋分前而或月有二中者皆量置其朔不必依定其後無同限者亦因前多以通率數爲半衰而減之前少卽爲通率其加減變餘進退日者分爲一日隨餘初末如法求之所得并以加減

限數凡分餘秒篾事非因舊文不著母者皆十爲法若法當求數用相加減而

更不過通遠率少數微者則不須算其入七百餘二千一十一十四日餘千七

百五十九二十一日餘千五百七二十八日始終餘以下爲初數各減終法以

上爲末數其初末數皆加減相返其要各爲九分初則七日八分十四日七分

二十一日六分二十八日五分末則七日一分十四日二分二十一日三分二

十八日四分雖初稍弱而末微強餘差止一理勢兼舉皆今有轉差各隨其數

若恆算所求七日與二十一日得初衰數而末初加隱而不顯且數與平行正

等亦初末有數而恆算所無其十四日二十八日既初末數存而虛衰亦顯其

數當去恆法不見

求朔弦望之辰所加

定餘半朔辰五十一大以下爲加子過以上加此數乃朔辰而一亦命以子十

二算外又加子初以後其求入辰強弱如氣

求入辰法度

度法四萬六千六百四十四

周數千七百三萬七千七十六

周分萬二千一十六

轉十三

箎三百五十五

周差六百九半

在日謂之餘通在度謂之箎法亦氣爲日法爲度法隨事名異其數本同女末接虛謂之周分變周從轉謂之轉晨昏所距日在黃道中準度赤道計之

斗二十六　牛八　女十二　虛十　危十七　室十六　壁九

北方玄武七宿九十八度

奎十六　婁十三　胃十四　昴十一　畢十六　觜三　參九

西方白虎七宿八十度

井三十三　鬼四　柳十五　星七　張十八　翼十八　軫十七

南方朱雀七宿百一十二度

角十二　亢九　氐十五　房五　心五　尾十八　箕十一

東方蒼龍七宿七十五度

前皆赤道度其數常定紘帶天中儀極攸準

推黃道術　準冬至所在爲赤道度後於赤道西度爲限初數九十七每限增一以終百七其三度少弱平乃初限百九亦每限增一終百一十九春分所在因百一十九每損一又終百九亦三度少弱平乃初限百七每限損一終九十七夏至所在又加冬至後法得秋分冬至所在數各以數乘其限度百八而一累而總之卽皆黃道度也度有分者前輩之宿有前却度亦依體數逐差遷道不常定準令爲度見步天行歲久差多隨術而變

斗二十四　牛七　女十一半　虛十　危十七　室十七　壁十

北方九十六度半

奎十七　婁十三　胃十五　昴十一　畢十五半　觜二　參八

西方八十一度半

井三十　鬼四　柳十四半　星七　張十七　翼十九　軫十八

南方一百九度半

角十三　亢十　氐十六　房五　心五　尾十七　箕十

東方七十六度半

前見黃道度步日所行月與五星出入循此

推月道所行度術

準交定前後所在度半之亦於赤道四度爲限初十一每限損一以終於一其三度強平乃初限數一每限增一亦終十一爲交所在即因十一每限損一以終於一亦三度強平又初限數一每限增一終於十一復至交半返前表裏仍因十一增損如道得後交及交半數各積其數百八十而一即道所行每與黃道差數其月在表半後交前損增加交後半前損加增減於黃道其月在裏各返之即得月道所行度其限未盡四度以所直行數乘入度四而一若月在黃

道度增損於黃道之表裏不正當於其極可每日準去黃道度增損於黃道而計去赤道之遠近準上黃道之率以求之道伏相消朓朒互補則可知也積交差多隨交爲正其五星先候在月表裏出入之漸又格以黃儀準求其限若不可推明者依黃道命度

推日度術

置入元距所求年歲數乘之爲積實周數去之不盡者滿度法得積度不滿爲分以冬至餘減分命積度以黃道起於虛一宿次除之不滿宿算外卽所求年天正冬至夜半日所在度及分

求年天正定朔度

以定朔日至冬至每日所入先後餘爲分日爲度加分以減冬至度卽天正定朔夜半日在所度分亦去朔日乘衰總已通者以至前定氣除之又如上求差加以并去朔日乃減度亦卽天正定朔日所在度皆日爲度餘爲分其所入先後及衰總用增損者皆分前增分後損其平日之度

求次日

每日所入先後分增損度以加定朔度得夜半

求弦望

去定朔每日所入分累而增損去定朔日乃加定朔度亦得其夜半

求次月

曆算大月三十日小月二十九日每日所入先後分增損其月以加前朔度即各夜半所在至虛去周分

求朔弦望辰所加

各以度準乘定餘約率而一爲平分又定餘乘其日所入先後分日法而一乃增損其平分以加其夜半即各辰所加其分皆篾法約之爲轉分不成爲篾凡朔辰所加者皆爲合朔日月同度

推月而與日同度術

各以朔平會加減限數加減朓朒爲平會朓朒以加減定朔度準乘約率除以

加減定朔辰所加日度卽平會辰日所在又平會餘乘度準約率除減其辰所在爲平會夜半日所在乃以四百六十四半乘平會餘亦以周差乘朔實除從之以減夜半日所在卽月平會夜半所在三十七半乘平會餘增其所減以加減半得月平會辰平行度五百二乘朓朒亦以周差乘朔實除而從之朓減朒加其平行卽月定朔辰所在度而與日同若卽以平會朓朒所得分加減平會辰所在亦得同度

求月弦望定辰度

各置其弦望辰所加日度及分加上弦度九十一轉分十六篾三百一十三望度百八十二轉分三十二篾六百二十六下弦度二百七十三轉分四十二皆至虛去轉周求之

定朔夜半入轉

經朔夜半所入準於定朔日有增損者亦以一日加減之否者因經朔爲定其因定求朔次日弦望次月夜半者如於經月法爲之推月轉日定分術

以夜半入轉餘乘逡差終法而一爲見差以息加消減其日逡分爲月每日所行逡定分

求次日

各以逡定分加轉分滿轉法從度皆其夜半因日轉若各加定日皆得朔弦夜半月所在定度其就辰加以求夜半各以逡分消者定餘乘差終法除幷差而半之息者半定餘以乘差終法而一皆加所減乃以定餘乘之日法而一各減辰所加度亦得其夜半度因夜半亦如此求逡分以加之亦得辰所加度諸轉可初以逡分及差爲篾而求其次皆訖乃除爲轉分因經朔夜半求定辰度者以定辰去經夜半減而求其增損數乃以數求逡定分加減其夜半亦各定辰度

求月晨昏度

如前氣與所求每日夜之半夜以逡定分乘之百而一爲晨分減逡定分爲昏分除爲轉度望前以昏後以晨加夜半定度得所在求晨昏中星各以度數加

夜半定度即中星度其朔弦望以百刻乘定餘滿日法得一刻即各定辰近入刻數皆減其夜半漏不盡爲晨初刻不滿者屬昨日

復月五千四百五十八

交月二千七百二十九

交率四百六十五

交數五千九百二十三

交法七百三十五萬六千三百六十六

會法五十七萬七千五百三十

交復日二十七　餘二百六十三

秒三千四百三十五

交日十三　餘七百五十三

秒四千六百七十九

交限日十三　餘三百五十五

杪四百七十三半

望差日一　餘百九十七

杪四千二百五十

朔差日二　餘三百九十五

杪二千四百八十八

會限百五十八　餘六百七十六

杪五十半

會日百七十三　餘三百八十四

杪二百八十三

推月行入交表裏術

置入元積月復月去之不盡交率乘而復去不如復月者滿交月去之爲在裏數不滿爲在表數卽所求年天正經入交表裏數

求次月

以交率加之滿交月去之前表者在裏前裏者在表

入交日	去交衰	衰積
一日	進十四	衰始
二日 餘百九十八以下食限	進十二	十四
三日	進十一半	二十七
四日	進九半	三十八半
五日	進七	三十八
六日	進四	五十五
七日	進五分四進强 退一分一退弱	五十九
八日	退二	六十 六十又一分 一分當日限
九日	退五	五十八
十日	退八	五十三
十一日	退十半	四十五

十二日　退十二半　四十四半

十三日餘五百五十五以上食限　退十三半　二十二

十四日　退十四小三退强二退弱　八半

推月入交日術

以朔實乘表裏數爲交實滿交法爲日不滿者交數而一成餘不爲杪命日算外即其經朔月平入交日餘

求望以望差加之滿交日去之則月在表裏與朔同不滿者與朔返其月食者先交與當月朔後交與月朔表裏同

求次月朔差加月朔所入滿交日去之表裏與前月進不滿者與前月同

求經朔望入交常日

以月入氣朔望平會日遲速定數速加遲減其平入交日餘爲經交常日及餘

求定朔望入交定日

以交率乘定朓朒交數而一所得以朓減朒加常日餘即定朔望所入定日餘

其去交如望差以交限以上者月食月在裏者日食

推日入會術

會法除交實爲日不滿者如交率爲餘不成爲秒命日算外即經朔日入平會日及餘

求望加望日及餘次月加經朔其表裏皆準入交求入會常日以交數乘月入氣朔望所平會日遲速定數交率而一以速加遲減其入平會日餘即所入常日餘亦以定朓朒而朓朒加其常日餘即日定朔望所入會日及餘皆滿會日去之其朔望去會如望以下會限以上者亦月食月在日道裏則日食

求月定朔望入交定日夜半

交率乘定餘交數而一以減定朔望所入定日餘即其夜半所定入

求次日

以每日遲速數分前增分後損定朔所入定日餘以加其日各得所入定日及餘

求次月

加定朔大月二日小月一日皆餘九百七十八杪二千四百八十八各以一月遲速數分前增分後損其所加爲定其入七日餘九百九十七杪二千三百三十九半以下者進其入此以上盡全餘二百四十四杪三千五百八十三半者退其入十四日如交餘及杪以下者退其入此以上盡全餘四百八十九杪千二百四十四者進而復也其要爲五分初則七日四分十四日三分末則七日後一日十四日後二分雖初強末弱衰率有檢求月入交去日道皆同其數以交餘爲杪積以後衰并去交衰半之爲通數進則杪積減衰法以乘衰交法除而并衰以半之退者半杪積以乘衰交法而一皆加通數杪積乘交法除所得以進退衰積十而一爲度不滿者求其強弱則月去日道數月朔望入交如限以上減交日殘爲去後交數如望差以卽爲去先交數有全日同爲餘各朔辰而一得去交辰其月在日道裏日應食而有不食者月在日不應食而亦有食者

推應食不食術

朔先後在夏至十日內去交十二辰少二十日內十二辰半一月內十二辰大閏四月六月十二辰以上加南方三辰若朔在夏至二十日內去交十三辰以加辰申半以南四辰閏四月六日亦加四辰穀雨後處暑前加三辰清明後白露前加巳半以西未半以東二辰春分前加午一辰皆去交十三辰半以上者並或不食

推不應食而食術

朔在夏至前後一月內去交二辰四十六日內一辰半以加二辰又一月內亦一辰半加三辰及加四辰與四十六日內加三辰穀雨後處暑前加巳少後未太前清明後白露前加二辰春分後秋分前加一辰皆去交半辰以下者並得食

推月食多少術

望在分後以去夏至氣數三之其分前又以去分氣數位而加分後者皆又以

十加去交辰位而秊秊之減其去交餘爲不食定餘乃以減望差殘者九十六而一不滿者求其強弱亦如氣辰法以十五爲限命之卽各月食多少

推日食多少術

月在內者朔在夏至前後二氣加南二辰增去交餘一辰太加三辰增一辰少加四辰增太三氣內加二辰增一辰加三辰增太加四辰增少四氣內加二辰增太加辰及五氣內加二辰增小自外所加辰立夏後立秋前依本其四氣內加四辰五氣內加三辰六氣內加二辰六氣內加二辰者亦依平自外所加之北諸辰各依其去立夏立秋白露數隨其依平辰辰北每辰以其數三分減去交餘雨水後霜降前又半其去二分日數以加二分去二立之日乃減去交餘其在冬至前後更以去霜降雨水日數三除之以加霜降雨水當氣所得之數而減去交餘皆爲定不食餘以減望差乃如月食法月在外者其去辰數若日氣所繫之限止一而無等次者加所去交辰一卽爲食數若限有等次加別繫同者隨所去交辰數而返其衰以少爲多以多爲少亦加其一以爲食數皆以

十五爲限乃以命之卽各日之所食多少凡日食月行黃道體所映蔽大較正交如累璧漸減則有差在內食分多在外無損雖外全而月下內損而更高交淺則間遙交深則相搏而不淹因遙而蔽多所觀之地又偏所食之時亦別月居外道此不見虧月外之人反以爲食交分正等同在南方冬損則多夏虧乃少假均冬夏早晚又殊處南辰體則高居東西傍而下視有邪正理不可一由準率若實而違古史所詳事有紛互今故推其梗概求者知其指歸苟地非於陽城皆隨所而漸異然月食以月行虛道暗氣所衝日有暗氣天有虛道正黃道常與日對如鏡居下魄耀見陰名曰暗虛奄月則食故稱當月月食當星星亡雖夜半之辰子午相對正隔於地虛道卽虧既月兆日光當午更耀時亦隔地無礙禀明諒以天光神妙應感玄通正當夜半何害虧禀月由虛道表裏俱食日之與月體同勢等校其食分月盡爲多容或形差微增虧數疏而不漏綱要克舉

推日食所在辰術

復日三百九十八餘四萬一千一百五十六

歲一殘日三十三萬餘二萬九千七百三十九半

晃去日十四度

平晃在春分前以四乘去立春日小滿前又三乘去春分日增春分所乘者白露後亦四乘去寒露日小暑加七日小雪前以八乘去寒露日冬至後以八乘去立春日爲減小雪至冬至減七日

晃初日行萬一千八百一十八分益遲七十分百一十日行十八度分四萬七百三十八而留二十八日乃逆日退六千四百三十六分八十七日退十二度二百四又留二十八日初日行四千一百八十八分日益疾七十分百一十日亦行十八度分四萬七百三十八而伏火數三千六百三十七萬七千五百九十五

伏半平三百三十七萬九千三百二十七半

復日七百七十九餘四萬一千九百一十九

向而望月爲東北日則西南正西自日北下邪虧而亦後不正橫月高日下若食十二以上起右虧左其正東起上近虧下而北午前則漸自上邪下維西起西北虧東南維北起西南虧東北午後則稍從下傍下維東起西南虧東北維北虧東南在東則以上爲東在西則以下爲西月在外者其正南起右下虧左上在正東月自日南邪下而映維北則月微東南日返西維西南日稍移東北以至於午月南日北過午之後月稍東南日更西北維北月有西南日復東北正西月自日下邪南而上皆準此體以定起虧隨其所處每用不同其月之所食皆依日虧起每隨類反之皆與日食限同表裏而與日返其逆順上勢過其分

五星

歲爲木　熒惑爲火　鎮爲土　太白金　辰爲水

木數千八百六十萬五千四百六十八

伏半平八十三萬六千八百四十八

訖晚早亦或變常進退皆於正見前後十二刻半候之

推日月食起訖辰術

準其食分十五分爲率全以下各爲衰十四分以上以一爲衰以盡於五分每因前衰每降一分積衰增二以加於前以至三分每積增四二分每增四二分增六一分增十九皆累算爲各衰三百爲率各衰減之各以其殘乘朔日法皆率而一所得爲食衰數其率全卽以朔日法爲衰數以衰數加減食餘其減者爲起加者爲訖數亦如氣

求入辰法及求刻以加減食所刻等得起訖晚早之辰與校正見多少之數史書虧復起訖不同今以其全一辰爲率

推日月食所起術

月在景者其正南則起右上虧左上若正東月自日上邪北而下其在東南維前東向望之初不正橫月高日下乃月稍西北日漸東南過於維後南向望之月更北日差西南以至於午之後亦南望之月欹西北日復東南西南維後西

置定餘倍日限克減之月在裏三乘朔辰爲法除之所得以艮巽坤乾爲次命艮算外不滿法者半法減之無可減者爲前所減之殘爲後前則因餘後者減法各爲其率乃以十加去交辰三除之以乘率十四而一爲差其朔所在氣二分前後一氣內卽爲定差近冬至以去寒露驚蟄近夏至清明白露氣數倍而三除去交辰謂增之近冬至艮巽以加坤乾以減近夏至艮巽以減坤乾以加其差爲定差乃艮以坤加巽以乾減定餘月在外直三除去交辰以乘率十四而一亦爲定差艮坤以減巽乾以加定餘皆爲食餘如氣求入辰法卽日食所在辰及小大其求辰刻以辰克乘辰餘朔辰而一得刻及分若食近朝夕者以朔所入氣日之出入刻校食所在知食見否之少多所在辰爲正見

推月食所在辰術

三日阻減望定餘半望之所入氣日不見刻朔日法乘之百而一所得若食餘與之等以下又以此所得減朔日法其殘食餘與之等以上爲食正見數其食餘亦朔辰而一如求加辰所在又如前求刻校之月在衝辰食日月食既有起

歲再殘日四十九餘萬九千一百六

見去日十六度

平見在雨水前以十九乘去大寒日清明前又十八乘去雨水日增雨水所乘者夏至後以十六乘去處暑日小滿後又十五日寒露前以十八乘去白露日小雪前又十七乘去寒露所乘者大雪後二十九乘去大寒日爲減小雪至大雪減二十五日

見初在冬至則二百三十六日行百五十八度以後日度隨其日數增損各一盡三十日一日半損一又八十六日二日損一復三十八日同又十五日三日損一復十二日同又三十九日三日增一又二十四日二日增一又五十八日增一復三十三日同又三十日二日損一還終至冬至二百三十六日行百五十八度其立春盡春分夏至盡立夏八日減一日春分至立夏減六日立秋至秋分減五度各其初行日及度數白露至寒露初日行半度四十日行二十度以其殘日及度計充前數皆差行日益遲二十分各盡其日度乃遲初日行分

二萬二千六百六十九日益遲一百一十分六十一日行二十五度分萬五千四百九初減度五者於此初日加分三千八百二十三篾十七以遲日爲母盡其遲日行三十度分同而留十三日

前減日分於二留乃逆日退分萬二千五百二十六六三日退十六度分四萬二千八百三十四又留十三日而行初日萬六千六十九日益疾百一十分六十一日行二十五度分萬五千四百九立秋盡秋分增行度五加初日分同前更疾在冬至則二百一十三日行百三十五度盡三十六日一日損一又二十日二日損一復二十四日同又五十四日三日日增一又十二日二日增一又四十二日一日增一又十四日一日增一半又十二日增一復四十五日同又一百六日二日損一亦終冬至二百一十三日行百三十五度

前增行度五者於此亦減五度爲疾日及數其立夏盡夏至日亦日行半度六十日行三十度夏至盡立秋亦初日行半度四十日行二十度其殘亦計充如前皆差行日盡益疾二十分各盡其日度而伏

土數千七百六十三萬五千五百九十四

伏半平八十六萬四千九百九十五

復日三百七十八餘四千一百六十二

歲一殘日十二餘三萬九千三百九十九半

見去日十六度半

平見在大暑前以七乘去小滿日寒露後九乘去小雪日爲加大暑至寒露加八日小寒前以九乘去小雪日雨水後以四乘去小滿日立春後又三乘去雨水日增雨水所乘者爲減小寒至立春減八日

見日行分四千三百六十四八十日行七度分二萬七千六百一十二而留三十九日乃逆日退分二千八百二十日三日退六度分萬五百九十六又留三十九日亦行分日四千三百六十四八十日行七度分二萬七千六百一十二而伏

金數二千七百二十三萬六千二百八

晨伏半平百九十五萬七千一百四
復日五百八十三餘四萬二千七百五十六
歲一殘日二百一十八餘三萬一千三百四十九半
夕見伏二百五十六日
晨見伏三日二十七日餘與復同
見去日十一度
夕平見在立秋前以六乘去芒種日秋分後以五乘去小雪日小雪後又四乘
去大雪日增小雪所乘者爲加立秋至秋分加七日立春前以五乘去大雪日
雨水前又四乘去立春日增立春所乘者清明後以六乘去芒種日爲減雨水
至清明減七日
晨平見在小寒前以六乘去冬至日立春前又五乘去小寒日增小寒所乘者
芒種前以六乘去夏至日立夏前又五乘去芒種日增芒種所乘者爲加立春
至立夏加五日小暑前以六乘去夏至立秋前又五乘去小暑日增小暑所乘

者大雪後以六乘去冬至日立冬後又五乘去大雪日增大雪所乘者爲減立秋至立冬減五日

夕見百七十一日行二百六度其穀雨至小滿寒露皆十日加一度小滿至白露加三度乃十二日行十二度冬至後十二日減日度各一雨水盡見夏至日度七夏至後六日增一大暑至立秋還日度十二至寒露日度二十二後六日減一自大雪盡冬至又日度十二而遲日益遲五百二十分初日行分二萬三千七百九十一筭三十四行日爲母四十三日行三十二度

前加度者此依減之留九日乃逆日退太半度九日退六度而夕伏晨見日退太半度九日退六度復留九日而行日益疾五百二十分初日行分四萬五千六百三十一筭三十四四十三行三十二度芒種至小暑大雪至立冬十五日減一度小暑至立冬減二度又十二日行十二度冬至後十五日增日一驚蟄至春分日度十七後十五日減一盡夏至還日度十二後六日減一至白露日度皆盡霜降後五日增一盡冬至又日度十二乃疾百七十一日行二百度前

減者此亦加之而晨伏水數五百四十萬五千六
晨伏半平七十九萬九十九
復日百一十五餘四萬九百四十六
夕見伏五十一日
晨見伏六十四日餘與復同
見去日十七度
夕應見在秋及小雪前者不見其白露前立冬後時有見者
晨應見在春及小滿前者不見其驚蟄前立冬後時有見者
夕見日行一度太十二日行二十度小暑至白露行度半十二日行十八度及
入日行八度大暑後二日去度一訖十六日而日度俱盡而遲日行半度四日
行二度益遲日行少半度三日行一度前行度半者去此益遲乃留四日而夕
伏晨見留四日爲日行少半度三日行一度大寒至驚蟄無此行更疾日行半
度四日行二度又日行八度亦大寒後二日去度一訖十六日亦日度俱盡益

疾日行一度太十二日行二十度初無遲者此行度半十二日行十八度而晨伏

推星平見術

各以伏半減積半實乃以其數去之殘返減數滿氣日法爲日不滿爲餘卽所求年天正冬至後平見日餘金水滿晨見伏日者去之晨平見求平見月日以冬至去定朔日餘加其後日及餘滿復日又去起天正月依定大小朔除之不盡算外日卽星見所在求後平見因前見去其歲一再皆以殘日加之亦可其復日金水準以晨夕見伏日加晨得晨

求常見日以轉法除所得加減者爲日其不滿以餘通乘之爲餘幷日皆加減平見日餘卽爲常見日及餘

求定見日以其先後已通者先減後加常見日卽得定見日餘

求星見所在度

置星定見其日夜半所在宿度及分以其日先後餘分前加分後減氣日法而

乘定見餘氣日法而一所得加夜半度分乃以星初見去日度數晨減夕加之

即星初見所在宿度及分

求次日

各加一日所行度及分其有益疾遲者則置一日行分各以其分疾增損乃如之有篋者滿法從分其母有不等齊而進退之留即因前逆則依減入虛去分逆出光加皆以篋法除爲轉分其不盡者仍謂之篋各得每日所在知去日度增以日所入先後分定之諸行星度求水其外內準月行增損黃道而步之不明者依黃道而求所去日度先後分亦分明前加後減其金火諸日度計數增損定之者其日少度多以日減度之殘者與日多度少之度皆度法乘之日數而一所得爲分不滿篋以日數爲母日少者以分并減之一度日多者直爲度分即皆一日平行分其差行者皆減所行日數一乃半其益疾益遲分而乘之益疾以減益遲以加一日平行分皆初日所行分有計日加減而日數不滿未得成度者以氣日法若度法乘見已所行日即日數除之所得以增損其氣日

疾法爲日及度其不成者亦卽爲篋其木火土晨有見而夕有伏金水卽夕見還夕伏晨見卽晨伏然火之初行及後疾距冬至日計日增損日度者皆當先置從冬至日餘數累加於位上以知其去冬至遠近乃以初見與後疾初日去冬至日數而增損定之而後依其所直日度數行之也

隋書卷十八

隋書卷十八考證

律曆志下術士咸稱其妙故錄其術云○臣召南按劉焯所造皇極曆隋世並未施行即唐初傅仁均造戊寅曆亦但祖述張胄元成法未嘗用焯所定而此志空存其說別爲一卷猶晉志於乾象黃初二曆之後附以姜笈所造三紀甲子元曆也

躔衰○臣召南按躔衰之名始此即日度之盈縮等差也唐開元曆議其八日躔盈縮略例曰北齊張子信積候合蝕加時覺日行有入氣差然損益未得其正至劉焯立盈縮躔衰術與四序升降麟德曆因之更名躔差焯術於春分前一日最急後一日最舒秋分前一日最舒後一日最急舒急同於二至而中間一日平行其說非是按焯所立法不無過差然太陽之行自有盈縮冬至爲盈之極夏至爲縮之極後世推步日躔盈縮者皆本焯說而益加精詳焯之功亦大矣哉

隋書卷十八考證

隋書卷十九

唐太尉揚州都督監修國史上柱國趙國公臣長孫無忌等撰

天文志第十四

天文上

若夫法紫微以居中擬明堂而布政依分野而命國體衆星而効官動必順時教不違物故能成變化之道合陰陽之妙爰在庖犧仰觀俯察謂以天之七曜二十八星周於穹圓之度以麗十二位也在天成象示見吉凶五緯入房啓姬王之肇跡長星孛斗鑒宋人之首亂天意人事同乎影響自夷王下堂而見諸侯赧王登臺而避責記曰天子微諸侯僭於是師兵吞滅僵仆原野秦氏以戰國之餘怙茲凶暴小星交鬭長彗橫天漢高祖驅駕英雄墾除災害五精從歲七重暈畢含樞曾緬道不虛行自西京創制多歷年載世祖中興當塗馭物金行水德祗奉靈命玄兆著明天人不遠昔者滎河獻籙温洛呈圖六爻摛範三光宛備則星官之書自黃帝始高陽氏使南正重司天北正黎司地帝堯乃命

羲和欽若昊天夏有昆吾殷有巫咸周之史佚宋之子韋魯之梓慎鄭之裨竈魏有石氏齊有甘公皆能言天文察微變者也漢之傳天數者則有唐都李尋之倫光武時則有蘇伯況郎雅光並能參伍天文發揚善道補益當時監垂來世而河洛圖緯雖有星占星官之名未能盡列後漢張衡爲太史令鑄渾天儀總序經星謂之靈憲其大略曰星也者體生於地精發於天紫宮爲帝皇之居太微爲五帝之坐在野象物在朝象官居其中央謂之北斗動係於占寔司王命四布於方爲二十八星日月運行歷示休咎五緯經次用彰禍福則上天之心於是見矣中外之官常明者百有二十可名者三百二十爲星二千五百微星之數萬一千五百二十庶物蠢動咸得繫命而衡所鑄之圖遇亂堙滅星官名數今亦不存三國時吳太史令陳卓始立甘氏石氏巫咸三家星官著於圖錄幷注占贊總有二百五十四官一千二百八十三星幷二十八宿及輔官附坐一百八十二星總二百八十三官一千五百六十五星宋元嘉中太史令錢樂之所鑄渾天銅儀以朱黑白三色用殊三家而合陳卓之數高祖平陳得善

天官者周墳并得宋氏渾儀之器乃命庾季才等參校周齊梁陳及祖暅孫僧化官私舊圖刊其大小正彼疎密依準三家星位以爲蓋圖旁摛始分甄表常度并具赤黃二道內外兩規懸象著明纏離攸次星之隱顯天漢昭回宛若穹蒼將爲正範以墳爲太史令墳博考經書勤於教習自此太史觀生始能識天官煬帝又遣宮人四十人就太史局別詔袁充教以星氣業成者進內以參占驗云史臣於觀臺訪渾儀見元魏太史令晁崇所造者以鐵爲之其規有六其外四規常定一象地形二象赤道其餘象二極其內二規可以運轉用合八尺之管以窺星度周武帝平齊所得隋開皇三年新都初成以置諸觀臺之上大唐因而用焉馬遷天官書及班氏所載妖星暈珥雲氣虹蜺存其大綱未能備舉自後史官更無紀錄春秋傳曰公既視朔遂登觀臺凡分至啓閉必書雲物神道司存安可誣也今略舉其形名占驗次之經星之末云

天體

古之言天者有三家一曰蓋天二曰宣夜三曰渾天蓋天之說卽周髀是也其

本庖犧氏立周天曆度其所傳則周公受於殷商周人志之故曰周髀髀股也股者表也其言天似蓋笠地法覆槃天地各中高外下北極之下爲天地之中其地最高而滂沲四隤三光隱映以爲晝夜天中高於外衡冬至日之所在六萬里北極下地高於外衡下地亦六萬里外衡高於北極下地二萬里天地隆高相從日去地恒八萬里日麗天而平轉分冬夏之間日所行道爲七衡六間每衡周徑里數各依算術用句股重差推晷影極游以爲遠近之數皆得於表股也故曰周髀又周髀家云天圓如張蓋地方如棋局天旁轉如推磨而左行日月右行天左轉故日月實東行而天牽之以西沒譬之於蟻行磨石之上磨左旋而蟻右去磨疾而蟻遲故不得不隨磨以左迴焉天形南高而北下日出高故見日入下故不見天之居如倚蓋故極在人北是其證也極在天之中而今在人北所以知天之形如倚蓋也日朝出陰中暮入陰中陰氣暗冥故從沒不見也夏時陽氣多陰氣少陽氣光明與日同暉故日出卽見無蔽之者故夏日長也冬時陰氣多陽氣少陰氣暗冥掩日之光雖出猶隱不見故冬日短也

漢末揚子雲難蓋天八事以通渾天其一云日之東行循黃道晝中規牽牛距北極北百一十度東井距北極南七十度并百八十度周三徑一二十八宿周天當五百四十度今三百六十度何也其二曰春秋分之日正出在卯入在酉而晝漏五十刻卽天蓋轉夜當倍晝今夜亦五十刻何也其三曰日入而星見日出而不見卽斗下見日六月不見日六月北斗亦當見六月不見六月今夜常見何也其四曰以蓋圖視天河起斗而東入狼弧間曲如輪今視天河直如繩何也其五曰周天二十八宿以蓋圖視天星見者當少不見者當多今見與不見等何出入無冬夏而兩宿十四星當見不以日長短故見有多少何也其六曰天至高也地至卑也日託天而旋可謂至高矣縱人目可奪水與景不可奪也今從高山上以水望日日出水下影上行何也其七曰視物近則大遠則小今日與北斗近我而小遠我而大何也其八曰視蓋橑與車輻間近杠轂卽密益遠益踈今北極爲天杠轂二十八宿爲天橑輻以星度度天南方次地星間當數倍今交密何也其後桓譚鄭玄蔡邕陸績各陳周髀考驗天狀多有所

違逮梁武帝於長春殿講義別擬天體全同周髀之文蓋立新義以排渾天之論而已宣夜之書絕無師法唯漢祕書郎郗萌記先師相傳云天了無質仰而瞻之高遠無極眼瞀精絕故蒼蒼然也譬之旁望遠道之黃山而皆青俯察千仞之深谷而窈黑夫青非真色而黑非有體也日月衆星自然浮生虛空之中其行其止皆須氣焉是以七曜或逝或住或順或逆伏見無常進退不同由乎無所根繫故各異也故辰極常居其所而北斗不與衆星西沒也晉成帝咸康中會稽虞喜因宣夜之說作安天論以爲天高窮於無窮地深測於不測天確乎在上有常安之形地魄焉在下有居靜之體當相覆冒方則俱方圓則俱圓無方圓不同之義也其光曜布列各自運行猶江海之有潮汐萬品之有行藏也葛洪聞而譏之曰苟辰宿不麗於天天爲無用便可言無何必復云有之而不動乎由此而談葛洪可謂知言之選也喜族祖河閒相聳又立穹天論云天形穹隆如雞子幕其際周接四海之表浮乎元氣之上譬如覆奩以抑水而不沒者氣充其中故也日繞辰極沒西還東而不出入地中天之有極猶蓋之有

斗也天北下於地三十度極之傾在地卯酉之北亦三十度人在卯酉之南十餘萬里故斗極之下不爲地中當對天地卯酉之位耳日行黃道繞極極北去黃道百一十五度南去黃道六十七度二至之所舍以爲長短也吳太常姚信造昕天論云人爲靈蟲形最似天今人頤前侈臨匈而項不能覆背近取諸身故知天之體南低入地北則偏高也又冬至極低而天運近南故日去人遠而斗去人近北天氣至故水寒也夏至極起而天運近北而斗去人遠日去人近南天氣至故蒸熱也極之立時日行地中淺故夜短天去地高故晝長也極之低時日行地中深故夜長天去地下故晝短也自虞喜虞聳姚信皆好奇徇異之說非極數談天者也前儒舊說天地之體狀如鳥卵天包地外猶殼之裹黃周旋無端其形渾渾然故曰渾天又曰天表裏有水兩儀轉運各乘氣而浮載水而行漢王仲任據蓋天之說以駮渾儀云舊說天轉從地下過今掘地一丈輒有水天何得從水中行乎甚不然也日隨天而轉非入地夫人目所望不過十里天地合矣實非合也遠使然耳今視日入非入也亦遠耳當日入西方之

時其下之人亦將謂之爲中也四方之人各以其近者爲出遠者爲入矣何以明之今試使一人把大炬火夜行於平地去人十里火光滅矣非火滅也遠使然耳今日西轉不復見是火滅之類也日月不圓也望視之所以圓者去人遠也夫日火之精也月水之精也水火在地不圓在天何故圓丹陽葛洪釋之曰渾天儀注云天如雞子地如中黃孤居於天內天大而地小天表裏有水天地各乘氣而立載水而行周天三百六十五度四分度之一又中分之則半覆地上半繞地下故二十八宿半見半隱天轉如車轂之運也諸論天者雖多然精於陰陽者少張平子陸公紀之徒咸以爲推步七曜之道以度曆象昏明之證候校以四八之氣考以漏刻之分占晷影之往來求形驗於事情莫密於渾象也張平子既作銅渾天儀於密室中以漏水轉之與天皆合如符契也崔子玉爲其碑銘曰數術窮天地制作侔造化高才偉藝與神合契蓋由於平子渾儀及地動儀之有驗故也若天果如渾者則天之出入行於水中爲必然矣故黃帝書曰天在地外水在天外水浮天而載地者也又易曰時乘六龍夫陽爻稱

龍龍者居水之物以喻天天陽物也又出入水中與龍相似故比以龍也聖人仰觀俯察審其如此故晉卦坤上離下以證日出於地也又明夷之卦離下坤上以證日入於地也又需卦乾下坎上此亦天入水中之象也天爲金金水相生之物也天出入水中當有何損而謂爲不可乎然則天之出入水中無復疑矣又今視諸星出於東者初但去地小許耳漸而西行先經人上後遂轉西而下焉不旁旋也其先在西之星亦稍下而沒無北轉者日之出入亦然若謂天磨石轉者衆星日月宜隨天而迴初在於東次經於南次到於西次及於北而復還於東不應橫過去也今日出於東冉冉轉上及其入西亦復漸漸稍下都不繞邊北去了了如此王生必固謂爲不然者疏矣今日徑千里其中足以當小星之數十也若日以轉遠之故但當光曜不能復來照及人耳宜猶望見其體不應都失其所在也日光既盛其體又大於星今見極北之小星而不見日之在北者明其不北行也若日以轉遠之故不復可見其比入之間應當稍小而日方入之時反乃更大此非轉遠之徵也王生以火炬喻日吾亦將借子之

矛以刺子之厰焉把火之人去人轉遠其光轉微而日月自出至入不漸小也王生以火喻之謬矣又日之入西方視之稍稍去初尚有半如橫破鏡之狀須臾淪沒矣若如王生之言日轉北去者其北都沒之頃宜先如竪破鏡之狀不應如橫破鏡也如此言之日入北方不亦孤子乎又月之光微不及日遠矣月盛之時雖有重雲蔽之不見月體而夕猶朗然是月光猶從雲中而照外也日若繞西及北者其光故應如月在雲中之狀不得夜便大暗也又日入則星月出焉明知天以日月分主晝夜相代而照也若日常出者不應日亦入而星月出也又案河洛之文皆云水火者陰陽之餘氣也夫言餘氣則不能生日月可知也顧當言日精生火者可耳若水火是日月所生則亦何得盡如日月之圓乎今火出於陽燧陽燧圓而火不圓也水出於方諸方諸方而水不方也又陽燧可以取火於日而無取日於火之理此則日精之生火明矣方諸可以取水於月無取月於水之道此則月精之生水了矣王生又云遠故視之圓若審然者月初生之時及既虧之後何以視之不圓乎而日食或上或下從側而起或

如鉤至盡若遠視見圓不宜見其殘缺左右所起也此則渾天之體信而有徵矣宋何承天論渾天象體曰詳尋前說因觀渾儀研求其意有悟天形正圓而水居其半地中高外卑水周其下言四方者東曰暘谷日之所出西曰濛汜日之所入莊子又云北溟有魚化而爲鳥將徙於南溟斯亦古之遺記四方皆水證也四方皆水謂之四海凡五行相生水生於金是故百川發源皆自山出由高趣下歸注於海日爲陽精光曜炎熾一夜入水所經焦竭百川歸注足以相補故旱不爲減浸不爲益又云周天三百六十五度三百四分之七十五天常西轉一日一夜過周一度南北二極相去一百一十六度三百四分度之六十五彊卽天經也黃道袤帶赤道春分交於奎七度秋分交於軫十五度冬至斗十四度半彊夏至井十六度半從北極扶天而南五十五度彊則居天四維之中最高處也卽天頂也其下則地中也自外與王蕃大同王蕃渾天說具於晉史舊說渾天者以日月星辰不問春秋冬夏晝夜晨昏上下去地中皆同無遠近列子曰孔子東遊見兩小兒鬭問其故一小兒曰我以日始出去人近而日

中時遠也一小兒曰我以爲日初出遠而日中時近也言初出近者曰日初出大如車蓋及其日中裁如盤蓋此不爲遠者小近者大乎言日初出遠者曰日初出時滄滄涼涼及其中時熱如探湯此不爲近者熱遠者涼乎桓譚新論云漢長水校尉平陵關子陽以爲日之去人上方遠而四傍近何以知之星宿昏時出東方其間甚疎相離丈餘及夜半在上方視之甚數相離一二尺以準度望之逾益明白故知天上之遠於傍也日爲天陽火爲地陽地陽上升天陽下降今置火於地從傍與上診其熱遠近殊不同焉日中正在上覆蓋人人當天陽之衝故熱於始出時又新從太陰中來故復涼於其西在桑榆間也桓君山曰子陽之言豈其然乎張衡靈憲曰日之薄地闇其明也由闇視明明無所屈是以望之若大方其中天地同明明還自奪故望之若小火當夜而揚光在晝則不明也月之於夜與日同而差微晉著作郎陽平束晳字廣微以爲傍方與上方等傍視則天體存於側故日出時視日大也日無小大而所存者有伸厭厭而形小伸而體大蓋其理也又日始出時色白者雖大不甚始出時色赤者

其大則甚此終以人目之惑無遠近也且夫置器廣庭則函牛之鼎如釜堂崇十仞則八尺之人猶短物有陵之非形異也夫物有惑心形有亂目誠非斷疑定理之主故仰遊雲以觀日月常動而雲不移乘船以涉水水去而船不徙矣安岌云余以爲子陽言天陽下降日下熱束晳言天體存於目則日大頗近之矣渾天之體圓周之徑詳之於天度驗之於晷影而紛然之說由人目也參伐初出在旁則其間疎在上則其間數以渾驗之度則均也旁之與上理無有殊也夫日者純陽之精也光明外曜以眩人目故人視日如小及其初出地有遊氣以厭日光不眩人目卽日赤而大也無遊氣則色白大不甚矣地氣不及天故一日之中晨夕日色赤而中時日色白地氣上升蒙蒙四合與天連者雖中時亦赤矣日與火相類火則體赤而炎黄日赤宜矣然日色赤者猶火無炎也光衰失常則爲異矣梁奉朝請祖暅曰自古論天者多矣而羣氏糾紛至相非毀竊覽同異稽之典經仰觀辰極傍矚四維覩日月之升降察五星之見伏校之以儀象覆之以晷漏則渾天之理信而有徵輒遺衆說附渾儀云考靈曜先

儒求得天地相去十七萬八千五百里以晷影驗之失於過多既不顯求之術而虛設其數蓋夸誕之辭宜非聖人之旨也學者多因其說而未之革豈不知尋其理歟抑未能求其數故也王蕃所考校之前說不啻減半雖非揆格所知而求之以理誠未能遙趣其實蓋近密乎輒因王蕃天高數以求冬至春分日高及南戴日下去地中數法令表高八尺與冬至影長一丈三尺各自乘幷而開方除之爲法天高乘表高爲實實如法得四萬二千六百五十八里有奇即冬至日高也以天高乘冬至影長爲實實如法得六萬九千三百二十里有奇即冬至南戴日下去地中數也求春秋分數法令表高及春秋分影長五尺三寸九分各自乘幷而開方除之爲法因冬至日高實而以法除之得六萬七千五百二里有奇即春秋分日高也以天高乘春秋分影長實實如法而一得四萬五千四百七十九里有奇即春秋分南戴日下去地中數也南戴日下所謂丹穴也推北極里數法夜於地中表南傅地遙望北辰紐星之末令與表端參合以人目去表數及表高各自乘幷而開方除之爲法天高乘表高數爲實實

如法而一即北辰細星高地數也天高乘人目去表爲實實如法即去北辰極下之數也北戴斗極爲空桐

日去赤道表裏二十四度遠寒近暑而中和二分之日去天頂三十六度日去地中四時同度而有寒暑者地氣上騰天氣下降故遠日下而寒近日下而暑非有遠近也猶火居上雖遠而炎在傍雖近而微視日在傍而大居上而小者仰矚爲難平觀爲易也由視有夷險非遠近之効也今懸珠於百仞之上或置之於百仞之前從而觀之則大小殊矣先儒弗斯取驗虛繁翰墨夷途頓轡雄辭析辯不亦迂哉今大寒在冬至後二氣者寒積而未消也大暑在夏至後二氣者暑積而未歇也寒暑均和乃在春秋分後二氣者寒暑積而未平也譬之火始入室而未甚温弗事加薪久而逾熾既已還之猶有餘熱也

渾天儀

案虞書舜在璇璣玉衡以齊七政則考靈曜所謂觀玉儀之遊昏明主時乃命中星者也璇璣中而星未中爲急急則日過其度月不及其宿璇璣未中而星

中爲舒舒則日不及其度月過其宿琁璣中而星中爲調調則風雨時庶草蕃蕪而五穀登萬事康也所言琁璣者謂渾天儀也故春秋文耀鉤云唐堯即位羲和立渾儀而先儒或因星官書北斗第二星名琁第三星名璣第五星名玉衡仍七政之言卽以爲北斗七星載筆之官莫之或辨史遷班固猶且致疑馬季長創謂璣衡爲渾天儀鄭玄亦云其轉運者爲璣其持正者爲衡皆以玉爲之七政者日月五星也以璣衡視其行度以觀天意也故王蕃云渾天儀者羲和之舊器積代相傳謂之璣衡其爲用也以察三光以分宿度者也又有渾天象者以著天體以布星辰而渾象之法地當在天中丌勢不便故反觀丌形地爲外匡於己解者無異在內詭狀殊體而合於理可謂奇巧然斯二者以考於天蓋密矣又云古舊渾象以二分爲一度周七尺三寸半而莫知何代所造今案虞喜云洛下閎爲漢孝武帝於地中轉渾天定時節作太初曆或其所製也漢孝和帝時太史揆候皆以赤道儀與天度頗有進退以問典星待詔姚崇等皆曰星圖有規法日月實從黃道官無其器至永元十五年詔左中郎將賈逵

乃始造太史黃道銅儀至桓帝延熹七年太史令張衡更以銅製以四分爲一度周天一丈四尺六寸一分亦於密室中以漏水轉之令司之者閉戶而唱之以告靈臺之觀天者琁璣所加某星始見某星已中某星今沒皆如合符蕃以古製局小以布星辰相去稠穊不得了察張衡所作又復傷大難可轉移蕃今所作以三分爲一度周一丈九寸五分四分之三長古法三尺六寸五分四分分之一減衡法亦三尺六寸五分四分分之一渾天儀法黃赤道各廣一度有半汝今所作渾象黃赤道各廣四分半相去七寸二分又云黃赤二道相共交錯其間相去二十四度以兩儀準之二道俱三百六十五度有奇又赤道見者常一百八十二度半彊又南北考之天見者亦一百八十二度半彊是以知天之體圓如彈丸南北極相去一百八十二度半彊也而陸績所作渾象形如鳥卵以施二道不得如法若使二道同規則其間相去不得滿二十四度若令相去二十四度則黃道當長於赤道又兩極相去不翅八十二度半彊案績說云天東西徑三十五萬七千里直徑亦然則績意亦以天爲正圓也器與言謬頗

爲乖僻然則渾天儀者其制有機有衡既動靜兼狀以效二儀之情又周旋衡管用考三光之分所以揆正宿度準步盈虛求古之遺法也則先儒所言圓規徑八尺漢候臺銅儀蔡邕所欲寢伏其下者是也梁華林重雲殿前所置銅儀其制則有雙環規相並間相去三寸許正豎當子午其子午之間應南北極之衡各合而爲孔以象南北樞植楗於前後以屬焉又有單橫規高下正當渾之半皆周帀分爲度數署以維辰之位以象地又有單規斜帶南北之中與春秋二分之日道相應亦周帀分爲度數而署以維辰並相連著屬楗植而不動其裏又有雙規相並如外雙規內徑八尺周二丈四尺而屬雙軸軸兩頭出規外各二寸許合兩爲一內有孔圓徑二寸許南頭入地下注於外雙規南樞孔中以象南極北頭出地上入於外雙規規北樞孔中以象北極其運動得東西轉以象天行其雙軸之間則置衡長八尺通中有孔圓徑一寸當衡之半兩邊有關各注著雙軸衡既隨天象東西轉運又自於雙軸間得南北低仰所以準驗辰曆分考次度其於揆測唯所欲爲之者也檢其鐫題是僞劉曜光初六年史

官丞南陽孔挺所造則古之渾儀之法者也而宋御史中丞何承天及太中大夫徐爰各著宋史咸以爲即張衡所造其儀略舉天狀而不綴經星七曜魏晉喪亂沉沒西戎義熙十四年宋高祖定咸陽得之梁尚書沈約著宋史亦云然皆失之遠矣後魏道武天興初命太史令晁崇修渾儀以觀星象十有餘載至明元永興四年壬子詔造太史候部鐵儀以爲渾天法考琁璣之正其銘曰於皇大代配天比祚赫赫明明聲烈遐布爰造茲器考正宿度貽法後葉永垂典故其製並以銅鐵唯誌星度以銀錯之南北柱曲抱雙規東西柱直立下有十字水平以植四柱十字之上以龜負雙規其餘皆與劉曜儀大同即今太史候臺所用也

渾天象

渾天象者其制有機而無衡梁末祕府有以木爲之其圓如丸其大數圍南北兩頭有軸徧體布二十八宿三家星黃赤二道及天漢等別爲橫規環以匡其外高下管之以象地南軸頭入地柱於南植以象南極北軸頭出於地上注於

北植以象北極正東西運轉昏明中星既其應度分至氣節亦驗在不差而已不如渾儀别有衡管測揆日月分步星度者也吳太史令陳苗云先賢制木爲儀名曰渾天卽此之謂耶由斯而言儀象二器遠不相涉則張衡所造蓋亦止在渾象七曜而何承天莫辨儀象之異亦爲乖矣宋文帝以元嘉十三年詔太史更造渾儀太史令錢樂之依案舊說采效儀象鑄銅爲之五分爲一度徑六尺八分少周一丈八尺二寸六分少地在天內不動立黃赤二道之規南北二極之規布列二十八宿北斗極星置日月五星於黃道上爲之杠軸以象天運昏明中星與天相符梁末置於文德殿前至如斯制以爲渾儀儀則內闕衡管以爲渾象而地不在外是參兩法别爲一體就器用而求猶渾象之流外內天地之狀不失其位也吳時又有葛衡明達天官能爲機巧改作渾天使地居于天中以機動之天動而地上以上應晷度則樂之之所放述也到元嘉十七年又作小渾天二分爲一度徑二尺二寸周六尺六寸安二十八宿中外官星備足以白青黃等三色珠爲三家星其日月五星悉居黃道亦象天運而地在其

中宋元嘉所造儀象器開皇九年平陳後並入長安大業初移於東都觀象殿

蓋圖

晉侍中劉智云顓頊造渾儀黃帝爲蓋天然此二器皆古之所制但傳說義者失其用耳昔者聖王正曆明時作圓蓋以圖列宿極在其中迴之以觀天象分三百六十五度四分度之一以定日數日行於星紀轉迴右行故圓規之以爲日行道欲明其四時所在故於春也則以青爲道於夏也則以赤爲道於秋也則以白爲道於冬也則以黑爲道四季之末各十八日則以黃爲道蓋圖已定仰觀雖明而未可正昏明分晝夜故作渾儀以象天體今案自開皇已後天下一統靈臺以後魏鐵渾天儀測七曜盈縮以蓋圖列星坐分黃赤二道距二十八宿分度而莫有更爲渾象者矣仁壽四年河間劉焯造皇極曆上啓於東宮論渾天云璿璣玉衡正天之器帝王欽若世傳其象漢之孝武詳考律曆糾洛下閎鮮于妄人等共所營定逮于張衡又尋述作亦其體制不異閎等雖閎制莫存而衡造有器至吳時陸績王蕃並要修鑄績小有異蕃乃事同宋有錢樂

之魏初晁崇等總用銅鐵小大有殊規域經模不異蕃造觀蔡邕月令章句鄭玄注考靈曜勢同衡法迄今不改焯以愚管留情推測見其數制莫不違爽失之千里差若毫氂大象一乖餘何可驗況赤黃均度月無出入至所恒定氣不別衡分刻本差輪迴守故其爲疎謬不可復言亦既由理不明致使異家間出蓋及宣夜三說並驅平昕安穹四天騰沸至當不二理唯一揆豈容天體七種殊說又影漏去極就渾可推百骸共體本非異物此眞已驗彼僞自彰豈朗日未暉爝火不息理有而闕詎不可悲者也昔蔡邕自朔方上書曰以八尺之儀度知天地之象古有其器而無其書常欲寢伏儀下案度成數而爲立說邕以負罪朔裔書奏不許邕若蒙許亦必不能邕才不踰張衡衡本豈有遺思也則有器無書觀不能悟焯今立術改正舊渾又以二至之影定去極晷漏幷天地高遠星辰運周所宗有本皆有其率袪今賢之巨惑稽往哲之羣疑豁若雲披朗如霧散爲之錯綜數卷已成待得影差謹更啓送又云周官夏至日影尺有五寸張衡鄭玄王蕃陸績先儒等皆以爲影千里差一寸言南戴日下萬五千

里表影正同天高乃異考之算法必爲不可寸差千里亦無典說明爲意斷事不可依今交愛之州表北無影計無萬里南過戴日是千里一寸非其實差焯今說渾以道爲率道里不定得差乃審既大聖之年升平之日釐改羣謬斯正其時請一水工并解算術士取河南北平地之所可量數百里南北使正審時以漏平地以繩隨氣至分同日度影得其差率里即可知則天地無所匿其形辰象無所逃其數超前顯聖効象除疑請勿以人廢言不用至大業三年勅諸郡測影而焯尋卒事遂寢廢

地中

周禮大司徒職以土圭之法測土深正日景以求地中此則渾天之正說立儀象之大本故云日南則景短多暑日北則景長多寒日東則景夕多風日西則景朝多陰日至之景尺有五寸謂之地中天地之所合也四時之所交也風雨之所會也陰陽之所和也然則百物阜安乃建王國焉又考工記匠人建國水地以縣置槷以縣眡以景爲規識日出之景與日入之景晝參諸日中之影夜

考之極星以正朝夕案土圭正影經文闕略先儒解說又非明審祖暅錯綜經注以推地中其法曰先驗昏旦定刻漏分辰次乃立儀表於準平之地名曰南表漏刻上水居日之中更立一表於南表影末名曰中表夜依中表以望北極樞而立北表令參相直三表皆以縣準定乃觀三表直者其立表之地卽當子午之正三表曲者地偏僻每觀中表以知所偏中表在西則立表處在地中之西當更向東求地中若中表在東則立表處在地中之東也當更向西求地中取三表直者爲地中之正又以春秋二分之日旦始出東方半體乃立表於中表之東名曰東表令東表與日及中表參相直是日之夕日入西方半體又立表於中表之西名曰西表亦從中表西望西表及日參相直乃觀三表直者卽地南北之中也若中表差近南則所測之地在卯酉之南中表差在北則所測之地在卯酉之北進退南北求三表直正東西者則其地處中居卯酉之正也

晷景

昔者周公測晷景於陽城以參考曆紀其於周禮在大司徒之職以土圭之法

測土深正日景以求地中日至之景尺有五寸則天地之所合四時之所交百物阜安乃建王國然則日爲陽精玄象之著然者也生靈因之動息寒暑由其遞代觀陰陽之升降揆天地之高遠正位辨方定時考閏莫近於茲也古法簡略旨趣難究術家考測互有異同先儒皆云夏至立八尺表於陽城其影與土圭等案尚書考靈曜稱日永景尺五寸日短景尺三寸易通卦驗曰冬至之日樹八尺之表日中視其晷景長短以占和否夏至景一尺四寸八分冬至一丈三尺周髀云成周土中夏至景一尺六寸冬至景一丈三尺五寸劉向鴻範傳曰夏至景長一尺五寸八分冬至一丈三尺一寸四分春秋二分景七尺三寸六分後漢四分曆魏景初曆宋元嘉曆大明祖冲之曆皆與考靈曜同漢魏及宋所都皆別四家曆法候景則齊且緯候所陳恐難依據劉向二分之景直以率推非因表候定其長短然尋晷景尺丈雖有大較或地域不改而分寸參差或南北殊方而長短維一蓋術士未能精驗馮占所以致乖今刪其繁雜附於此云梁天監中祖暅造八尺銅表其下與圭相連圭上爲溝置水以取平正揆

測日晷求其盈縮至大同十年大史令虞𠠎又用九尺表格江左之景夏至一尺三寸二分冬至一丈三尺七分立夏立秋二尺四寸五分春分秋分五尺三寸九分陳氏一代唯用梁法齊神武以洛陽舊器並徙鄴中以暨文宣受終竟未考驗至武平七年訖于景禮始薦劉孝孫張孟賓等於後主劉張建表測景以考分至之氣草創未就仍遇朝亡周自天和以來言曆者紛紛復出亦驗二至之景以考曆之精麤及高祖踐極之後大議造曆張胄玄兼明揆測言日長之瑞有詔司存而莫能考決至開皇十九年袁充爲太史令欲成胄玄舊事復表曰隋興已後日景漸長開皇元年冬至之景長一丈二尺七寸二分自爾漸短至十七年冬至景一丈二尺六寸三分四年冬至在洛陽測景長一丈二尺八寸八分二年夏至景一尺四寸八分自爾漸短至十六年夏至景一尺四寸五分其十八年冬至陰雲不測元年十七年十八年夏至亦陰雲不測周官以土圭之法正日景日至之景尺有五寸鄭玄云冬至之景一丈三尺今十六年夏至之景短於舊五分十七年冬至之景短於舊三寸七分日去極近則景短

而日長去極遠則景長而日短行內道則去極近行外道則去極遠堯典云日短星昴以正仲冬據昴星昏中則知堯時仲冬日在須女十度以曆數推之開皇以來冬至日在斗十一度與唐堯之代去極俱近謹案元命包云日月出內道琁璣得其常天帝崇靈聖王初功京房別對曰太平日行上道升平日行次道霸代日行下道伏惟大隋啓運上感乾元景短日長近古希有是時廢庶人勇晉王廣初爲太子充奏此事深合時宜上臨朝謂百官曰景長之慶天之祐也今太子新立當須改元宜取日長之意以爲年號由是改開皇二十一年爲仁壽元年此後百工作役並加程課以日長故也皇太子率百官詣闕陳賀案日徐疾盈縮無常充等以爲祥瑞大爲議者所貶又考靈曜周髀張衡靈憲及鄭玄注周官並云日影於地千里而差一寸案宋元嘉十九年壬午使使往交州測影夏至之日影出表南三寸二分何承天遙取陽城云夏至一尺五寸計陽城去交州路當萬里而影實差一尺八寸二分是六百里而差一寸也又梁大同中二至所測以八尺表率取之夏至當一尺一寸七分彊後魏信都芳注

周髀四術稱永平元年戊子當梁天監之七年見洛陽測影又見公孫崇集諸朝士共觀祕書影同是夏至日其中影皆長一尺五寸八分以此推之金陵去洛南北略當千里而影差四寸則二百五十里而影差一寸也況人路迂迴山川登降方於鳥道所校彌多則千里之言未足依也其揆測參差如此故備論之

漏刻

昔黃帝創觀漏水制器取則以分晝夜其後因以命官周禮挈壺氏則其職也其法總以百刻分于晝夜冬至晝漏四十刻夜漏六十刻夏至晝漏六十刻夜漏四十刻春秋二分晝夜各五十刻日未出前二刻半而明既沒後二刻半乃昏減夜五刻以益晝漏謂之昏旦漏刻皆隨氣增損冬夏二至之間晝夜長短凡差二十刻每差一刻爲一箭冬至互起其首凡有四十一箭晝有朝有禺有中有晡有夕夜有甲乙丙丁戊昏旦有星中每箭各有其數皆所以分時代守更其作役漢與張蒼因循古制猶多踈闊及孝武考定星曆下漏以追天度亦

未能盡其理劉向鴻範傳記武帝時所用法云冬夏二至之間一百八十餘日晝夜差二十刻大率二至之後九日而增損一刻焉至哀帝時又改用晝夜一百二十刻尋亦寢廢至王莽竊位又遵行之光武之初亦以百刻九日加減法編於甲令爲常符漏品至和帝永元十四年霍融上言官曆率九日增減一刻不與天相應或時差至二刻半不如夏曆漏刻隨日南北爲長短乃詔用夏曆漏刻依日行黃道去極每差二度四分爲增減一刻凡用四十八箭終於魏晉相傳不改宋何承天以月蝕所在當日之衡考驗日宿知移舊六度冬至之日其影極長測量晷度知冬至移舊四日前代諸漏春分晝長秋分晝短差過半刻皆由氣日不正所以而然遂議造漏法春秋二分昏旦晝夜漏各五十五刻齊及梁初因循不改至天監六年武帝以晝夜百刻分配十二辰辰得八刻仍有餘分乃以晝夜爲九十六刻一辰有全刻八焉至大同十年又改用一百八刻依尚書考靈曜晝夜三十六頃之數因而三之冬至晝漏四十八刻夜漏六十刻夏至晝漏七十刻夜漏三十八刻春秋二分晝漏六十刻夜漏四十八刻

昬旦之數各三刻先令祖暅爲漏經皆依渾天黃道日行去極遠近爲用箭日率陳文帝天嘉中亦命舍人朱史造漏依古百刻爲法周齊因循魏漏晉宋梁大同並以百刻分于晝夜隋初用周朝尹公正馬顯所造漏經至開皇十四年鄜州司馬袁充上晷影漏刻充以短影平儀均十二辰立表隨日影所指辰刻以驗漏水之節十二辰刻互有多少時正前後刻亦不同其二至二分用箭辰刻之法今列之云

冬至日出辰正　入申正　晝四十刻　夜六十刻　子丑亥各二刻　寅戌各六刻　卯酉各十三刻　辰申各十四刻　巳未各十刻　午八刻

右十四日改箭

春秋二分日出卯正　入酉正　晝五十刻　夜五十刻　子四刻　丑亥七刻　寅戌九刻　卯酉十四刻　辰申九刻　巳未七刻　午四刻

右五日改箭

夏至日出寅正　入戌正　晝六十刻　夜四十刻　子八刻　丑亥十刻

寅戌十四刻　卯酉十三刻　辰申六刻　巳未二刻　午二刻

右一十九日加減一刻改箭

袁充素不曉渾天黃道去極之數苟役私智變改舊章其於施用未爲精密開皇十七年張胄玄用後魏渾天鐵儀測知春秋二分日出卯酉之北不正當中與何承天所測頗同皆日出卯三刻五十五分入酉四刻二十五分晝漏五十刻一十分夜漏四十九刻四十分晝夜差六十分刻之四十仁壽四年劉焯上皇極曆有日行遲疾推二十四氣皆有盈縮定日春秋分定日去冬至各八十八日有奇去夏至各九十三日有奇二分定日晝夜各五十刻又依渾天黃道驗知冬至夜漏五十九刻一百分刻之八十六晝漏四十刻一十四分夏至晝漏五十九刻八十六分夜漏四十刻一十四分冬夏二至之間晝夜差一十九刻一百分刻之七十二胄玄及焯漏刻並不施用然其法制皆著在曆術推驗加時最爲詳審大業初耿詢作古欹器以漏水注之獻于煬帝帝善之因令與宇文愷依後魏道士李蘭所修道家上法稱漏制造稱水漏器以充行從又作

候景分箭上水方器置於東都乾陽殿前鼓下司辰又作馬上漏刻以從行辨時刻揆日晷下漏刻此二者測天地正儀象之本也晷漏沿革今古大殊故列其差以補前闕

經星中宮

北極五星鉤陳六星皆在紫宮中北極辰也其紐星天之樞也天運無窮三光迭耀而極星不移故曰居其所而衆星共之賈逵張衡蔡邕王蕃陸績皆以北極紐星爲樞是不動處也祖暅以儀準候不動處在紐星之末猶一度有餘北極大星太一之座也第一星主月太子也第二星主日帝王也第三星主五星庶子也所謂第一星者最赤明者也北極五星最爲尊也中星不明主不用事右星不明太子憂鉤陳後宮也太帝之正妃也太帝之坐也北四星曰女御宮八十一御妻之象也鉤陳口中一星曰天皇太帝其神曰耀魄寶主御羣靈秉萬神圖抱極樞四星曰四輔所以輔佐北極而出度授政也太帝上九星曰華蓋蓋所以覆蔽太帝之坐也又九星直曰杠蓋下五星曰五帝內坐設敘順帝

所居也客犯紫宮中坐大臣犯主華蓋杠旁六星曰六甲可以分陰陽而紀節候故在帝旁所以布政教而授人時也極東一星曰柱下史主記過古者有左右史此之象也柱史北一星曰女史婦人之微者主傳漏故漢有侍史傳舍九星在華蓋上近河賓客之館主胡人入中國客星守之備姦使亦曰胡兵起傳舍南河中五星曰造父御官也一曰司馬或曰伯樂星亡馬大貴西河中九星如鉤狀曰鉤星伸則地動天一一星在紫宮門右星南天帝之神也主戰鬬知人吉凶者也太一一星在天一南相近亦天帝神也主使十六神知風雨水旱兵革饑饉疾疫災害所生之國也紫宮垣下五星其西蕃七東蕃八在北斗北一曰紫微太帝之坐也天子之常居也主命主度也一曰長垣一曰天營一曰旗星爲蕃衞備蕃臣也宮闕兵起旗星直天子出自將宮中兵東垣下五星曰天柱建政教懸圖法之所也常以朔望日懸禁令於天柱以示百司周禮以正歲之月懸法象魏此之類也門內東南維五星曰尚書主納言夙夜諮謀龍作納言此之象也尚書西二星曰陰德陽德主周急振無宮門左星內二星曰大

理主平刑斷獄也門外六星曰天牀主寢舍解息燕休西南角外二星曰內廚
主六宮之飲食主后夫人與太子宴飲東北維外六星曰天廚主盛饌北斗七
星輔一星在太微北七政之樞機陰陽之元本也故運乎天中而臨制四方以
建四時而均五行也魁四星爲琁璣杓三星爲玉衡又象號令之主又爲帝車
取乎運動之義也又魁第一星曰天樞二曰琁三曰璣四曰權五曰玉衡六曰
開陽七曰搖光一至四爲魁五至七爲杓樞爲天琁爲地璣爲人權爲時玉衡
爲音開陽爲律搖光爲星石氏云第一曰正星主陽德天子之象也二曰法星
主陰刑女主之位也三曰令星主禍害也四曰伐星主天理伐無道五曰殺星
主中央助四旁殺有罪六曰危星主天倉五穀七曰部星亦曰應星主兵又云
一主天二主地三主火四主水五主土六主木七主金又曰一主秦二主楚三
主梁四主吳五主趙六主燕七主齊魁中四星爲貴人之牢曰天理也輔星傳
乎開陽所以佐斗成功也又曰主危正矯不平又曰丞相之象也七政星明其
國昌不明國殃斗旁欲多星則安斗中少星則人恐上天下多訟法者無星二

十日有輔星明而斗不明臣彊主弱斗明輔不明主彊臣弱也杓南三星及魁第一星皆曰三公宣德化調七政和陰陽之官也

文昌六星在北斗魁前天之六府也主集計天道一曰上將大將建威武二曰次將尙書正左右三曰貴相太常理文緒四曰司祿司中司隸賞功進五曰司命司怪太史主滅咎六曰司寇大理佐理寶所謂一者起北斗魁前近內階者也明潤大小齊天瑞臻文昌北六星曰內階天皇之陛也相一星在北斗南相者總領百司而掌邦教以佐帝王安邦國集衆事也其明吉太陽守一星在相西大將大臣之象也主戒不虞設武備也非其常兵起西北四星曰勢勢腐刑人也天牢六星在北斗魁下貴人之牢也主愆過禁暴淫太微天子庭也五帝之坐也亦十二諸侯府也其外蕃九卿也一曰太微爲衡衡主平也又爲天庭理法平辭監升授德列宿受符諸神考節舒情稽疑也南蕃中二星間曰端門東曰左執法廷尉之象也西曰右執法御史大夫之象也執法所以舉刺凶姦者也左執法之東左掖門也右執法之西右掖門也東蕃四星南第一曰上相

其北東太陽門也第二星曰次相其北中華東門也第三星曰次將其北東太陰門也第四星曰上將所謂四輔也西蕃四星南第一星曰上將其北西太陽門也第二星曰次將其北中華西門也第三曰次相其北西太陰門也第四星曰上相亦四輔也東西蕃有芒及搖動者諸侯謀天子也執法移則刑罰尤急月五星所犯中坐成刑月五星入太微軌道吉西南角外三星曰明堂天子布政之宮也明堂西三星曰靈臺觀臺也主觀雲物察符瑞候災變也左執法東北一星曰謁者主贊賓客也謁者東北三星曰三公內坐朝會之所居也三公北三星曰九卿內坐主治萬事九卿西五星曰內五諸侯內侍天子不之國者也辟雍之禮得則太微諸侯明黃帝坐一星在太微中含樞紐之神也天子動得天度止得地意從容中道則太微五帝坐明坐以光黃帝坐不明人主求賢士以輔法不然則奪勢又曰太微五坐小弱青黑天子國亡四帝坐四星四星夾黃帝坐東方星蒼帝靈威仰之神也南方星赤帝熛怒之神也西方星白帝招距之神也北方星黑帝叶光紀之神也五帝坐北一星曰太子帝儲也太子

北一星曰從官侍臣也帝坐東北一星曰幸臣屏四星在端門之內近右執法屏所以壅蔽帝庭也執法主刺舉臣尊敬君上則星光明潤澤郎位十五星在帝坐東北一曰依烏郎位也周官之元士漢官之光祿中散諫議議郎三署郎中是其職也或曰今之尚書也郎位主衞守也其星明大臣有劫主又曰客犯上其星不具后死幸臣誅客星入之大臣爲亂郎將一星在郎位北主閱具所以爲武備也武賁一星在太微西蕃北下台南靜室旄頭之騎官也常陳七星如畢狀坐北天子宿衞武賁之士以設彊毅也星搖動天子自出明則武兵用微則武兵弱三台六星兩兩而居起文昌列招搖太微一曰天柱三公之位也在天曰三台主開德宣符也西近文昌二星曰上台爲司命主壽次二星曰中台爲司中主宗東二星曰下台爲司祿主兵所以昭德塞違也又曰三台爲天階太一躡以上下一曰泰階上階上星爲天子下星爲女主中階上星爲諸侯三公下星爲卿大夫下階上星爲士下星爲庶人所以和陰陽而理萬物也其星有變各以所主占之君臣和集如其常度南四星曰內平近職執法平罪之官也

中台之北一星曰大尊貴戚也下台南一星曰武賁衛官也攝提六星直斗杓之南主建時節伺機祥攝提爲楯以夾擁帝席也主九卿明大三公恣客星入之聖人受制西三星曰周鼎主流亡大角一星在攝提間大角者天王座也又爲天棟正經紀北三星曰帝席主宴獻酬酢梗河三星在大角北梗河者天矛也一曰天鋒主胡兵又爲喪故其變動應以兵喪也星亡其國有兵謀招搖一星在其北一曰矛楯主胡兵占與梗河略相類也招搖與北斗杓間曰天庫星去其所則有庫開之祥也招搖欲與棟星梗河北斗相應則胡常來受命於中國招搖明而不正胡不受命玄戈二星在招搖北玄戈所主與招搖同或云主北夷客星守之胡大敗天槍三星在北斗杓東一曰天鉞天之武備也故在紫宮之左所以禦難也女牀三星在其北後宮御也主女事天棓五星在女牀北天子先驅也主忿爭與刑罰藏兵亦所以禦難也槍棓皆以備非常也一星不具國兵起東七星曰扶筐盛桑之器主勸蠶也七公七星在招搖東天之相也三公之象主七政貫索九星在其前賤人之牢也一曰連索一曰連營一曰天

牢主法律禁暴彊也牢口一星爲門欲其開也九星皆明天下獄煩七星見小赦五星大赦動則斧鑕用中空則更元漢志云十五星天紀九星在貫索東九卿也九河主萬事之紀理怨訟也明則天下多辭訟亡則政理壞國紀亂散絶則地震山崩織女三星在天紀東端天女也主果蓏絲帛珍寶也王者至孝神祇咸喜則織女星俱明天下和平太星怒角布帛貴東足四星曰漸臺臨水之臺也主晷漏律呂之事西之五星曰輦道王者嬉遊之道也漢輦道通南北宮象也左右角間二星曰平道之官平道西一星曰進賢主卿相舉逸才角北二星曰天田亢北六星曰亢池亢舟航也池水也主送往迎來氐北一星曰天乳主甘露房中道一星曰歲守之陰陽平房西二星南北列曰天福主乘輿之官若禮巾車公車之政主祠事東咸西咸各四星在房心北日月五星之道也房之戶所以防淫佚也星明則吉暗則凶月五星犯守之有陰謀東咸西三星南北列曰罰星主受金贖鍵閉一星在房東北近鉤鈐主關鑰天市垣二十二星在房心東北主權衡主聚衆一曰天旗庭主斬戮之事也市中星衆潤澤則歲

寳星稀則歲虛熒惑守之戮不忠之臣又曰若怒角守之戮者臣殺主彗星除之爲徙市易都客星入之兵大起出之有貴喪市中六星臨箕曰市樓市府也主市價律度其陽爲金錢其陰爲珠玉變見各以所主占之北四星曰天斛主量者也斛西北二星曰列肆主寳玉之貨市門左星內二星曰車肆主衆貨之區帝坐一星在天市中候星西天庭也光而潤則天子吉威令行微小凶大人當之候一星在帝坐東北主伺陰陽也明大輔臣彊四夷開候細微則國安亡則主失位移則主不安宦者四星在帝坐西南侍主刑餘之人也星微則吉明則凶非其常宦者有憂斗五星在宦者南主平量仰則天下斗斛不平覆則歲穰宗正二星在帝坐東南宗大夫也彗星守之若失色宗正有事客星守動則天子親屬有變客星守之貴人死宗星二在候星東宗室之象帝輔血脈之臣也客星守之宗人不和東北二星曰帛度東北二星曰屠肆各主其事天江四星在尾北主太陰江星不具天下津河關道不通明若動搖大水出大兵起參差則馬貴熒惑守之有立王客星入之河津絶天籥八星在南斗杓西主關閉

建星六星在南斗北亦曰天旗天之都關也爲謀事爲天鼓爲天馬南二星天庫也中央二星市也鈇上二星旗跗也斗建之間三光道也星動則人勞月暈之蛟龍見牛馬疫月五星犯之大臣相譖臣謀主亦爲關梁不通有大水東南四星曰狗國主鮮卑烏丸沃且熒惑守之外夷爲變太白逆守之其國亂客星犯守之有大盜其王且來狗國北二星曰天雞主候時天弁九星在建星北市官之長也主列肆闤闠若市籍之事以知市珍也星欲明吉彗星犯守之糴貴囚徒起兵河鼓三星旗九星在牽牛北天鼓也主軍鼓主鈇鉞一曰三武主天子三將軍中央大星爲大將軍左星爲左將軍右星爲右將軍左星南星也所以備關梁而距難也設守阻險知謀徵也旗卽天鼓之旗所以爲旌表也左旗九星在鼓左旁鼓欲正直而明色黃光澤將吉不正爲兵憂也星怒馬貴動則兵起曲則將失計奪勢旗星戾亂相陵旗端四星南北列曰天桴桴鼓桴也星不明漏刻失時前近河鼓若桴鼓相直皆爲桴鼓用離珠五星在須女北須女之藏府也女子之星也星非故後宮亂客星犯之後宮凶虛北二星曰司命北

二星曰司祿又北二星曰司危又北二星曰司非司命主舉過行罰滅不祥司祿增年延德故在六宗北犯司危主驕佚亡下司非以法多就私瓠瓜五星在離珠北主陰謀主後宮主果食明則歲熟微則歲惡后失勢非其故則山搖谷多水旁五星曰敗瓜主種天津九星梁所以度神通四方也一星不備津關道不通星明動則兵起如流沙死人亂麻微而參差則馬貴若死星亡若從河水爲害或曰水賊稱王也東近河邊七星曰車府主車之官也車府東南五星曰人星主靜衆庶柔遠能邇一曰臥星主防淫其南三星內析東南四星曰杵臼主給軍糧客星入之兵起天下聚米天津北四星如衞狀曰奚仲古車正也騰蛇二十二星在營室北天蛇星主水蟲星明則不安客星守之水雨爲災水物不收王良五星在奎北居河中天子奉車御官也其四星曰天駟旁一星曰王良亦曰天馬其星動爲策馬車騎滿野亦曰王良梁爲天橋主御風雨水道故或占津梁其星移有兵亦曰馬病客星守之橋不通前一星曰策王良之御策也主天子僕在王良旁若移在馬後是謂策馬則車騎滿野閣道六星在王良

前飛道也從紫宮至河神所乘也一曰閣道主道里天子遊別宮之道也亦曰閣道所以扞難滅咎也一曰王良旗一曰紫宮旗亦所以爲旌表而不欲其動搖旗星者兵所用也傅路一星在閣道南旁別道也備閣道之敗復而乘之也一曰太僕主禦風雨亦遊從之義也東壁北十星曰天廄主馬之官若今驛亭也主傳令置驛逐漏馳騖謂其行急疾與晷漏競馳天將軍十二星在婁北主武兵中央大星天之大將也外小星吏士也大將星搖兵起大將出小星不具兵發南一星曰軍南門主誰何出入大陵八星在胃北陵者墓也大陵卷舌之口曰積京主大喪也積京中星絶則諸侯有喪民多疾兵起粟聚少則粟散星守之有土功大陵中一星曰積尸明則死人如山天船九星在大陵北居河中一曰舟星主度所以濟不通也亦主水旱不在漢中津河不通中四星欲其均明則天下大安不則兵若喪客彗星出入之爲大水有兵中一星曰積水候水災昴西二星曰天街三光之道主伺候關梁中外之境天街西一星曰月卷舌六星在北主口語以知佞讒也曲者吉直而動天下有口舌之害中一星曰天

讒主巫醫五車五星三柱九星在畢北五車者五帝車舍也五帝坐也主天子五兵一曰主五穀豐耗西北大星曰天庫主太白主秦次東北星曰獄主辰星主燕趙次東星曰天倉主歲星主魯衛次東南星曰司空主填星主楚次西南星曰卿星主熒惑主魏五星有變皆以其所主而占之三柱一曰三泉一曰休一曰旗五車星欲均明闊狹有常也天子得靈臺之禮則五車三柱均明中有五星曰天潢天潢南三星曰咸池魚囿也月五星入天潢兵起道不通天下亂易政咸池明有龍墮死猛獸及狼害人若兵起五車南六星曰諸王察諸侯存亡西五星曰厲石金若客星守之兵動北八星曰八穀主候歲八穀一星亡一穀不登天關一星在五車南亦曰天門日月所行也主邊事主開閉芒角有兵五星守之貴人多死東井鉞前四星曰司怪主候天地日月星辰變異及鳥獸草木之妖明主闇災修德保福也司怪西北九星曰坐旗君臣設位之表也坐旗西四星曰天高臺榭之高主遠望氣象天高西一星曰天河主察山林妖變南河北河各三星夾東井一曰天高天之闕門主關梁南河曰南戍一曰南宮

一曰陽門一曰越門一曰權星主火北河一曰北戍一曰北宮一曰陰門一曰胡門一曰衡星主水兩河戍間日月五星之常道也河戍動搖中國兵起南河三星曰闕丘主宮門外象魏也五諸侯五星在東井北主刺舉戒不虞又曰理陰陽察得失亦曰主帝心一曰帝師二曰帝友三曰三公四曰博士五曰太史此五者常爲帝定疑議星明大潤澤則天下大治角則禍在中五諸侯南三星曰天樽主盛饘粥以給酒食之正也積薪一星在積水東供給庖廚之正也水位四星在東井東主水衡客星若水火守犯之百川流溢軒轅十七星在七星北軒轅黃帝之神黃龍之體也后妃之主士職也一曰東陵一曰權星主雷雨之神南大星女主也次北一星妃也次將軍也其次諸星皆次妃之屬也女主南小星女御也左一星少民少后宗也右一星大民太后宗也欲其色黃小而明也軒轅右角南三星曰酒旗酒官之旗也主饗宴飲食五星守酒旗天下大酺有酒肉財物賜若爵宗室酒旗南二星曰天相丞相之象也軒轅西四星曰權權者烽火之權也邊亭之警候權北四星曰內平少微四星在太微西士大

夫之位也一名處士亦天子副主或曰博士官一曰主衞掖門南第一星處士第二星議士第三星博士第四星大夫明大而黃則賢士舉也月五星犯守之處士女主憂宰相易南四星曰長垣主界域及胡夷熒惑入之胡入中國太白入之九卿謀

隋書卷十九

隋書卷十九考證

天文志上其所傳則周公受於殷商○臣召南按周髀算經本文周公問於商高云云則其人姓商名高通於數學据晉志及此志則殷時早有周髀之術而所謂商高者似即殷商之後能傳其術者耳或疑此殷商當作商高然不容兩志並訛且下文即曰周人志之故曰周髀知殷商二字不訛

故從沒不見也○晉志無從字此從字疑衍

當有何損而謂不可乎○按晉志此文下尙有弘桓君山一段此節去耳

紫宮垣下五星○臣召南按下字係十字之訛志言紫宮垣十五星其西蕃七東蕃八也晉志可證

五主趙六主燕○晉志作五主燕六主趙

則太微五帝坐明坐以光○臣召南按晉志作則太微五帝坐明以光是也此志明坐以光坐字疑衍

列招搖太微○晉志作列抵太微

九河主萬事之紀○臣召南按九河應作九卿

氐北一星曰天乳○氐字各本俱訛作兵今改正

中央二星市也鈇上二星旗蹠也○臣召南按晉志云中央二星市也鈇鑕也

上二星旗蹠也据此則此志鈇字下脫鑕也二字

天弁九星○晉志作天辯以步天歌證之此是

天津九星梁所以度神通四方也○臣召南按梁字上有脫文以晉志證之當

云天津九星橫河中一曰天漢一曰天江主四瀆津梁云云也此志實脫十

五字存疑於此

隋書卷十九考證

隋書卷二十

唐太尉揚州都督監修國史上柱國趙國公臣長孫無忌等撰

天文志第十五

天文中

二十八舍

東方角二星爲天闕其間天門也其內天庭也故黃道經其中七曜之所行也左角爲天田爲理主刑其南爲太陽道右角爲將主兵其北爲太陰道蓋天之三門猶房之四表其星明大王道太平賢者在朝動搖移徙王者行亢四星天子之內朝也摠攝天下奏事聽訟理獄錄功者也一曰疏廟主疾疫星明大輔納忠天下寧人無疾疫動則多疾氐四星王者之宿宮后妃之府休解之房前二星適也後二星妾也將有徭役之事氐先動星明大則臣奉度人無勞房四星爲明堂天子布政之宮也亦四輔也下第一星上將也次次將也次次相也上星上相也南二星君位北二星夫人位又爲四表中間爲天衢之大道爲天

闕黃道之所經也南間曰陽環其南曰太陽北間曰陰間其北曰太陰七曜由乎天衢則天下平和由陽道則主旱喪由陰道則主水兵亦曰天駟爲天馬主車駕南星曰左驂次左服次右服次右驂亦曰天廄又主開閉爲畜藏之所由也房星明則王者明驂星大則兵起星離則人流又北二小星曰鉤鈐房之鈐鍵天之管籥主閉藏鍵天心也王者孝則鉤鈐明近房天下同心遠則天下不和王者絕後房鉤鈐間有星及疏坼則地動河清心三星天王正位也中星曰明堂天子位爲大辰主天下之賞罰天下變動心星見祥星明大天下同暗則主暗前星爲太子其星不明太子不得代後星爲庶子後星明庶子代心星變黑大人有憂直則王失勢動則國有憂急角搖則有兵離則人流尾九星後宮之場妃后之府上第一星后也次三星夫人次星嬪妾第三星傍一星名曰神宮解衣之內室尾亦爲九子星色欲均明大小相承則後宮有敘多子孫星微細暗后有憂疾疏遠后失勢動搖則君臣不和天下亂就聚則大水箕四星亦後宮妃后之府亦曰天津一曰天雞主八風凡日月宿在箕東壁翼軫者風起

又主口舌主客蠻夷胡貉故蠻胡將動先表箕焉星大明直則穀熟內外有差就聚細微天下憂動則蠻夷有使來離徙則人流動不出三日大風

北方南斗六星天廟也丞相太宰之位主褒賢進士稟授爵祿又主兵一曰天機南二星魁天梁也中央二星天相也北二星杓天府庭也亦爲天子壽命之期也將有天子之事占於斗斗星盛明王道平和爵祿行芒角動搖天子愁兵起移徙其臣逐牽牛六星天之關梁主犧牲事其北二星一曰即路一曰聚火又曰上一星主道路次二星主關梁次三星主南越搖動變色則占之星明大王道昌關梁通牛貴怒則馬貴不明失常穀不登細則牛賤中星移上下牛多死小星亡牛多疫又曰牽牛星動爲牛災須女四星天之少府也須賤妾之稱婦職之卑者也主布帛裁製嫁娶星明天下豐女功昌國充富小暗則國藏虛動則有嫁娶出納裁製之事虛二星冢宰之官也主北方主邑居廟堂祭祀祝禱事又主死喪哭泣危三星主天府天庫架屋餘同虛占星不明客有誅動則王者作宮殿有土功墳墓四星屬危之下主死喪哭泣爲墳墓也星不明天下

旱動則有喪營室二星天子之宮也一曰玄宮一曰清廟又爲軍糧之府及土功事星明國昌小不明祠祀鬼神不享國家多疾動則有土功兵出野離宮六星天子之別宮主隱藏休息之所東壁二星主文章天下圖書之祕府也主土功星明王者興道術行國多君子星失色大小不同王者好武經士不用圖書隱星動則有土功離徙就聚爲田宅事

西方奎十六星天之武庫也一曰天豕亦曰封豕主以兵禁暴又主溝瀆西南大星所謂天豕目亦曰大將欲其明若帝淫佚政不平則奎有角角動則有兵不出年中或有溝瀆之事又曰奎中星明水大出婁三星爲天獄主苑牧犧牲供給郊祀亦爲與兵聚衆星明天下平和郊祀大享多子孫動則有聚衆星直則有執主之命者就聚國不安胃三星天之廚藏主倉廩五穀府也明則和平倉實動則有輸運事就聚則穀貴人流昴七星天之耳目也主西方主獄事又爲旄頭胡星也又主喪昴畢間爲天街天子出旄頭罕畢以前驅此其義也黃道之所經也昴明則天下牢獄平昴六星皆明與大星等大水七星黃兵大起

一星亡爲兵喪搖動有大臣下獄及白衣之會大而數盡動若跳躍者胡兵大起一星獨跳躍餘不動者胡欲犯邊境也畢八星主邊兵主弋獵其大星曰天高一曰邊將主四夷之尉也星明大則遠夷來貢天下安失色則邊亂一星亡爲兵喪動搖邊城兵起有讒臣離徙天下獄亂就聚法令酷附耳一星在畢下主聽得失伺愆邪察不祥星盛則中國微有盜賊邊候驚外國反鬬兵連年若移動佞讒行兵大起邊尤甚月入畢多雨觜觿三星爲三軍之候行軍之藏府主葆旅收歛萬物明則軍儲盈將得勢動而明盜賊羣行葆旅起動移將有逐者參十星一曰參伐一曰大辰一曰天市一曰鈇鉞主斬刈又爲天獄主殺伐又主權衡所以平理也又主邊城爲九譯故不欲其動也參白獸之體其中三星橫列三將也東北曰左肩主左將西北曰右肩主右將東南曰左足主後將軍西南曰右足主偏將軍故黃帝占參應七將中央三小星曰伐天之都尉也主胡鮮卑戎狄之國故不欲明七將皆明大天下兵精也王道缺則芒角張伐星明與參等大臣皆謀兵起參星失色軍散參芒角動搖邊候有急天下兵起

又曰有斬伐之事參星移客伐主參右足入玉井中兵大起秦大水若有喪山石爲怪參星差戾王臣貳

南方東井八星天之南門黃道所經天之亭候主水衡事法令所取平也王者用法平則井星明而端列鉞一星附井之前主伺淫奢而斬之故不欲其明明與井齊則用鉞大臣有斬者以欲殺也月宿井有風雨輿鬼五星天目也主視明察姦謀東北星主積馬東南星主積兵西南星主積布帛西北星主積金玉隨變占之中央爲積尸主死喪祠祀一曰鈇質主誅斬鬼星明大穀成不明人散動而光上賦歛重徭役多星徙人愁政令急鬼質欲其忽忽不明則安明則兵起大臣誅柳八星天之廚宰也主尚食和滋味又主雷雨若女主驕奢一曰天相一曰天庫一曰注又主木功星明大臣重慎國安廚食具注舉首王命與輔佐出星直天下謀伐其主星就聚兵滿國門七星七星一名天都主衣裳文繡又主急兵守盜賊故欲明星明王道昌闇則賢良不處天下空天子疾動則兵起離則易政張六星主珍寶宗廟所用及衣服又主天廚飲食賞賚之事星

明則王者行五禮得天之中動則賞賚離徙天下有逆人就聚有兵翼二十二星天之樂府主俳倡戲樂又主夷狄遠客負海之賓星明大禮樂興四夷賓動則蠻夷使來離徙則天子舉兵軫四星主冢宰輔臣也主車騎主載任有軍出入皆占於軫又主風主死喪軫星明則車駕備動則車騎用離徙天子憂就聚兵大起轄星傅軫兩傍主王侯左轄爲王者同姓右轄爲異姓星明兵大起遠軫凶軫轄舉南蠻侵車無轄國主憂長沙一星在軫之中主壽命明則主壽長子孫昌

右四方二十八宿并輔官一百八十二星

星官在二十八宿之外者

庫樓十星其六大星爲庫南四星爲樓在角南一曰天庫兵車之府也旁十五星三三而聚者柱也中央四小星衡也主陳兵又曰天庫空則兵四合東北二星曰陽門主守隘塞也南門二星在庫樓南天之外門也主守兵平星二星在庫樓北平天下之法獄事廷尉之象也天門二星在平星北亢南七星曰折威

主斬殺頓頑二星在折威東南主考囚情狀察詐僞也騎官二十七星在氐南
若天子武賁主宿衞東端一星騎陣將軍騎將也南三星車騎車騎之將也陣
車三星在騎官東北革車也積卒十二星在房心南主爲衞也他星守之近臣
誅從官二星在積卒西北龜五星在尾南主卜以占吉凶傅說一星在尾後傅
說主章祝巫官也章請號之聲也主王后之內祭祀以祈子孫廣求胤嗣詩云
克禋克祀以弗無子此之象也星明大王者多子孫魚一星在尾後河中主陰
事知雲雨之期也星不明則魚多亡若魚少動搖則大水暴出出漢中則大魚
多死杵三星在箕南杵給庖舂客星入杵臼天下有急糠一星在箕舌前杵西
北鼈十四星在南斗南鼈爲水蟲歸太陰有星守之白衣會主有水令農丈人
一星在南斗西南老農主稼穡也狗二星在南斗魁前主吠守天田九星在牛
南羅堰九星在牽牛東岠馬也以壅畜水潦灌溉溝渠也九坎九星在牽牛南
坎溝渠也所以導達泉源疏瀉瀛溢通溝洫也九坎間十星曰天池一曰三池
一曰天海主灌溉事九坎東列星北一星曰齊齊北二星曰趙趙北一星曰鄭

鄭北一星曰越越東二星曰周周東南北列二星曰秦秦南二星曰代代西一星曰晉晉北一星曰韓韓北一星曰魏魏西一星曰楚楚南一星曰燕燕其星有變各以其國秦代東三星南北列曰離瑜離圭衣也瑜玉飾皆婦人之服星也虛南二星曰哭哭東二星曰泣泣哭皆近墳墓泣南十三星曰天壘城如貫索狀主北夷丁零匈奴敗臼四星在虛危南知凶災他星守之飢兵起危南二星曰蓋屋主治宮室之官也虛梁四星在蓋屋南主園陵寢廟非人所處故曰虛梁室南六星曰雷電室西南二星曰土功吏主司過度壁南二星曰土公土公西南五星曰礔礰礔礰南四星曰雲雨皆在壘壁北羽林四十五星在營室南一曰天軍主軍騎又主翼王也壘壁陣十二星在羽林北羽林之垣壘也主軍位爲營壅也三星有在天軍中者皆爲兵起熒惑太白辰星尤甚北落師門一星在羽林南北者宿在北方也落天之蕃落也師衆也師門猶軍門也長安城北門曰北落門以象北也主非常以候兵有星守之虜入塞中兵起北落西北有十星曰天錢北落西南一星曰天綱主武帳北落東南九星曰八魁主張禽

獸客星入之多盜賊八魁西北三星曰鈇質一曰鈇鉞有星入之皆爲大臣誅
奎南七星曰外屏外屏南七星曰天溷廁也屏所以障之也天溷南一星曰土
司空主水土之事故又知禍殃也客星入之多土功天下大疾婁東五星曰左
更山虞也主澤藪竹木之屬亦主仁智婁西五星曰右更牧師也主養牛馬之
屬亦主禮義二更秦爵名也天倉六星在婁南倉穀所藏也星黃而大歲熟西
南四星曰天庾積廚粟之所也天囷十三星在胃南囷倉廩之屬也主給御糧
也星見則囷倉實不見卽虛天廩四星在昴南一曰天廥主畜黍稷以供饗祀
春秋所謂御廩此之象也天苑十六星在昴畢南天子之苑囿養禽獸之所也
主馬牛羊星明則牛馬盈希則死苑西六星曰芻藁以供牛馬之食也一曰天
積天子之藏府也星盛則歲豐穰希則貨財散苑南十三星曰天園植菓菜之
所也畢附耳南八星曰天節主使臣之所持者也天節下九星曰九州殊口曉
方俗之官通重譯者也畢柄西五星曰天陰參旗九星在參西一曰天旗一曰
天弓主司弓弩之張候變禦難玉井四星在參左足下主水漿以給廚西南九

星曰九游天子之旗也玉井東南四星曰軍井行軍之井也軍井未達將不言渴名取此也屏二星在玉井南屏爲屏風客星入之四足蟲大疾天厠四星在屏東溷也主觀天下疾病天矢一星在厠南色黃則吉他色皆凶軍市十三星在參東南天軍貿易之市使有無通也野鷄一星主變怪在軍市中軍市西南二星曰丈人丈人東二星曰子子東二星曰孫東井西南四星曰水府主水之官也東井南垣之東四星曰四瀆江河淮濟之精也狼一星在東井東南狼爲野將主侵掠色有常不欲變動也角而變色動搖盜賊萌胡兵起人相食躁則人主不靜不居其宮馳騁天下北七星曰天狗主守財弧九星在狼東南天弓也主備盜賊常向於狼弧矢動移不如常者多盜賊胡兵大起狼弧張害及胡天下乖亂又曰天弓張天下盡兵主與臣相謀弧南六星爲天社昔共工氏之子句龍能平水土故祀以配社其精爲星老人一星在弧南一曰南極常以秋分之旦見于景春分之夕而沒於丁見則化平主壽昌亡則君危代天常以秋分候之南郊柳南六星曰外廚廚南一星曰天紀主禽獸之齒稷五星在七星

南稷農正也取乎百穀之長以爲號也張南十四星曰天廟天子之祖廟也客星守之祠官有憂翼南五星曰東區蠻夷星也軫南三十二星曰器府樂器之府也青丘七星在軫東南蠻夷之國號也青丘西四星曰土司空主界域亦曰司徒土司空北二星曰軍門主營候豹尾威旗

自攝提至此大凡二百五十四官一千二百八十三星幷二十八宿輔官名曰經星常宿遠近有度小大有差苟或失常實表災異

天漢起東方經尾箕之閒謂之漢津乃分爲二道其南經傅說魚天籥天弁河鼓其北經龜貫箕下次絡南斗魁左旗至天津下而合南道乃西南行又分夾匏瓜絡人星杵造父騰蛇王良傅路閣道北端太陵天船卷舌而南行絡五車經北河之南入東井水位而東南行絡南河闕丘天狗天紀天稷在七星南而沒

天占

鴻範五行傳曰清而明者天之體也天忽變色是謂易常天裂陽不足是謂臣

強下將害上國後分裂其下之主當之天開見光流血滂滂天裂見人兵起國亡天鳴有聲至尊憂且驚皆亂國之所生也

漢惠帝二年天開東北長三十餘丈廣十餘丈後有呂氏變亂

晉惠帝大安二年天中裂穆帝升平五年又裂廣數丈並有聲如雷其後皆有兵革之應

七曜

日循黃道東行一日一夜行一度三百六十五日有奇而周天行東陸謂之春行南陸謂之夏行西陸謂之秋行北陸謂之冬行以成陰陽寒暑之節是故傳云日爲太陽之精主生養恩德人君之象也又人君有瑕必露其慝以告示焉故日月行有道之國則光明人君吉昌百姓安寧日變色有軍軍破無軍喪侯王其君無德其臣亂國則日赤無光日失色所臨之國不昌日晝昏行人無影到暮不止者上刑急下人不聊生不出一年有大水日晝昏烏鳥羣鳴國失政日中烏見主不明爲政亂國有白衣會日中有黑子黑氣黑雲乍三乍五臣廢

其主曰食陰侵陽臣掩君之象有亡國有死君有大水日食見星有殺君天下分裂王者修德以禳之

月者陰之精也其形圓其質清日光照之則見其明日光所不照則謂之魄故月望之日日月相望人居其間盡覩其明故形圓也二弦之日日照其側人觀其傍故半明半魄也晦朔之日日照其表人在其裏故不見也其行有遲疾其極遲則日行十二度強極疾則日行十四度半強遲則漸疾疾極漸遲二十七日半強而遲疾一終矣又月行之道斜帶黃道十三日有奇在黃道表又十三日有奇在黃道裏表裏極遠者去黃道六度二十七日有奇陰陽一終張衡云對日之衝其大如日日光不照謂之闇虛闇虛逢月則月食值星則星亡今曆家月望行黃道則值闇虛矣值闇虛有表裏深淺故食有南北多少月爲太陰之精以之配日女主之象也以之比德刑罰之義列之朝廷諸侯大臣之類故君明則月行依度臣執權則月行失道大臣用事兵刑失理則月行乍南乍北女主外戚擅權則或進或退月變色將有殃月晝明姦邪並作君臣爭明女主

失行陰國兵強中國饑天下謀僭數月重見國以亂亡

歲星曰東方春木於人五常仁也五事貌也仁虧貌失逆春令傷木氣則罰見歲星歲星盈縮㠯丌舍命國丌所居久丌國有德厚五穀豐昌不可伐丌對爲衝歲乃有殃歲星安靜中度吉盈縮失次丌國有變不可舉事用兵又曰人主出象也色欲明光潤澤德合同又曰進退如度姦邪息變色亂行主無福又主福主大司農主齊吳主司天下諸侯人君之過主歲五穀赤而角丌國昌赤黃而沉丌野大穰

熒惑曰南方夏火禮也視也禮虧視失逆夏令傷火氣罰見熒惑熒惑法使行無常出則有兵入則兵散㠯舍命國爲亂爲賊爲疾爲喪爲饑爲兵居國受殃環繞勾已芒角動搖變色乍前乍後乍左乍右丌殃愈甚丌南丈夫北女子喪周旋止息乃爲死喪寇亂丌野亡地丌失行而速兵聚丌下順之戰勝又曰熒惑主大鴻臚主死喪主司空又爲司馬主楚吳越以南又司天下羣臣之過司驕奢亡亂妖孽主歲成敗又曰熒惑不動兵不戰有誅將丌出色赤怒逆行成

鉤已戰凶有圍軍鉤已有芒角如鋒刃人主無出宮下有伏兵芒大則人民怒

君子遑遑小人浪浪不有亂臣則有大喪人欺吏吏欺王又爲外則兵內則理

政爲天子之理也故曰雖有明天子必視熒惑所在乃入守犯太微軒轅營室

房心主命惡之

填星曰中央季夏土信也思心也仁義禮智㠯信爲主貌言視聽㠯心爲政故

四星皆失填乃爲之動動而盈侯王不寧縮有軍不復所居之宿國吉得地及

女子有福不可伐去之失地若有女憂居宿久國福厚易則薄失次而上二三

宿曰盈有主命不成不乃大水失次而下曰縮后戚乃歲不復不乃天裂若地

動一曰填爲黃帝之德女主之象主德厚安危存亡之機司天下女主之過又

曰天子之星也天子失信則填星大動

太白曰西方秋金義也言也義虧言失逆秋令傷金氣罰見太白太白進退㠯

候兵高埤遲速靜躁見伏用兵皆象之吉乃出西方失行夷狄敗出東方失行

中國敗未盡期日過參天病其對國若經天天下革人更王是謂亂紀人民流

亡晝與日爭明強國弱小國強女主昌又曰太白大臣其號上公也大司馬位謹候此

辰星曰北方冬水智也聽也智虧聽失逆冬令傷水氣罰見辰星辰星見主刑主廷尉主燕趙又爲燕趙代以北宰相之象亦爲殺伐之氣戰鬭之象又曰軍於野辰星爲偏將之象無軍爲刑事和陰陽應丌時不和出失丌時寒暑失丌節邦當大饑當出不出是謂擊卒兵大起在於房心閒地動亦曰辰星出入躁疾常主夷狄又曰蠻夷出星亦主刑法之得失色黃而小地大動

凡五星有色大小不同各依丌行而順時應節色變有類凡青皆比參左肩赤比心大星黃比參右肩白比狼星黑比奎大星不失本色而應丌四時者吉色害丌行凶

凡五星所出所行所直之辰其國爲得位者歲星曰德熒惑有禮填星有福太白兵強辰星陰陽和所行所直之辰順其色而有角者勝其色害者敗居實有德也居虛無德也色勝位行勝色行得盡勝之營室爲清廟歲星廟也心爲明

堂熒惑廟也南斗爲文太室填星廟也亢爲疏廟太白廟也七星爲員宮辰星

廟也五星行至其廟謹侯丌命

凡五星盈縮失位丌精降於地爲人歲星降爲貴臣熒惑降爲童兒歌謠嬉戲

填星降爲老人婦女太白降爲仕夫處於林麓辰星降爲婦人吉凶之應隨其

象告

凡五星木與土合爲內亂饑與水合爲變謀而更事與火合爲饑爲旱與金合

爲白衣之會合鬬國有內亂野有破軍爲水太白在南歲星在北名曰牡年穀

大熟太白在北歲星在南年或有或無火與金合爲爍爲喪不可舉事用兵從

軍爲軍憂離之軍却出太白陰分宅出其陽偏將戰與土合爲憂主孽與水合

爲北軍用兵舉事大敗一曰火與水合爲焠不可舉事用兵土與水合爲壅沮

不可舉事用兵有覆軍下師一曰爲變謀更事必爲旱與金合爲疾爲白衣會

爲內兵國亡地與木合國饑水與金合爲變謀爲兵憂入太白中而上出破軍

殺將客勝下出客亡地視旗所指目命破軍環繞太白若與鬬大戰客勝

凡木火土金與水鬬皆爲戰兵不在外皆爲內亂

凡同舍爲合相陵爲鬬二星相近其殃大相遠無傷七寸㠯內必之

凡月蝕五星其國亡歲以饑熒惑以亂填以殺太白以強國戰辰以女亂

凡五星入月其野有逐相太白將僇

凡五星所聚其國王天下從歲㠯義從熒惑㠯禮從填㠯重從太白㠯兵從辰㠯法各㠯其事致天下也三星若合是謂驚立絕行其國外內有兵天喪人民改立侯王四星若合是謂太陽其國兵喪並起君子憂小人流五星若合是謂易行有德受慶改立王者奄有四方子孫蕃昌亡德受殃離其國家滅其宗廟百姓離去被滿四方五星皆大其事亦大皆小事亦小

凡五星色其圜白爲喪爲旱赤中不平爲兵爲憂青爲水黑爲疾疫爲多死黃爲吉皆角赤犯我城黃地之爭白哭泣聲青有兵憂黑有水五星同色天下偃兵百姓安寧歌儛以行不見災疾五穀蕃昌

凡五星爲政緩則不行急則過分逆則占熒惑緩則不入急則不出違道則占

塡緩則不還急則過舍逆則占太白緩則不出急則不入逆則占辰星緩則不出急則不入非時則占五星不失行則年穀豐昌

凡五星分天之中則於東方中國積於西方外國用兵者利辰星不出太白爲客其出太白爲主出而與太白不相從及各出一方爲格野有軍不戰五星爲五德之主其行或入黃道裏或出黃道表猶月行出有陰陽也終出入五常不可以算數求也其東行曰順西行曰逆順則疾逆則遲通而率之終爲東行矣不東不西曰留與日相近而不見曰伏伏與日同度曰合其留行逆順掩合犯法陵變色芒角凡其所主皆以時政五常五官五事之得失而見其變木火土三星行遲夜半經天其初皆與日合度而後順行漸遲追日不及晨見東方行去日稍遠朝時近中則留留經旦過中則逆行逆行至夕時近中則又留留而又順先遲漸速以至於夕伏西方乃更與日合

金水二星行速而不經天自始與日合之後行速而先日夕見西方去日前稍遠夕時欲近南方則漸遲遲極則留留而近日則逆行而合日在于日後晨見

東方逆極則留留而後遲遲極去日稍遠旦時欲近南方則速行以追日晨伏于東方復與日合此五星合見遲速逆順留行之大經也昏旦者陰陽之大分也南方者太陽之位而天地之經也七曜行至陽位當天之經則虧昃留逆而不居焉此天之常道也三星經天二星不經天三天兩地之道也

凡五星見伏留行逆順遲速應曆度者爲得其行政合于常違曆錯度而失路盈縮者爲亂行亂行則爲妖星彗孛而有亡國革政兵饑喪亂之禍云

古曆五星並順行秦曆始有金火之逆又甘石並時自有差異漢初測候乃知五星皆有逆行其後相承罕能察至後魏末清河張子信學藝博通尤精曆數因避葛榮亂隱於海島中積三十許年專以渾儀測候日月五星差變之數以算步之始悟日月交道有表裏遲速五星見伏有感召向背言日行在春分後則遲秋分後則速合朔月在日道裏則日食若在日道外雖交不虧月望值交則虧不問表裏又月行遇木火土金四星向之則速背之則遲五星行四方列宿各有所好惡所居遇其好者則留多行遲見早遇其惡者則留少行速見遲

與常數並差少者差至五度多者差至三十許度其辰星之行見伏尤異晨應見在雨水後立夏前夕應見在處暑後霜降前者並不見啓蟄立夏立秋霜降四氣之內晨夕去日前後三十六度內十八度外有木火土金一星者見無者不見後張胄玄劉孝孫劉焯等依此差度爲定入交食分及五星定見定行與天密會皆古人所未得也梁奉朝請祖暅天監中受詔集古天官及圖緯舊說撰天文錄三十卷逮周氏克梁獲庾季才爲太史令撰靈臺祕苑一百二十卷占驗益備今略其雜星瑞星妖星客星流星及雲氣名狀次之於此云

瑞星

一曰景星如半月生於晦朔助月爲明或曰星大而中空或曰有三星在赤方氣與青方氣相連黃星在赤方氣中亦名德星二曰周伯星黃色煌煌然所見之國大昌三曰含譽光耀似彗喜則含譽射

星雜變

一曰星晝見若星與日並出名曰嫁女星與日爭光武且弱文且強女子爲王

在邑爲喪在野爲兵又曰臣有姦心上不明臣下從橫大水浩洋又曰星晝見虹不滅臣人生明星奪日光天下有立王二曰恆星不見恆星者在位人君之類不見者象諸侯之背畔不佐王者奉順法度無君之象也又曰恆星不見主不嚴法度消又曰天子失政諸侯橫暴又曰常星列宿不見象中國諸侯微滅也三曰星鬬星鬬天下大亂四曰星搖星搖人衆將勞五曰星隕大星隕下陽失其位災害之萌也又曰衆星墜人失其所也凡星所墜國易政又曰星墜當其下有戰場天下亂期三年又曰奔星之所墜其下有兵列宿之所墜滅家邦衆星之所墜衆庶亡又曰塡星墜海水決黃星騁海水躍又曰黃星墜海水傾亦曰驪星墜而渤海決星隕如雨天子微諸侯力政五伯代興更爲盟主衆暴寡大并小又曰星辰附離天猶庶人附離王者也王者失道綱紀廢下將畔去故星畔天而隕以見其象國有兵凶則星墜爲鳥獸天下將亡則星墜爲飛蟲天下大兵則星墜爲金鐵天下有水則星墜爲土國主亡有兵則星墜爲草木兵起國主亡則星墜爲沙星墜爲人而言者善惡如其言又曰國有大喪則星

墜爲龍

妖星

妖星者五行之氣五星之變各見其方以爲殃災各以其日五色占知何國吉凶決矣行見無道之國失禮之邦爲兵爲饑水旱死亡之徵也又曰凡妖星所出形狀不同爲殃如一其出不過一年若三年必有破國屠城其君死天下大亂兵士亂行戰死於野積尸從横餘殃不盡爲水旱兵飢疾疫之殃又曰凡妖星出見長大災深期遠短小災淺期近三尺至五尺期百日五尺至一丈期一年一丈至三丈期三年三丈至五丈期五年五丈至十丈期七年十丈以上期九年審以察之其災必應彗星世所謂掃星本類星末類彗小者數寸長或竟天見則兵起大水主掃除除舊布新有五色各依五行本精所主史臣案彗體無光傅日而爲光故夕見則東指晨見則西指在日南北皆隨日光而指頓挫其芒或長或短光芒所及則爲災又曰孛星彗之屬也偏指曰彗芒氣四出曰孛孛者孛然非常惡氣之所生也内不有大亂則外有大兵天下合謀闇蔽不

明有所傷害晏子曰君若不改孛星將出彗星何懼乎由是言之災甚於彗

歲星之精流爲天棓天槍天猾天衡國皇反登一曰天棓一名覺星或曰天格本類星末銳長四丈主滅兵主奮爭又曰天棓出其國凶不可舉事用兵又曰期三月必有破軍拔城又曰天棓見女主用事其本者爲主人二曰天槍主捕制或曰欃雲如牛槍雲如馬或曰如槍左右銳長數丈天欃本類星末銳長丈三曰天猾主招亂又曰人主自恣逆天暴物則天猾起四曰天衡狀如人蒼衣赤首不動主滅位又曰衡星出臣謀主武卒發又曰天衡抱極泣帝前血濁霧下天下寃五曰國皇或曰機星散爲國皇國皇之星大而赤類南極老人星也主滅姦主內寇難見則兵起天下急或云去地一二丈如炬火狀後客星內亦有國皇名同而占異六曰反登主夷分皆少陽之精司徒之類青龍七宿之域有謀反若恣虐爲害主失春政者以出時衡爲期皆主君徵也

熒惑之精流爲析旦蚩尤旗昭明司危天欃一曰析旦或曰昭旦主弱之符又曰析旦橫出參櫂百尺爲相誅滅二曰蚩尤旗或曰旋星散爲蚩尤旗或曰蚩

尤旗五星盈縮之所生也狀類彗而後曲象旗或曰四望無雲獨見赤雲蚩尤旗也或曰蚩尤旗如箕可長二丈末有星又曰亂國之王衆邪並積有雲若植藿竹長黃上白下名曰蚩尤旗主誅逆國又曰帝將怒則蚩尤旗出又曰虐王反度則蚩尤旗出或曰本類星而後委曲其像旗旛可長二三丈見則王者旗鼓大行征伐四方兵大起不然國有大喪三曰昭明者五星變出於西方名曰昭明金之氣也又曰赤彗分爲昭明昭明滅光象如太白七芒故以爲起霸之徵或曰機星散爲昭明又曰西方有星望之去地可六丈而有光其類太白數動察之中赤是謂西方之野星名曰昭明出則兵大起其出也下有喪出南方則西方之邦失地或曰昭明如太白不行主起有德又曰西方有星大而白有角目下視之名曰昭明金之精出則兵大起若守房心國有喪必有屠城昭明下則爲天狗所下者大戰流血四曰司危或曰機星散爲司危又曰白彗之氣分爲司危司危平以爲乖爭之徵或曰司危星大有毛兩角又曰司危星類太白數動察之而赤司危出強國盈主擊強侯兵也又曰司危見則主失法期八

年豪傑起天子以不義失國有聲之臣行主德也又曰司危見則其下國相殘賊又曰司危星出正西西方之野星去地可六丈大而白類大白一曰見兵起強又曰司危出則非其下有兵衝不利五曰天欃其狀白小數動是謂欃星一名斬星天欃主殺時又曰天欃見女主用事者其本爲主人又曰天欃出其下相欃爲饑爲兵赤地千里枯骨籍籍亦曰天欃出其國內亂又曰太陽之精赤烏七宿之域有謀反恣虐爲害主失夏政

填星之精流爲五殘六賊獄漢大賁熠星紕流茀星旬始擊咎一曰五殘或曰旋星散爲五殘亦曰蒼彗散爲五殘故爲毀敗之徵或曰五殘五分亦曰一本而五枝也期九年姦與三九二十七大亂不可禁又曰五殘者五行之變出於東方五殘木之氣也一曰五鋒又曰五殘星出正東東方之野星狀類辰星可去地六七丈大而白主乖亡或曰東方有星望之去地可六丈大而赤察之中青或曰星表青氣如暈有毛其類歲星是謂東方之野星名曰五殘出則兵大起其出也下有喪出北則東方之邦失地又曰五殘出四蕃虛天子有急兵或

曰五殘大而赤數動察之有青又曰五殘出則兵起二曰六賊者五行之氣出於南方或曰六賊火之氣也或曰六賊星形如彗又曰南方有星望之可去地六丈赤而數動察之有光其類熒惑是謂南方之野星名曰六賊出則兵起其國亂其出也下有喪出東方則南方之邦失地又曰六賊星見出正南南方之星去地可六丈大而赤數動有光三曰獄漢一曰咸漢或曰權星散爲獄漢又曰咸漢者五行之氣出於北方水之氣也獄漢青中赤表下有三彗從橫主逐王刺王又曰北方有星望之可去地六丈大而赤數動察之中青黑其類辰星是謂北方之野星名曰咸漢出則兵起其下有喪出西方則北方之邦失地又曰獄漢動諸侯驚出則陰橫四曰大賁主暴衝五曰炤星主滅邦六曰絀流動天下赦主伏逃又曰絀流主自理無所逃七曰茀星在東南本有星末類茀所當之國實受其殃八曰旬始或曰樞星散爲旬始或曰五星盈縮之所生也亦曰旬始妖氣又曰旬始蚩尤也又曰旬始出於北斗旁狀如雄雞其怒青黑象伏鼈又曰黃慧分爲旬始旬始者今起也狀如雄雞土含陽以文白接精象雞

故以爲立主之題期十年聖人起代又曰旬始照其下必有滅王五姦爭作暴骨積骸以子續食見則臣亂兵作諸侯爲虐又曰常以戊戌日視五車及天軍天庫中有奇怪曰旬始狀如鳥有喙而見者則兵大起攻戰當其首者破死又曰出見北斗聖人受命天子壽王者有福九曰擊咎出臣下主一曰臣禁主主大兵又曰土精斗七星之域以長四方司空之位有謀反恣虐者占如上

太白之精散爲天杵天柎伏靈大敗司姦天狗天殘卒起一曰天杵主牂羊二曰天柎主擊殃三曰伏靈主領讒伏靈出天下亂復人四曰大敗主鬬衝或曰大敗出擊咎謀五曰司姦主見妖六曰天狗亦曰五星氣合之變出西南金火氣合名曰天狗或曰天狗星有毛旁有短彗下如狗形者主徵兵主討賊亦曰天狗流五將鬬又曰西北方有星長三丈而出水金氣交名曰天狗亦曰西北三星大而白名曰天狗見則大兵起天下饑人相食又曰天狗所下之處必有大戰破軍殺將伏尸流血天狗食之皆期一年中二年遠三年各以其所下之

國以占吉凶（後流星內天狗名同占狀小異）七曰天殘主貪殘八曰卒起卒起見禍無時諸變有萌臣運柄又曰少陰之精大司馬之類白獸七宿之域有謀反若恣虐爲害主失秋政者期如上占禍亦應之

辰星之精散爲枉矢破女拂樞滅寶繞廷驚理大奮祀一曰枉矢或曰填星之變爲枉矢又曰機星散爲枉矢亦曰枉矢五星盈縮之所生也弓弩之像也類大流星色蒼黑蛇行望之如有毛目長數匹著天主反萌主射愚又曰黑彗分爲枉矢枉矢者射是也枉矢見謀反之兵合射所誅亦爲以亂伐亂又曰人君暴專己則有枉矢動亦曰枉矢類流星望之有尾目長可一匹布皎皎著天見則大兵起大將出弓弩用期三年曰枉矢所觸天下之所伐射滅之象也二曰破女破女若見君臣皆誅主勝之符三曰拂樞拂樞動亂駭擾無調時又曰拂樞主制時四曰滅寶滅寶起相得之又曰滅寶主伐之五曰繞廷繞廷主亂孳六曰驚理驚理主相署七曰大奮祀大奮祀主招邪或曰大奮祀出主安之太陰之精玄武七宿之域有謀反若恣虐爲害主失冬政者期如上占禍亦應之

又曰五精潛潭皆以類逆所犯行失時指下臣承類者乘而害之皆滅亡之徵也入天子宿主滅諸侯五百謀

離妖

一曰天鋒天鋒彗象矛鋒者也主從横天下從横則天鋒星見二曰燭星狀如太白其出也不行見則不久而滅或曰主星上有三彗上出燭星所出邑反又曰燭星所燭者城邑亂又曰燭星所出有大盜不成三曰蓬星一名王星狀如夜火之光多即至四五少即一二亦曰蓬星在西南修數丈左右兌出而易處又曰有星其色黄白方不過三尺名曰蓬星又曰蓬星狀如粉絮見則天下道術士當有出者布衣之士貴天下大平五穀成又曰蓬星出北斗諸侯有奪地以地亡有兵起星所居者期不出三年又曰蓬星出太微中天子立王四曰長庚狀如一匹布著天見則兵起五曰四塡星出四隅去地六丈餘或曰四塡去地可四丈或曰四塡星大而赤去地二丈當以夜半時出四塡星見十月而兵起又曰四塡星見四隅皆爲兵起其下六曰地維臧光地維臧光者五行之氣

出於四季土之氣也又曰有星出大而赤去地二三丈如月始出謂之地維臧光四隅有星望之可去地四丈而赤黃搖動其類塡星是謂中央之野星出於四隅名曰地維臧光出東北隅天下大水出東南隅天下大旱出西南隅則有兵起出西北隅則天下亂兵大起又曰地維臧光見下有亂者亡有德者昌七曰女帛女帛者五星氣合變出東北水木氣合也又曰東北有星長三丈而出名曰女帛見則天下兵起若有大喪又東北有大星出名曰女帛見則天下有大喪八曰盜星盜星者五星氣合之變出東南火木氣合也又曰東南有星長三丈而出名曰盜星見則天下有大盜多寇賊九曰積陵積陵者五星氣合之變出西北金水氣合也又曰西南有星長三丈名曰積陵見則天下隕霜兵大起五穀不成人饑十曰端星端星者五星氣合之變出與金木水火合於四隅又四隅有星大而赤察之中黃數動長可四丈此土之氣効於四季名曰四隅端星所出兵大起十一曰昏昌有星出西北氣青赤以環之中赤外青名曰昏昌見則天下兵起國易政先起者昌後起者亡高十丈亂一年高二十丈亂二

年高三十丈亂三年十二曰莘星有星出西北狀如有環二名山勤一星見則諸侯有失地西北國十三曰白星有如星非星狀如削瓜有勝兵名曰白星白星出爲男喪十四曰菀昌西北菀昌之星有赤青環之有殃有青爲水此星見則天下改易十五曰格澤狀如炎火又曰格澤星也上黃下白從地而上下大上銳見則不種而穫又曰不有土功必有大客鄰國來者期一年二年又曰格澤氣赤如火炎炎中天上下同色東西絙天若於南北長可四五里此熒惑之變見則兵起其下伏尸流血期三年十六曰歸邪狀如星非星如雲非雲或曰有兩赤彗上向上有蓋狀如氣下連星或曰見必有歸國者十七曰濛星夜有赤氣如牙旗長短四面西南最多又曰刀星亂之象又曰偏天薄雲四方生赤黃氣長三尺乍見乍沒尋皆消滅又曰刀星見天下有兵戰鬬流血或曰偏天薄雲四方合有八氣蒼白色長三尺乍見乍沒漢京房著風角書有集星章所載妖星皆見於月旁互有五色方雲以五寅日見各五星所生云

天槍星生箕宿中　天根星生尾宿中　天荆星生心宿中　眞若星生房宿

中　天攙星生氐宿中　天樓星生亢宿中　天垣星生左角宿中

皆歲星所生也見以甲寅日其星咸有兩青方在其旁

天陰星生軫宿中　晉若星生翼宿中　官張星生張宿中　天惑星生七宿中　天雀星生柳宿中　赤若星生鬼宿中　蚩尤星生井宿中

皆熒惑之所生也出在景寅日有兩赤方在其旁

天上　天伐　從星　天樞　天翟　天沸　荆彗

皆鎮星之所生也出在戊寅日有兩黃方在其旁

若星生參宿中　帚星生觜宿中　若彗星生畢宿中　竹彗星生昴宿中

牆星生胃宿中　檍星生婁宿中　白雚星生奎宿中

皆太白之所生也出在庚寅日有兩白方在其旁

天美星生壁宿中　天毚星生室宿中　天杜星生危宿中　天麻星生虛宿中　天林星生女宿中　天高星生牛宿中　端下星生斗宿中

皆辰星之所生也出以壬寅日有兩黑方在其旁

已前三十五里卽五行之氣所生皆出月左右方氣之中各以其所生星將出不出日數期候之當其未出之前而見見則有水旱兵喪饑亂所指亡國失地王死破軍殺將

客星

客星者周伯老子王蓬絮國皇溫星凡五星皆客星也行諸列舍十二國分野各在其所臨之邦所守之宿以占吉凶周伯大而色黃煌煌然見其國兵起若有喪天下饑衆庶流亡去其鄉（瑞星中名狀與此同而占異）老子明大色白淳淳然所出之國爲饑爲凶爲善爲惡爲喜爲怒常出見則兵大起人主有憂王者以赦除咎則災消王蓬絮狀如粉絮拂拂然見則其國兵起若有喪白衣之會其邦饑亡又曰王蓬絮星色青而熒熒然所見之國風雨不如節焦旱物不生五穀不成登蝗蟲多國皇星出而大其色黃白望之有芒角見則兵起國多變若有水饑人主惡之衆庶多疾溫星色白而大狀如風動搖常出四隅出東南天下有兵將軍出於野出東北當有千里暴兵出西北亦如之出西南其國兵喪並起若有

大水人饑又曰温星出東南爲大將軍服屈不能發者出於東北暴骸三千里出西亦然

凡客星見其分若留止即以其色占吉凶星大事大星小事小星色黄得地色白有喪色青有憂色黑有死色赤有兵各以五色占之皆不出三年又曰客星入列宿中外官者各以其所出部舍官名爲其事所之者爲其謀其下之國皆受其禍以所守之舍爲其期以五氣相賊者爲其使

流星

流星天使也自上而降曰流自下而升曰飛大者曰奔奔亦流星也星大者使大星小者使小聲隆隆者怒之象也行疾者期速行遲者期遲大而無光者衆人之事小而光者貴人之事大而光者其人貴且衆也乍明乍滅者賊敗成也前大後小者恐憂也前小後大者喜事也蛇行者姦事也往疾者往而不返也長者其事長久也短者事疾也奔星所墜其下有兵無風雲有流星見良久間乃入爲大風發屋折木小流星百數四面行者庶人流移之象流星異狀名占

不同今略古書及荆州占所載云
流星之尾長二三丈暉然有光竟天其色白者主使也色赤者將軍使也流星有光其色黃白者從天墜有音如炬爀火下地野雉盡鳴斯天保也所墜國安有喜若水流星其色青赤名曰地鴈其所墜者起兵流星有光青赤其長二三丈名曰天鴈軍之精華也其國起兵將軍當從星所之流星暉然有光白長竟天者人主之星也主將相軍從星所之凡星如甕者爲發謀起事大如桃者爲使事流星大如缶其光赤黑有喙者名曰梁星其所墜之鄉有兵君失地
飛星大如缶若甕後皎然白前卑後高此謂頓頑其所從者多死亡削邑而不戰有飛星大如缶若甕後皎然白前卑後高搖頭乍上乍下此謂降石所下民食不足飛星大如缶若甕後皎然白星滅後白者曲環如車輪此謂解銜其國人相斬爲爵祿此謂自相齧食有飛星大如缶若甕其後皎然白長數丈星滅後白者化爲雲流下名曰大滑所下有流血積骨有飛星大如缶若甕後皎白縵縵然長可十餘丈而委曲名曰天刑一曰天飾將軍均封疆

天狗狀如大奔星色黃有聲其止地類狗所墜望之如火光炎炎衝天其上銳其下圓如數頃田處或曰星有毛旁有短彗下有狗形者或曰星出其狀赤白有光下即爲天狗一曰流星有光見人面墜無音若有足者名曰天狗其色白其中黃黃如遺火狀主候兵討賊見則四方相射千里破軍殺將或曰五將鬬人相食所往之鄉有流血其君失地兵大起國易政戒守禦餘占同前

名營頭

營頭有雲如壞山墮所謂營頭之星所墮其下覆軍流血千里亦曰流星晝隕

雲氣

瑞氣

一曰慶雲若煙非煙若雲非雲郁郁紛紛蕭索輪囷是謂慶雲亦曰景雲此喜氣也太平之應一曰昌光赤如龍狀聖人起帝受終則見

妖氣

一曰虹蜺日旁氣也斗之亂精主惑心主內淫主臣謀君天子詘后妃顓妻不

一二曰牂雲如狗赤色長尾爲亂君爲兵喪

隋書卷二十

珍倣宋版印

隋書卷二十考證

天文志中疏瀉瀛溢○瀛溢晉志作盈溢是

其星有變○其字監本訛作冀今從別本改正 臣召南按齊趙鄭越周秦代晉韓魏楚燕十二星名晉志無此志始詳列即步天歌所謂十二諸國在下陳也又雷電土功吏土公礔礰雲雨天錢鈇質外屏天溷土司空左更右更芻蒿天陰屏廁天矢皆晉志所不載蓋星名至後世而詳備耳

翼南五星曰東區○ 臣召南按東區應作東甌步天歌可證此志及晉志並作東區蓋刊本訛脫偏旁耳

七星爲員官辰星廟也○ 臣召南按員官應作員宮與清廟明堂文太室疏廟一例晉志可證也今本史記漢書及此志俱作員官蓋訛

太白降爲仕夫○晉志作壯夫當是

名曰牡年○晉志作名曰牝牡年

凡五星爲政○晉志作歲政又熒惑緩則不入急則不出晉志作緩則不出急

則不入

喜則含轡射〇臣召南按此文下晉志有四日格澤一段此志刪之而入其名於後文雜妖與天鋒燭星一類其義精於晉志

隋書卷二十考證

隋書卷二十一

唐太尉揚州都督監修國史上柱國趙國公臣長孫無忌等撰

天文志第十六

天文下

十煇

周禮眡祲氏掌十煇之法以觀妖祥辨吉凶一曰祲謂陰陽五色之氣祲淫相侵或曰抱珥背璚之屬如虹而短是也二曰象謂雲如氣成形象雲如赤烏夾日以飛之類是也三曰鐫日旁氣刺日形如童子所佩之鐫也四曰監謂雲氣臨在日上也五曰闇謂日月蝕或日光暗也六曰瞢謂瞢瞢不光明也七曰彌謂白虹彌天而貫日也八曰序謂氣若山而在日上或曰冠珥背璚重疊次序在于日旁也九曰隮謂暈氣也或曰虹也詩所謂朝隮于西者也十曰想謂氣五色有形想也青饑赤兵白喪黑憂黃熟或曰想思也赤氣爲人獸之形可思而知其吉凶自周已降術士間出今採其著者而言之日君乘土而王其政太

平則日五色又曰或黑或青或黃師破又曰遊氣蔽天日月失色皆是風雨之候也若天氣清靜無諸遊氣日月不明乃為失色或天氣下降地氣未升厚則日紫薄則日赤若於夜則月白皆將雨也或天氣未降地氣上升厚則日黃薄則日白若於夜則月赤將旱且風亦為日月暈之候雨少而多陰或天氣已降地氣又升上下未交則日青若於夜則月綠色將寒候也或天地氣雖交而未密則日黑若於夜則月青將雨不雨變為雺霧暈背虹蜺又曰沉陰日月俱無光晝不見日夜不見星皆有雲鄣之兩敵相當陰相圖議也日曚曚光士卒內亂日薄赤見日中烏將軍出旌旗舉此不祥必有敗亡又曰數日俱出若鬬天下兵大戰日鬬下有拔城日戴者形如直狀其上微起在日上為戴戴者德也國有喜也一云立日上為戴青赤氣抱在日上小者為冠國有喜事青赤氣小而交於日下為纓青赤氣小而圓一二在日下左右者為紐青赤氣如小半暈狀在日上為負負者得地為喜又曰青赤氣長而斜倚日傍為戟青赤氣圓而小在日左右為珥黃白者有喜又曰有軍日有一珥為喜在日西西軍戰勝在

日東東軍戰勝南北亦如之無軍而珥爲拜將又日旁如半環向日爲抱青赤氣如月初生背日者爲背又日背氣青赤而曲外向爲叛象分爲反城璚者如帶璚在日四方青赤氣長而立日旁爲直日旁有一直敵在一旁欲自立從直所擊者勝日旁有二直三抱欲自立者不成順抱擊者勝殺將氣形三抱在日四方爲提青赤氣横在日上下爲格氣如半暈在日下爲承承者臣承君也又曰日下有黄氣三重若抱名曰承福人主有吉喜且得地青白氣如履在日下者爲履日旁抱五重戰順抱者勝日一抱一背爲破走抱者順氣也背者逆氣也兩軍相當順抱擊逆者勝故曰破走日抱且兩珥一虹貫抱抱至日順虹擊者勝日重抱内有璚順抱擊者勝亦曰軍内有欲反者日重抱左右二珥有白虹貫抱順抱擊勝得二將有三虹得三將日抱黄白潤澤内赤外青天子有喜有和親來降者軍不戰敵降軍罷色青將喜赤將兵爭白將有喪黑將死日重抱且背順抱擊者勝得地若有罷師日重抱抱内外有璚兩珥順抱擊者勝破軍軍中不和不相信日旁有氣圓而周帀内赤而外青名爲暈日暈者軍營之

像周環帀日無厚薄敵與軍勢齊等若無軍在外天子失御民多叛日暈有玉

色有喜不得玉色有憂

凡占兩軍相當必謹審日月暈氣知其所起留止遠近應與不應疾遲大小厚

薄長短抱背爲多少有無實虛久亟密疎澤枯相應等者勢等近勝遠疾勝遲

大勝小厚勝薄長勝短抱勝背多勝少有勝無實勝虛久勝亟密勝疎澤勝枯

重背大破重抱爲和親抱多親者益多背爲不和分離相去背於內者離於內

背於外者離於外也

凡占分離相去赤內青外以和相去青內赤外以惡相去日暈明久內赤外青

外人勝內青外赤內人勝內黃外青黑內人勝外黃內青黑外人勝外白內青

外人勝內白外青內人勝內黃外青外人勝內青外黃內人勝日暈周帀東北

偏厚厚爲軍福在東北戰勝西南戰敗日暈黃白不鬭兵未解青黑和解分地

色黃土功動人不安日色黑有水陰國盛日暈七日無風雨兵大作不可起衆

大敗不及日蝕日暈而明天下有兵兵罷無兵兵起不戰日暈始起前滅而後

成者後成面勝日暈有兵在外者主人不勝日暈內赤外青羣臣親外外赤內
青羣臣親內其身身外其心日有朝夕暈是謂失地主人必敗日暈而珥主有
謀軍在外外軍有悔日暈抱珥上將軍易日暈而珥如井幹者國亡有大兵交
日暈上西將軍易兩敵相當日暈兩珥平等俱起而色同軍勢等色厚潤澤者
賀喜日暈有直珥爲破軍貫至日爲殺將日暈員且戴國有喜戰從戴所擊者
勝得地日暈而珥背左右如大車輞者兵起其國亡城兵滿野而城復歸日暈
暈內有珥一抱所謂圍城者在內內人則勝日暈有重抱後有背戰順抱者勝
得地有軍日暈有一抱抱爲順貫暈內在日西西軍勝有軍日暈有一背背爲
逆在日西東軍勝餘方放此日暈而背兵起其分失城日暈有背背爲逆有降
叛者有反城在日東東有叛餘方放此日暈背氣在暈內此爲不和分離相去
其色青外赤內節臣受王命有所之日暈上下有兩背無兵兵起有兵兵入日
暈四背在暈內名曰不和有內亂日暈而四背如大車輞者四提設其國衆在
外有反臣日暈四提必有大將出亡者日暈有四背璚其背端盡出暈者反從

內起日暈而兩珥在外有聚雲在內與外不出三日城圍出戰日暈有背珥直而有虹貫之者順虹擊之大勝得地日暈有白虹貫暈至日從虹所指戰勝破軍殺將日暈有虹貫暈不至日戰從貫所擊之勝得小將日暈有一虹貫暈內順虹擊者勝殺將日暈二白虹貫暈有戰客勝日重暈有四五白虹氣從內出外以此圍城主人勝城不拔又日重暈攻城圍邑不拔日暈二重其外清內濁不散軍會聚日暈三重有拔城日交暈無厚薄交爭力勢均厚者勝日交暈人主左右有爭者兵在外戰日在暈上軍罷交暈貫日天下有破軍死將日交暈而爭者先衰不勝卽兩敵相向交暈至日月順以戰勝殺將一法日在上者勝日有交者赤青如暈狀或如合背或正直交者偏交也兩氣相交也或相貫穿或相向或相背也交主內亂軍內不和日交暈如連環爲兩軍兵起君爭地日有三暈軍分爲三日方暈而上下聚二背將敗、、亡日暈若井垣若車輪二國皆兵亡又曰有軍日暈不帀半暈在東東軍勝在西西軍勝南北亦如之日暈如車輪半暈在外者罷日半暈東向者西夷羌胡來入國半暈西向者東夷人欲反入國半暈北向者南夷人欲反入國半暈南向者北夷人欲反入國又曰軍在外月暈師上其將戰必勝月暈黃色將軍益秩祿得位月暈有兩珥白虹貫之天下大戰月暈而珥兵從珥攻擊者利月暈有蜺雲乘之以戰從蜺所往者大勝月暈虹蜺直指暈至月者破軍殺將

雜氣

天子氣內赤外黃正四方所發之處當有王者若天子欲有遊往處其地亦先發此氣或如城門隱隱在氣霧中恆帶殺氣森森然或如華蓋在氣霧中或有五色多在晨昏見或如千石倉在霧中恆帶殺氣或如高樓在霧氣中或如山鎮蒼帝起青雲扶日赤帝起赤雲扶日黃帝起黃雲扶日白帝起白雲扶日黑帝起黑雲扶日或曰氣象青衣人無手在日西天子之氣也敵上氣如龍馬或雜色鬱鬱衝天者此帝王之氣不可擊若在吾軍戰必大勝凡天子之氣皆多上達於天以王相日見凡猛將之氣如龍兩軍相當若氣發其上則其將猛銳或如虎在殺氣中猛將欲行動亦先發此氣若無行動亦有暴兵起或如火烟

之狀或白如粉沸或如火光之狀夜照人或白而赤氣繞之或如山林竹木或紫黑如門上樓或上黑下赤狀似黑旌或如張弩或如埃塵頭銳而卑本大而高兩軍相當敵軍上氣如囷倉正白見日逾明或青白如膏將勇大戰氣發漸漸如雲變作此形將有深謀

凡氣上與天連軍中有貞將或云賢將

凡軍勝氣如堤如坂前後磨地此軍士衆彊盛不可擊軍上氣如火光將軍勇士卒猛好擊戰不可擊軍上氣如山堤山上若林木將士驍勇軍上氣如埃塵粉沸其色黃白旌旗無風而颺揮揮指敵此軍必勝敵上有白氣粉沸如樓繞以赤氣者兵銳營上氣黃白色重厚潤澤者勿與戰兩敵相當有氣如人持斧向敵戰必大勝兩敵相當上有氣如蛇舉首向敵者戰勝敵上氣如一匹帛者此雍軍之氣不可攻望敵上氣如覆舟雲如牽牛有白氣出似旌幟在軍上有雲如鬭雞赤白相隨在氣中或發黃氣皆將士精勇不可擊軍營上有赤黃氣上達於天亦不可攻

凡軍營上五色氣上與天連此天應之軍不可擊其氣上小下大其軍日增益士卒軍上氣如堤以覆其軍上前赤後白此勝氣若覆吾軍急往擊之大勝夫氣銳黃白團團而潤澤者敵將勇猛且士卒能彊戰不可擊雲如日月而赤氣繞之如日月暈狀有光者所見之地大勝不可攻

凡雲氣有獸居上者勝軍上有氣如塵埃前下後高者將士精銳敵上氣如乳武豹伏者難攻軍上恆有氣者其軍難攻軍上雲如華蓋者勿往與戰雲如旌旗如蜂向人者勿與戰兩軍相當敵上有雲如飛鳥徘徊其上或來而高者兵精銳不可擊軍上雲如馬頭低尾仰勿與戰軍上雲如狗形勿與戰望四方有氣如赤鳥在烏氣中如烏人在赤氣中如赤杵在烏氣中如人十十五五或如旌旗在烏氣中有赤氣在前者敵人精悍不可當敵上有雲如山不可說有雲如引素如陣前銳或一或四黑色有陰謀赤色餓青色兵有反黃色急去

凡氣上黃下白名曰善氣所臨之軍欲求和退若氣出北方求退向北其衆死散向東則不可信終能爲害向南將死敵上氣囚廢枯散或如馬肝色如死灰

色或類偃蓋或類偃魚皆爲將敗軍上氣乍見乍不見如霧起此衰氣可擊上大下小士卒日減

凡軍營上十日無氣發則軍必勝而有赤白氣乍出即滅外聲欲戰其實欲退散黑氣如壞山墮軍上者名曰營頭之氣其軍必敗軍上氣昏發連夜夜照人則軍士散亂軍上氣半而絕一敗再絶再敗三絶三敗在東發白氣者災深軍上氣中有黑雲如牛形或如馬形者此是瓦解之氣軍必敗敵上氣如粉如塵者勃勃如煙或五色雜亂或東西南北不定者其軍欲敗軍上氣如羣羊羣猪在氣中此衰氣擊之必勝軍上有赤氣炎炎於天則將死士衆亂赤光從天流下入軍軍亂將死彼軍上有蒼氣須臾散去擊之必勝在我軍上須自堅守軍有黑氣如牛形或如馬形從氣霧中下漸漸入軍名曰天狗下食血則軍破軍上氣或如羣鳥亂飛或如懸衣如人相隨或紛紛如轉蓬或如揚灰或雲如卷席如匹布亂穰者皆爲敗徵氣乍見乍没乍聚乍散如霧之始起爲敗氣氣如繫牛如人臥如敗車如雙蛇如飛鳥如決堤垣如壞屋如人相指如人無頭如

驚鹿相逐如兩鷄相向皆爲敗氣

凡降人氣如人十十五五皆叉手低頭又云如人叉手相向白氣如羣鳥趣入屯營連結百餘里不絶而能徘徊須臾不見者當有他國來降氣如黑山以黄爲緣者欲降服敵上氣青而高漸黑者將欲死散軍上氣如燔生草之煙前雖銳後必退黑氣臨營或聚或散如鳥將宿敵人畏我心意不定終必逃背逼之大勝

凡白氣從城中南北出者不可攻城不可屠城中有黑雲如星名曰軍精急解圍去有突兵出客敗城上白氣如旌旗或青雲臨城有喜慶黄雲臨城有大喜慶青色從中南北出者城不可攻或氣如青色如牛頭觸人者城不可屠城中氣出東方其色黄此太一城白氣從中出青氣從城北入反向還者軍不得入攻城圍邑過旬雷雨者爲城有輔疾去之勿攻城上氣如煙火主人欲出戰其氣無極者不可攻城上氣如雙蛇者難攻赤氣如杵形從城中向外者內兵突出主人戰勝城上有雲分爲兩彗狀攻不可得赤氣在城上黄氣四面繞之城

中大將死城降城上赤氣如飛鳥如敗車及無雲氣士卒必散城營中有赤黑氣如貍皮班及赤者並亡城上氣上赤而下白色或城中氣聚如樓出見於外城皆可屠城營上有雲如衆人頭赤色下多死喪流血城上氣如灰城可屠氣出而北城可尅其氣出復入城中人欲逃亡其氣出而覆其軍軍必病氣出而高無所止用日久長有白氣如蛇來指城可急攻白氣從城指營宜急固守攻城若雨霧日死風至兵勝日色無光爲日死雲氣如雄雉臨城其下必有降者濛氛圍城而入城者外勝得入有雲如立人五枚或如三牛邊城圍

凡軍上有黑氣渾渾圓長赤氣在其中其下必有伏兵白氣粉沸起如樓狀其下必有藏兵無攻皆不可輕擊伏兵之氣如幢節狀在烏雲中或如赤杵在烏雲中或如烏人在赤雲中

凡暴兵氣白如瓜蔓連結部隊相逐須臾罷而復出至八九來而不斷急賊卒至宜防固之白氣如仙人衣千萬連結部隊相逐罷而復與如是八九者當有千里兵來視所起備之黑雲從敵上來之我軍上欲襲我敵人告發宜備不宜

戰壬子日候四望無雲獨見赤雲如旌旗其下有兵起若徧四方者天下盡有兵若四望無雲獨見黑雲極天天下兵大起半天半起三日內有雨災解敵欲來者其氣上有雲下有氛零中天而下敵必至雲氣如旌旗賊兵暴起暴兵氣如人持刀楯雲如人赤色所臨城邑有卒兵至驚怖須臾去赤氣如人持節兵來未息雲如方虹有暴兵赤雲如火者所向兵至天有白氣狀如匹布經丑未者天下多兵

凡戰氣青白如膏將勇大戰氣如人無頭如死人臥敵上氣如丹蛇赤氣隨之必大戰殺將四望無雲見赤氣如狗入營其下有流血

凡連陰十日晝不見日夜不見月亂風四起欲雨而無雨名曰蒙臣謀君故曰久陰不雨臣謀主霧氣若晝若夜其色青黃更相掩冒乍合乍散臣謀君逆者喪山中冬霧十日不解者欲崩之候視四方常有大雲五色具者其下有賢人隱也青雲潤澤蔽日在西北爲舉賢良雲氣如亂穰大風將至視所從來避之雲甚潤而厚大雨必暴至四始之日有黑雲氣如陣厚重大者多雨氣若霧非

霧衣冠不雨而濡見則其城帶甲而趣日出沒時有雲橫截之白者喪烏者驚

三日内雨者各解有黑氣入營者兵相殘有赤青氣入營者兵弱有雲如蛟龍

所見處將軍失魄有雲如鵠尾來蔭國上三日亡有雲如日月暈赤色其國凶

青白色有大水有雲狀如龍行國有大水人流亡有雲赤黄色四塞終日竟夜

照地者大臣縱恣有雲如氣昧而濁賢人去小人在位

凡白虹者百殃之本衆亂所基霧者衆邪之氣陰來冒陽

凡遇四方盛氣無向之戰甲乙日青氣在東方丙丁日赤氣在南方庚辛日白

氣在西方壬癸日黑氣在北方戊己日黄氣在中央四季戰當此日氣背之吉

日中有黑氣君有小過而臣不諫又掩君惡而揚君善故日中有黑氣不明也

凡白虹霧姦臣謀君擅權立威晝霧夜明臣志得申夜霧晝明臣志不申霧終

日終時君有憂色黄小而白言兵喪青言疾黑有暴水赤有兵喪黄言土功或

有大風凡夜霧白虹見臣有憂晝霧白虹見君有憂虹頭尾至地流血之象

凡霧氣不順四時逆相交錯微風小雨爲陰陽氣亂之象從寅至辰巳上周而

復始爲逆者不成積日不解晝夜昏暗天下欲分離
凡霧四合有虹各見其方隨四時色吉非時色凶氣色青考更相掩覆乍合乍散臣欲謀君爲逆者不成自亡
凡霧氣四方俱起百步不見人名曰晝昏不有破國必有同門
凡天地四方昏濛若下塵十日五日以上或一日或一時雨不霑衣而有土名曰霾故曰天地霾君臣乖大旱
凡海傍蜃氣象樓臺廣野氣成宮闕北夷之氣如牛羊羣畜穹閭南夷之氣類舟船幡旗自華以南氣下黑上赤嵩高三河之郊氣正赤恆山之北氣青勃碣海岱之閒氣皆正黑江淮之閒氣皆白東海氣如圓簦附漢河水氣如引布江漢氣勁如杼濟水氣如黑㹠渭水氣如狼白尾淮南氣如帛少室氣如白兔青尾恆山氣如黑牛青尾東夷氣如樹西夷氣如室屋南夷氣如闍臺或類舟船陣雲如立垣杼軸雲類軸摶兩端兌杓雲如繩居前亘天其半半天其蛪者類闕旗故鉤雲勾曲諸此雲見以五色占而澤摶密其見動人及有兵必起合鬬

其直雲氣如三匹帛廣前兌後大軍行氣也韓雲如布趙雲如牛楚雲如日宋雲如車魯雲如馬衞雲如犬周雲如車輪秦雲如行人魏雲如鼠鄭齊雲如絳衣越雲如龍蜀雲如囷車氣乍高乍下往往而聚騎氣卑而布卒氣摶前卑後高者疾前方而高後兌而卑者却其氣平者其行徐前高後卑者不止而返校騎之氣正蒼黑長數百丈遊兵之氣如彗埽一云長數百丈無根本喜氣上黃下白怒氣上下赤憂氣上下黑土功氣黃白徙氣白

凡候氣之法氣初出時若雲非雲若霧非霧髣髴若可見初出森森然在桑榆上高五六尺者是千五百里外平視則千里舉目望則五百里仰瞻中天則百里內平望桑榆間二千里登高而望下屬地者三千里

凡欲知我軍氣常以甲己日及庚子辰戌午未亥日及八月十八日去軍十里許登高望之可見依別記占之百人以上皆有氣

凡占災異先推九宮分野六壬日月不應陰霧風雨而陰霧者乃可占對敵而坐氣來甚卑下其陰覆人上掩溝蓋道者是大賊必至敵在東日出候在南日

中候在西日入候在北夜半候王相色吉囚死色凶

凡軍上氣高勝下厚勝薄實勝虛長勝短澤勝枯我軍在西賊軍在東氣西厚東薄西長東短西高東下西澤東枯則知我軍必勝

凡氣初出似甑上氣勃勃上升氣積爲霧霧爲陰陰氣結爲虹蜺暈珥之屬

凡氣不積不結散漫一方不能爲災必須和雜殺氣森森然疾起乃可論占軍上氣安則軍安氣不安則軍不安氣南北則軍南北氣東西則軍亦東西氣散則爲軍破敗

候氣常以平旦下晡日出沒時處氣以見知大占期內有大風雨久陰則災不成故風以散之陰以諫之雲以幡之雨以猒之

五代災變應

梁武帝天監元年八月壬寅熒惑守南斗占曰糴貴五穀不成大旱多火災吳越有憂宰相死是歲大旱米斗五千人多餓死其二年五月尙書范雲卒

二年五月丙辰月犯心占曰有亂臣不出三年有亡國其四年交州刺史李凱

舉兵反七月丙子太白犯軒轅大星
四年六月壬戌歲星晝見占曰歲色黃潤立竿影見大熟是歲大穰米斛三十
又曰星與日爭光武且弱文且彊自此後帝崇尚文儒躬自講說終於太清不
修武備八月庚子老人星見占曰老人星見人主壽昌自此後每年恆以秋分
後見於參南至春分而伏武帝壽考之象云
七年九月己亥月犯東井占曰有水災其年京師大水十年九月丙申天西北
隆隆有聲赤氣下至地占曰天狗也所往之鄉有流血其君失地其年十二月
馬仙琕大敗魏軍斬馘十餘萬剋復朐山城十二月壬戌朔日食在牛四度
十三年二月丙午太白失行在天關占曰津梁不通又兵起其年填星守天江
占曰有江河塞有決溢有土功其年大發軍衆造浮山堰以遏淮水至十四年
填星移去天江而堰壞奔流決溢
十四年十月辛未太白犯南斗
十七年閏八月戊辰月行掩昴

普通元年春正月丙子日有食之占曰日食陰侵陽陽不克陰也爲大水其年七月江淮海溢九月乙亥有星辰見東方光爛如火占曰國皇見有內難有急兵反叛其三年義州刺史文僧朗以州叛

四年十一月癸未朔日有食之太白晝見

六年三月丙午歲星入南斗庚申月食五月己酉太白晝見六月癸未太白經天九月壬子太白犯右執法

七年正月癸卯太白歲星在牛相犯占曰其國君凶易政明年三月改元大赦大通元年八月甲申月掩塡星十月癸酉又掩之占曰有大喪天下無王國易政其後中大通元年九月癸巳上又幸同泰寺捨身王公以一億萬錢奉贖十月己酉還宮大赦改元中大通三年太子薨皆天下無主易政及大喪之應

中大通元年閏月壬戌熒惑犯鬼積尸占曰有大喪有大兵破軍殺將其二年蕭玩帥衆援巴州爲魏梁州軍所敗玩被殺

四年七月甲辰星隕如雨占曰星隕陽失其位災害之象萌也又曰星隕如雨

人民叛下有專討又曰大人憂其後侯景狡亂帝以憂崩人衆奔散皆其應也

五年正月己酉長星見

六年四月丁卯熒惑在南斗占曰熒惑出入留舍南斗中有賊臣謀反天下易政更元其年十二月北梁州刺史蘭欽舉兵反後年改爲大同元年

大同三年三月乙丑歲星掩建星占曰有反臣其年會稽山賊起其七年交州刺史李賁舉兵反

五年十月辛丑彗出南斗長一尺餘東南指漸長一丈餘十一月乙卯至婁滅占曰天下有謀王者其八年正月安成民劉敬躬挾左道以反黨與數萬其九年李賁僭稱皇帝於交州

太清二年五月兩月見占曰其國亂必見於亡國

三年正月壬午熒惑守心占曰王者惡之乙酉太白晝見占曰不出三年有大喪天下革政更王彊國弱小國彊三月丙子熒惑又守心占曰大人易政主去其宮又曰人饑亡海內哭天下大潰是年帝爲侯景所幽崩七月九江大饑人

相食十四年九月戊午月在斗掩歲星占曰天下亡君其後侯景簒殺

簡文帝大寶元年正月丙寅月晝光見占曰月晝光有隱謀國雄逃又云月晝

明姦邪竝作擅君之朝其後侯景簒殺皆國亂亡君大喪更政之應也

元帝承聖三年九月甲午月犯心中星占曰有反臣王者惡之有亡國其後三

年帝爲周軍所俘執陳氏取國梁氏以亡

陳武帝永定三年九月辛卯朔月入南斗占曰月入南斗大人憂一曰太子殃

後二年帝崩太子昌在周爲質文帝立後昌還國爲侯安都遣盜迎殺之

三年五月丙辰朔日有食之占曰日食君傷又曰日食帝德消六月庚子塡星

鉞與太白并占太白與塡合爲疾爲內兵

文帝天嘉元年五月辛亥熒惑犯右執法占曰大臣有憂執法者誅後四年司

空侯安都賜死

九月癸丑彗星長四尺見芒指西南占曰彗星見則敵國兵起得本者勝其年

周將獨孤盛領衆趣巴湘侯瑱襲破之

二年五月己酉歲星守南斗六月丙戌熒惑犯東井七月乙丑熒惑入鬼中戊辰熒惑犯斧質十月熒惑行在太微右掖門內

三年閏二月己丑熒惑逆行犯上相甲子太白犯五車填星七月太白犯輿鬼八月癸卯月犯南斗丙午月犯牽牛庚申太白入太微十一月丁丑月犯畢左股辛巳熒惑犯歲星戊子月犯角庚寅月入氐

四年六月癸丑太白犯右執法七月戊子熒惑犯填星八年甲午熒惑犯軒轅大星丁未太白犯房九月戊寅熒惑入太微犯右執法癸未太白入南斗占曰太白入斗天下大亂將相謀反國易政又曰君死不死則廢又曰天下受爵祿其後安成王爲太傅廢少帝而自立改官受爵之應也辛卯熒惑犯左執法十一月辛酉熒惑犯右執法甲戌月犯畢左股

五年正月甲子月犯畢大星奎丁卯月犯星四月庚子太白歲星合在奎金在南木在北相去二尺許壬寅月入氐又犯熒惑太白歲星又合在婁相去一尺許癸卯月犯房上星五月庚午熒惑逆行二十一日犯氐東南西南星占曰月

有賊臣又曰人主無出廊廟間有伏兵又曰君死有赦後二年少帝廢之應也

六月丙申月犯亢七月戊寅月犯畢大星閏十月庚申月犯牽牛丙子又犯左執法十一月乙未月食畢大星

六年正月己亥太白犯熒惑相去二寸占曰其野有兵喪改立侯王三月丁卯日入後衆星未見有流星白色大如斗從太微間南行尾長尺餘占曰有兵與喪四月丁巳月犯軒轅占曰女主有憂五月丁亥太白犯軒轅占曰女主失勢又曰四方禍起其後年少帝廢廢後慈訓太后崩六月己未月犯氐辛酉有彗長可丈餘占曰陰謀姦宄起一曰宮中火起後安成王錄尚書都督中外諸軍事廢少帝而自立陰謀之應八月戊辰月掩畢太星丙子月與太白並光芒相著在太微西蕃南三尺所九月辛巳熒惑犯左執法癸未太白犯右執法辛卯犯左執法乙巳月犯上相太白犯熒惑其夜月又犯太白占曰其國内外有兵喪改立侯王明年帝崩又少帝廢之應也

七年二月庚午日無光烏見占曰王者惡之其日庚午吳楚之分野四月甲子

日有交暈白虹貫之是月癸酉帝崩
廢帝天康元年五月庚辰月犯軒轅女御大星占曰女主憂後年慈訓太后崩
癸未月犯左執法
光大元年正月甲寅月犯軒轅大星占曰女主當之八月戊寅月食哭星占曰有喪泣事明年太后崩臨海王薨哭泣之應也壬午鎮星辰星合於軫九月戊午辰星太白相犯占曰改立侯王己未月犯歲星占曰國亡君十二月辛巳月又犯歲星辛卯月犯建星占曰大人惡之
二年正月戊申月掩歲星占曰國亡君五月乙未月犯太白六月丙寅太白犯右執法壬子客星見氐東八月庚寅月犯太微九月庚戌太白逆行與填星合在角占曰爲白衣之會又曰所合之國爲亡地爲疾兵戊午太白晝見占曰太白晝見國更政易王十一月丙午歲星守右執法甲申月犯太微東南星戊子太白入氐十二月甲寅慈訓太后廢帝爲臨海王太建二年四月薨皆其應也
宣帝太建七年四月丙戌有星孛于大角占曰人主亡五月庚辰熒惑犯右執

法王子又犯右執法
十年二月癸亥日上有背占曰其野失地有叛兵甲子吳明徹軍敗於呂梁將卒並爲周軍所虜來年淮南之地盡沒于周十月癸卯月食熒惑占曰國敗君亡大兵起破軍殺將來年三月吳明徹敗於呂梁十三年帝崩敗國亡君之應也
十一年四月己丑歲星太白辰星合于東井
十二年二月壬寅白虹見西方占曰有喪其後十三年帝崩十月戊午月犯牽牛吳越之野占曰其國亡君有憂後年帝崩辛酉歲星犯執法十二月癸酉辰星在太白上甲戌辰星太白交相掩占曰大兵在野大戰辛巳彗星見西南占曰有兵喪明年帝崩始興王叔陵作亂後主至德元年正月壬戌蓬星見占曰必有亡國亂臣後帝於太皇寺捨身作奴以祈冥助不恤國政爲施文慶等所惑以至國亡
魏普泰元年十月歲星熒惑塡星太白聚於觜參色甚明大占曰當有王者與

其月齊高祖起於信都至中興二年春而破爾朱兆遂開霸業

魏武定四年九月丁未高祖圍玉壁城有星墜於營衆驢皆鳴占曰破軍殺將

高祖不豫五年正月丙午崩

齊文宣帝天保元年十二月甲申熒惑犯房北頭第一星及鉤鈐占曰大臣有反者其二年二月壬申太尉彭樂謀反誅

八年二月己亥歲星守少微經六十三日占曰五官亂五月癸卯歲星犯太微上將占曰大將憂大臣死其十年五月誅諸元宗室四十餘家乾明元年誅楊遵彥等皆五官亂大將憂大臣死之應也

八年七月甲辰月掩心星占曰人主惡之十年十月帝崩

九年二月熒惑犯鬼質占曰斧質用有大喪三月甲午熒惑犯軒轅占曰女主惡之其十年五月誅魏氏宗室十月帝崩斧質用有大喪之應也

十年六月庚子塡星犯井鉞與太白并占曰子爲玄枵齊之分野君有戮死者大臣誅斧鉞用其明年二月乙巳太師常山王誅尚書令楊遵彥右僕射燕子

獻領軍可朱渾天和侍中宋欽道等八月壬午廢少帝爲濟南王

廢帝乾明元年三月甲午熒惑入軒轅占曰女主凶後太寧二年四月太后崩

肅宗皇建二年四月丙子日有食之子爲玄枵齊之分野七月乙丑熒惑入鬼中戊辰犯鬼質占曰有大喪十一月帝以暴疾崩

武成帝河清元年七月乙亥太白犯輿鬼占曰有兵謀誅大臣斧質用其年十月壬申冀州刺史平秦王高歸彥反段孝先討禽斬之於都市又其二年殺太原王紹德皆斧質用之應也八月甲寅月掩畢占曰其國君死大臣有誅者有邊兵大戰破軍殺將其十月平秦王歸彥以反誅其三年周師與突厥入幷州大戰城西伏屍流血百餘里皆其應也

四年正月己亥太白犯熒惑相去二寸在奎甲辰太白熒惑歲星合在婁占曰甲爲齊三星若合是謂驚立絕行其分有兵喪改立侯王國易政三月戊子彗星見占曰除舊布新有易王至四月傳位於太子改元

後主天統元年六月壬戌彗星見於文昌長數寸入文昌犯上將然後經紫微

宮西垣入危漸長一丈餘指室壁後百餘日在虛危滅占曰有大喪有亡國易政其四年十二月太上皇崩

三年五月戊寅甲夜西北有赤氣竟天夜中始滅十月丙午天西北頻有赤氣占曰有大兵大戰後周武帝總衆來伐大戰有大兵之應也

四年六月彗星見東井占曰大亂國易政七月孛星見房心白如粉絮大如斗東行八月入天市漸長四丈犯瓠瓜歷虛危入室犯離宮九月入奎至婁而滅孛者孛亂之氣也占曰兵喪並起國大亂易政大臣誅其後太上皇崩至武平二年七月領軍庫狄伏連治書侍御史王子宜受琅邪王儼旨矯詔誅錄尚書淮南王和士開於南臺伏連等即日伏誅右僕射馮子琮賜死此國亂之應也

五年二月戊辰歲星逆行掩太微上將占曰天下大驚四輔有誅者五月甲午熒惑犯鬼積尸申齊也占曰大臣誅兵大起斧鑕用有大喪至武平二年九月誅琅邪王儼三年五月誅右丞相咸陽王斛律明月四年七月誅蘭陵王長恭皆懿親名將也四年十月又誅崔季舒等此斧鑕用之應也

武平三年八月癸未填星歲星太白合於氐宋之分野占曰其國內外有兵喪改立侯王其四年十月陳將吳明徹寇彭城右僕射崔季舒國子祭酒張雕黃門裴澤郭遵尚書左丞封孝琰等諫車駕不宜北幸幷州帝怒並誅之內外兵喪之應也九月庚申月在婁食既至旦不復占曰女主凶其三年八月廢斛律皇后立穆后四年又廢胡后爲庶人十一月乙亥天狗下西北占曰其下有大戰流血後周武帝攻晉州進兵平幷州大戰流血

三年十二月辛丑日食歲星占曰有亡國至七年而齊亡

四年五月癸巳熒惑犯右執法占曰大將死執法者誅若有罪其年誅右丞相斛律明月明年誅蘭陵王長恭後年誅右僕射崔季舒皆大將死執法誅之應也

周閔帝元年五月癸卯太白犯軒轅占曰太白行軒轅中大臣出令又曰皇后失勢辛亥熒惑犯東井北端第二星占曰其國亂又曰大旱其年九月冢宰護逼帝遜位幽於舊邸月餘殺崩司會奈植軍司馬孫恆及宮伯乙弗鳳等被誅

害其冬大旱皆大臣出令大臣死之應也
明帝二年三月甲午熒惑入軒轅占曰王者惡之女主凶其月皇后獨孤氏崩
六月庚子填星犯井鉞與太白幷占曰傷成於鉞君有戮死者其年太師宇文
護進食帝遇毒崩
武帝保定元年九月乙巳客星見於翼十月甲戌日有食之戊寅熒惑犯太微
上將合爲一
二年閏正月癸巳太白入昴二月壬寅熒惑犯太微上相三月壬午熒惑犯左
執法七月乙亥太白犯輿鬼九月戊辰日有食之既十一月壬午熒惑犯歲星
於危南
三年三月乙丑朔日有食之九月甲子熒惑犯太微上將占曰上將誅死十月
壬辰熒惑犯左執法
四年二月庚寅朔日有食之甲午熒惑犯房右驂三月己未熒惑又犯房右驂
占曰上相誅車馳人走天下兵起其年十月冢宰晉公護率軍伐齊十二月柱

國庸公王雄力戰死之遂班師兵起將死之應也八月丁亥朔日有蝕之
五年正月辛卯白虹貫日占曰爲兵喪甲辰太白熒惑填星合於婁六月庚申
彗星出三台入文昌犯上將後經紫宮西垣入危漸長一丈餘指室壁後百餘
日稍短長二尺五寸在虛危滅齊之分野七月辛巳朔日有食之
天和元年正月己卯日有食之十月乙卯太白晝見
二年正月癸酉朔日有食之五月己丑歲星與熒惑合在井宿相去五尺井爲
秦分占曰其國有兵爲饑旱大臣匿謀下有反者若亡地閏六月丁酉歲星太
白合在柳相去一尺七寸柳爲周分占曰爲內兵又曰主人凶憂失城是歲陳
湘州刺史華皎率衆來附遣衞公直將兵援之因而南伐九月衞公直與陳將
淳于量戰于沌口王師失利元定韋世沖以步騎數千先度遂沒陳七月庚戌
太白犯軒轅大星相去七寸占曰女主失勢大臣當之又曰西方禍起其十一
月癸丑太保許公宇文貴薨大臣當之驗也十月辛卯有黑氣一大如杯在日
中甲午又加一經六日乃滅占曰臣有蔽主之明者十一月戊戌朔日有食之

庚子熒惑犯鉤鈐去之六寸占曰王者有憂又曰車騎驚三公謀

三年三月己未太白犯井北轅第一星占曰將軍惡之其七月壬寅隋公楊忠薨四月辛巳太白入輿鬼犯積尸占曰大臣誅又曰亂臣在內有屠城六月甲戌彗見東井長一丈上白下赤而銳漸東行至七月癸卯在鬼北八寸所乃滅占曰爲兵國政崩壞又曰將軍死大臣誅七月己未客星見房心白如粉絮大如斗漸大東行八月入天市長如匹所復東行犯河鼓右將癸未犯瓠瓜又入室犯離宮九月壬寅入奎稍小壬戌至婁北一尺所滅凡六十九日占曰兵起若有喪白衣會爲饑旱國易政又曰兵犯外城大臣誅

四年二月戊辰歲星逆行掩太微上將占曰天下大驚國不安四輔有誅必有兵革天下大赦庚午有流星大如斗出左攝提流至天津滅有聲如雷五月癸巳熒惑犯輿鬼甲午犯積尸占曰午秦也大臣有誅兵大起後三年太師大冢宰晉國公宇文護以不臣誅皆其應也

五年正月乙巳月在氐暈有白虹長丈所貫之而有彗相連接規北斗第四星

占曰大兵起大戰將軍死於野時北齊將斛律明月寇邊於汾北築城自華谷至於龍門其明年正月詔齊公憲率師禦之三月己酉憲自龍門度汾水拔其新築五城兵起大戰之應也

六年二月己丑夜有蒼雲廣三丈經天自戌加辰四月甲寅朔日有蝕之己卯熒惑逆行犯輿鬼占曰有兵喪大臣誅兵大起其月又率師取齊宜陽等九城

六月齊將攻陷汾州六月庚辰熒惑太白合在張宿相去一尺占曰主人兵不勝所合國有殃

建德元年三月丙辰熒惑太白合壁占曰其分有兵喪不可舉事用兵必受其殃又曰改立侯王有德者興無德者亡其月誅晉公護護子譚公會莒公至崇業公靜等大赦癸亥詔以齊公憲爲大冢宰是其驗也七月丙午辰與太白合於井相去七寸占曰其下之國必有重德致天下後四年上帥師平齊致天下之應也九月己酉月犯心中星相去一寸占曰亂臣在傍不出五年下有亡國後周武伐齊平之有亡國之應也

二年二月辛亥白虹貫日占曰臣謀君不出三年又曰近臣爲亂後年七月衞王直在京師舉兵反癸亥熒惑掩鬼西北星占曰大賊在大人之側又曰大臣有誅四月己亥太白掩西北星壬寅又掩東北星占曰國有憂大臣誅六月丙辰月犯心中後二星占曰亂臣在傍不出三年有亡國又曰人主惡之九月癸酉太白犯左執法占曰大臣有憂執法者誅若有罪十一月壬子太白掩填星在尾占曰填星爲女主尾爲後宮明年皇太后崩

三年二月戊午客星大如桃青白色出五車東南三尺所漸東行稍長二尺所至四月壬辰入文昌丁未入北斗魁中後出魁漸小凡見九十三日占曰天下兵起車騎滿野人主有憂又曰天下有亂兵大起臣謀主其七月乙酉衞王直在京師舉兵反討擒之廢爲庶人至十月始州民王軼擁衆反討平之四月乙卯星孛於紫宮垣外大如拳赤白指五帝座漸東南行稍長一丈五尺五月甲子至上台北滅占曰天下易政無德者亡後二年武帝率六軍滅齊十一月丙子歲星與太白相犯光芒相及在危占曰其野兵人主凶失其城邑危齊之分

野後二年宇文神舉攻拔陸渾等五城十二月庚寅月犯歲星在危相去二寸占曰其邦流亡不出三年辛卯月行在營室食太白占曰其國以兵亡將軍戰死營室衞也地在齊境後齊亡入周

四年三月甲子月犯軒轅大星占曰女主有憂又五官有亂

五年十月庚戌熒惑犯太微西蕃上將星占曰天下不安上將誅若有罪其上

六年二月皇太子巡撫西土仍討吐谷渾八月至伏俟城而旋吐谷渾寇邊天下不安之應也六月庚午熒惑入鬼占曰有喪旱其七月京師旱十月戊午歲星犯大陵又己未庚申月連暈規昴畢五車及參占曰兵起爭地又曰王自將兵又曰天下大赦癸亥帝率衆攻晉州是日虹見晉州城上首向南尾入紫宮長十餘丈庚午克之丁卯夜白虹見長十餘丈頭在南尾入紫宮中占曰其下兵戰流血又曰若無兵必有大喪至六年正月平齊與齊軍大戰十一月稽胡反齊王討平之

七年四月先此熒惑入太微宮二百日犯東蕃上相西蕃上將句已往還至此

月甲子出端門占曰爲大臣代主又曰臣不臣有反者又曰必有大喪後宣武繼崩高祖以大運代起十月癸卯月食熒惑在斗占曰國敗其君亡兵大起破軍殺將斗爲吳越之星陳之分野十一月陳將吳明徹侵呂梁徐州總管梁士彥出軍與戰不利明年三月鄖公王軌討擒陳將吳明徹俘斬三萬餘人十一月甲辰晡時日中有黑子大如杯占曰君有過而臣不諫人主惡之十二月癸丑流星大如月西流有聲蛇行屈曲光照地占曰兵大起下有戰場戊辰平旦有流星大如三斗器色赤出紫宮凝著天乃北下占曰人主去其宮殿是月營州刺史高寶寧據州反其明年五月帝總戎北伐後年武帝崩

宣政元年正月丙子月食昴占曰有白衣之會又曰匈奴侵邊其月突厥寇幽州殺略吏人五月帝總戎北伐六月帝疾甚還京次雲陽而崩六月壬午癸丑木火金三星合在井占曰其國霸又曰其國外內有兵喪改立侯王是月幽州人盧昌期據范陽反改立王侯兵喪之驗也七月辛丑月犯心前星占曰太子惡之若失位後靜帝立爲天子不終之徵也丙辰熒惑太白合在七星相去二

尺八寸所占曰君憂又曰其國有兵改立王侯有德與無德亡後年改置四輔官傳位太子改立王侯之應也己未太白犯軒轅大星占曰女主凶後二年宣帝崩楊后令其父隋公爲大丞相總軍國事隋氏受命廢后爲樂平公主餘四后悉廢爲比丘尼八月庚辰太白入太微占曰爲天下驚又曰近臣起兵大臣相殺國有憂其後趙陳等五王爲執政所誅大臣相殺之應也九月丁酉熒惑入太微西掖門庚申犯左執法相去三寸占曰天下不安大臣有憂又曰執法者誅若有罪是月汾州稽胡反討平之十一月突厥寇邊圍酒泉殺略吏人明年二月殺柱國鄖公王軌皆其應也十二月癸未熒惑入氐守犯之三十日占曰天子失其宮又曰賊臣在內下有反者又曰國君有繫餓死若毒死者靜帝禪位隋高祖幽殺之

宣帝大成元年正月丙午癸丑日皆有背占曰臣爲逆有反叛邊將去之又曰卿大夫欲爲主其後隋公作霸尉迥王謙司馬消難各舉兵反

大象元年四月戊子太白歲星辰星合在井占曰是謂驚立是謂絕行其國內

外有兵喪改立王公又曰其國可霸修德者彊無德受殃其五月趙陳越代滕五王並入國後二年隋王受命宇文氏宗族相繼誅滅六月丁卯有流星一大如雞子出氐中西北流有尾迹長一丈所入月中即滅占曰不出三年人主有憂又曰有亡國靜帝幽閉之應也己丑有流星一大如斗色青有光明照地出營室抵壁入濁七月壬辰熒惑掩房北頭第一星占曰亡君之誡又曰將軍爲亂王者惡之大臣有反者天子憂其十二月帝親御驛馬日行三百里四皇后及文武侍衞數百人並乘驛以從房爲天駟熒惑主亂此宣帝亂道德馳騁車騎將亡之誡八月辛巳熒惑犯南斗第五星占曰且有反臣道路不通破軍殺將尉迥王謙等起兵敗亡之徵也九月己酉太白入南斗魁中占曰天下有大亂將相謀反國易政又曰君死不死則疾又曰天下爵祿皆高祖受命羣臣分爵之徵也十月壬戌歲星犯軒轅大星占曰女主憂若失勢周自宣政元年熒惑太白從歲星聚東井大象元年四月太白歲星辰星又聚井十月歲星守軒轅其年又守翼東井秦分翼楚分漢東爲楚地軒轅后族隋以后族與於秦地

之象而周之后妃失勢之徵也乙酉熒惑在虛與塡星合占曰兵大起將軍爲亂大人惡之是月相州段德舉謀反伏誅其明年三月杞公宇文亮舉兵反擒殺之

二年四月乙丑有星大如斗出天廚流入紫宮抵鉤陳乃滅占曰有大喪兵大起將軍戮又曰臣犯上主有憂其五月帝崩隋公執國政大喪臣犯主之應趙王越王以謀執政被誅又荆豫襄三州諸蠻反尉迥王謙司馬消難各舉兵畔不從執政終以敗亡皆大兵起將軍戮之應也五月甲辰有流星一大如三斗器出太微端門流入翼色青白光明照地聲若風吹幡旗占曰有立王若徙王又曰國失君其月己酉帝崩劉昉矯制以隋公受遺詔輔政終受天命立王徙王失君之應也七月壬子歲星太白合於張有流星大如斗出五車東北流光明燭地九月甲申熒惑歲星合于翼

靜帝大定元年正月乙酉歲星逆行守右執法熒惑掩房北第一星占曰房爲明堂布政之宮無德者失之二月甲子隋王稱尊號

高祖文皇帝開皇元年三月甲申太白晝見占曰太白經天晝見爲臣彊爲革政四月壬午歲星晝見占曰大臣彊有逆謀王者不安其後劉昉等謀反伏誅

十一月己巳有流星聲如隤牆光燭地占曰流星有光有聲名曰天保所墜國安有喜其九年平陳天下一統五年八月戊申有流星數百四散而下占曰小星四面流行者庶人流移之象也其九年平陳江南士人悉播遷入京師

八年二月庚子塡星入東井占曰塡星所居有德利以稱兵其年大舉伐陳克之十月甲子有星孛于牽牛占曰臣殺君天下合謀又曰內不有大亂則外有大兵牛吳越之星陳之分野後年陳氏滅

九年正月己巳白虹夾日占曰白虹銜日臣有背主又曰人主無德者亡是月滅陳

十四年十一月癸未有彗星孛于虛危及奎婁齊魯之分野其後魯公虞慶則伏法齊公高熲除名

十九年十二月乙未星霣於渤海占曰陽失其位災害之萌也又曰大人憂

二十年十月太白晝見占曰大臣彊爲革政爲易王右僕射楊素熒惑高祖及獻后勸廢嫡立庶其月乙丑廢皇太子勇爲庶人明年改元皆陽失位及革政易王之驗也

仁壽四年六月庚午有星入于月中占曰有大喪有大兵有亡國有破軍殺將七月乙未日青無光八日乃復占曰主勢奪又曰日無光有死王甲辰上疾甚丁未宮車晏駕漢王諒反楊素討平之皆兵喪亡國死王之應煬帝大業元年六月甲子熒惑入太微占曰熒惑爲賊爲亂入宮宮中不安

三年三月辛亥長星見西方竟天干歷奎婁角亢而沒至九月辛未轉見南方亦竟天又干角亢頻掃太微帝座干犯列宿唯不及參井經歲乃滅占曰去穢布新天所以去無道建有德見久者災深星大者事大行遲者期遠兵大起國大亂而亡餘殃爲水旱饑饉土功疾疫其後築長城討吐谷渾及高麗兵戎歲駕略無寧息水旱饑饉疾疫土功相仍而有羣盜並起邑落空虛九年五月禮部尚書楊玄感於黎陽舉兵反丁未熒惑逆行入南斗色赤如血如三斗器光

芒震耀長七八尺於斗中句已而行占曰有反臣道路不通國大亂兵大起斗吳越分野玄感父封於越後徙封楚地又次之天意若曰使熒惑句已之除其分野至七月宇文述討平之其兄弟悉梟首車裂斬其黨與數萬人其年朱燮管崇亦於吳郡擁衆反此後羣盜屯聚剽略郡縣屍橫草野道路不通齎詔勑使人皆步涉夜行不敢遵路

十一年六月有星孛于文昌東南長五六寸色黑而銳夜動搖西北行數日至文昌去宮四五寸不入却行而滅占曰爲急兵其八月突厥圍帝於鴈門從兵悉馮城禦寇矢及帝前七月熒惑守羽林占曰衞兵反十二月戊寅大流星如斛墜賊盧明月營破其衝輣壓殺十餘人占曰奔星所墜破軍殺將其年王充擊盧明月城破之

十二年五月丙戌朔日有食之既占曰日食既人主亡陰侵陽下伐上其後宇文化及等行弑逆癸巳大流星隕于吳郡爲石占曰有亡國有死王有大戰破軍殺將其後大軍破逆賊劉元進于吳郡斬之八月壬子有大流星如斗出王

艮閣道聲如隤牆癸丑大流星如甕出羽林九月戊午有枉矢二出北斗魁委曲蛇形注於南斗占曰主以兵去天之所伐亦曰以亂代亂執矢者不正後二年化及弒帝僭號王充亦於東都弒恭帝篡號鄭皆弒逆無道以亂代亂之應也

十三年五月辛亥大流星如甕墜於江都占曰其下有大兵戰流血破軍殺將六月有星孛于太微五帝座色黃赤長三四尺所數日而滅占曰有亡國有殺君明年三月宇文化及等弒帝也十一月辛酉熒惑犯太微日光四散如流血占曰賊入宮主以急兵見伐又曰臣逆君明年三月化及等殺帝諸王及幸臣並被戮

隋書卷二十一

隋書卷二十一考證

天文志下謂陰陽五色之氣祲淫相侵○晉志作浸淫當是

謂雲如氣成形象○按晉志作雲氣成形象此如字疑衍各本並同仍之

六月庚子塡星鉞與太白并占○臣召南按文義鉞字上應有在井二字言土星在井鉞與金星合并耳占字下應有曰字各本並脫訛也

五年正月甲子月犯畢大星奎丁卯月犯星○臣召南按奎字衍旣云月犯畢大星卽不當言奎也或疑奎字當在丁卯月犯星星字之上亦非丁卯後於甲子三日月當自酉而申而未不得逆退至戌也星字上上另有脫字耳

隋書卷二十一考證

珍倣宋版印

隋書卷二十二

唐太尉揚州都督監修國史上柱國趙國公臣長孫無忌等撰

志第十七

五行上

易以八卦定吉凶則庖犧所以稱聖也書以九疇論休咎則大禹所以爲明也春秋以災祥驗行事則仲尼所以垂法也天道以星象示廢興則甘石所以先知也是以祥符之兆可得而言妖訛之占所以徵驗夫神則陰陽不測天則教人遷善均乎影響殊致同歸漢時有伏生董仲舒京房劉向之倫能言災異顧盼六經有足觀者劉向曰君道得則和氣應休徵生君道違則乖氣應咎徵發夫天有七曜地有五行五事愆違則天地見異況於日月星辰乎況於水火金木土乎若梁武之降號伽藍齊文宣之盤遊市里陳則蔣山之鳥呼曰奈何周則陽武之魚集空而鬬隋則鵲巢黼帳火炎門闕豈唯天道亦曰人妖則祥眚呈形於何不至亦有脫略政教張羅罇糈崇信巫史重增愆罰昔懷王事神而

秦兵逾進萇弘尙鬼而諸侯不來性者生之靜也欲者心之使也置情攸往引類同歸雀乳於空城之側鷂飛於鼎耳之上短長之制旣曰由人黔隧崇山同車共軫必有神道裁成倚伏一則以爲殃疊一則以爲休徵故曰德勝不祥而義厭不惠是以聖王常由德義消伏災咎也

洪範五行傳曰木者東方威儀容貌也古者聖王垂則天子穆穆諸侯皇皇登輿則有鸞和之節降車則有佩玉之度田狩則有三驅之制飮食則有享獻之禮無事不出境此容貌動作之得節所以順木氣也如人君違時令失威儀田獵馳騁不反宮室飮食沉湎不顧禮制縱欲恣睢出入無度多繇役以奪人時增賦稅以奪人財則木不曲直

齊後主武平五年鄴城東青桐樹有如人狀京房易傳曰王德衰下人將起則有木生爲人狀是時後主怠於國政耽荒酒色威儀不肅馳騁無度大發繇役盛修宮室後二歲而亡木不曲直之效也

七年宮中有樹大數圍夜半無故自拔齊以木德王無故自拔亡國之應也其

年齊亡

開皇八年四月幽州人家以白楊木懸竈上積十餘年忽生三條皆長三尺餘甚鮮茂仁壽二年春盩厔人以楊木爲屋梁生三條長二尺京房易傳曰妃后有顓木仆反立斷枯復生獨孤后專恣之應也

仁壽元年十月蘭州楊樹上松生高三尺六節十二枝宋志曰松不改柯易葉楊者危脆之木此永久之業將集危亡之地也是時帝惑讒言幽廢冢嫡初立晉王爲皇太子天戒若曰皇太子不勝任永久之業將致危亡帝不悟及帝崩太子立是爲煬帝竟以亡國

仁壽四年八月河間柳樹無故枯落既而花葉復生京房易飛候曰木再榮國有大喪是歲宮車晏駕

洪範五行傳曰金者西方萬物既成殺氣之始也古之王者興師動衆建立旗鼓以誅殘賊禁暴虐安天下殺伐必應義以順金氣如人君樂侵陵好攻戰貪城邑之賂以輕百姓之命人皆不安外內騷動則金不從革

陳禎明二年五月東冶鐵鑄有物赤色大如斗自天墜鎔所隆隆有聲鐵飛破屋而四散燒人家時後主與隋雖結和好遣兵度江掩襲城鎮將士勞敝府藏空竭東冶者陳人鑄兵之所鐵飛爲變者金不從革之應天戒若曰陳國小而兵弱當以和好爲固無鑄兵而黷武以害百姓後主不悟又遣僞將陳紀任蠻奴蕭摩訶數寇江北百姓不堪其役及隋師度江而二將降款卒以滅亡

洪範五行傳曰火者南方陽光爲明也人君向南蓋取象也昔者聖帝明王負扆攝袂南面而聽斷天下攬海內之雄俊積之於朝以續聰明推邪佞之僞臣投之於野以通壅塞以順火氣夫不明之君惑於讒口白黑雜揉代相是非衆邪並進人君疑惑棄法律間骨肉殺太子逐功臣以孽代宗則火失其性

梁天監元年五月有盜入南北掖燒神武門總章觀時帝初即位而火燒觀闕不祥之甚也既而太子薨皇孫不得立及帝暮年惑於朱异之口果有侯景之亂宮室多被焚燒天誡所以先見也

普通二年五月琬琰殿火延燒後宮三千餘間中大通元年朱雀航華表災明

年同泰寺災大同三年朱雀門災水沴火也是時帝崇尚佛道宗廟牲牷皆以麵代之又委萬乘之重數詣同泰寺捨身爲奴令王公已下贖之初陽爲不許後爲嘿許方始還宮天誡若曰梁武爲國主不遵先王之法而淫於佛道橫多糜費將使其社稷不得血食也天數見變而帝不悟後竟以亡及江陵之敗闔城爲賤隸焉卽捨身爲奴之應也

陳永定三年重雲殿災

東魏天平二年十一月閶闔門災是時齊神武作宰而大野拔斬樊子鵠以州來降神武聽讒而殺之司空元暉免逐功臣大臣之罰也

武定五年八月廣宗郡火燒數千家

後齊後主天統三年九龍殿災延燒西廊四年昭陽宣光瑤華三殿災延燒龍舟是時讒言任用正士道消祖孝徵作歌謠斛律明月以誅死讒夫昌邪勝正之應也京房易傳曰君不思道厥妖火燒宮

開皇十四年將祠泰山令使者致石像神祠之所未至數里野火欻起燒像碎

如小塊時帝頗信讒言猜阻骨肉滕王瓚失志而死創業功臣多被夷滅故天見變而帝不悟其後太子勇竟被廢戮

大業十二年顯陽門災舊名廣陽則帝之姓名也國門之崇顯號令之所由出也時帝不遵法度驕奢荒怠裴蘊虞世基之徒阿諛順旨掩塞聰明宇文述以讒邪顯進忠諫者咸被誅戮天戒若曰信讒害忠則除廣陽也

洪範五行傳曰水者北方之藏氣至陰也宗廟者祭祀之象也故天子親耕以供粢盛皇后親蠶以供祭服敬之至也發號施令十二月咸得其氣則水氣順如人君簡宗廟不禱祀逆天時則水不潤下

梁天監二年六月大末信安安豐三縣大水春秋考異郵曰陰盛臣逆人悲則水出河決是時江州刺史陳伯之益州刺史劉季連舉兵反叛師旅數興百姓愁怨臣逆人悲之應也

六年八月建康大水濤上御道七尺七年五月建康又大水是時數興師旅以拒魏軍十二年四月建康大水是時大發卒築浮山堰以遏淮水勞役連年百

姓悲怨之應也
中大通五年五月建康大水御道通船京房易飛候曰大水至國賤人將貴蕭
棟侯景僭稱尊號之應也
後齊河清二年十二月兗趙魏三州大水天統三年幷州汾水溢讖曰水者純
陰之精陰氣洋溢者小人專制是時和士開元文遙趙彥深專任之應也
武平六年八月山東諸州大水京房易飛候曰小人踊躍無所畏忌陰不制於
陽則涌水出是時羣小用事邪佞滿朝閹豎嬖倖伶人封王此其所以應也
開皇十八年河南八州大水是時獨孤皇后干預政事濫殺宮人放黜宰相楊
素頗專水陰氣臣妾盛彊之應也
仁壽二年河南河北諸州大水京房易傳曰顓事有智誅罰絕理則厥災水亦
由帝用刑嚴急臣下有小過帝或親臨斬決又先是柱國史萬歲以忤旨被戮
誅罰絕理之應也
大業三年河南大水漂沒三十餘郡帝嗣位以來未親郊廟之禮簡宗廟廢祭

祀之應也

洪範五行傳曰土者中央爲內事宮室臺榭夫婦親屬也古者自天子至於士宮室寢居大小有差高卑異等骨肉有恩故明王賢君修宮室之制謹夫婦之別加親戚之恩敬父兄之禮則中氣和人君肆心縱意大爲宮室高爲臺榭雕文刻鏤以疲人力淫泆無別妻妾過度犯親戚侮父兄中氣亂則稼穡不成

齊後主武平四年山東飢是時大興土木之功於仙都苑又起宮於邯鄲窮侈極麗後宮侍御千餘人皆寶衣玉食逆中氣之咎也

煬帝大業五年燕代齊魯諸郡飢先是建立東都制度崇侈又宗室諸王多遠徙邊郡

洪範五行傳曰貌之不恭是謂不肅則下不敬陰氣勝故厥咎狂厥罰常雨厥極惡時則有服妖時則有龜孽有鷄禍有下體生上體之痾有青眚青祥惟金沴木

貌不恭

侯景僭即尊號升圓丘行不能正履有識者知其不免景尋敗

梁元帝既平侯景破蕭紀而有驕矜之色性又沉猜由是臣下離貳即位三年而爲西魏所陷帝竟不得其死

陳後主每祀郊廟必稱疾不行建寧令章華上奏諫曰拜三妃以臨軒祀宗廟而稱疾非祗肅之道後主怒而斬之又引江總孔範等內宴無復尊卑之序號爲狎客專以詩酒爲娛不恤國政祕書監傅縡上書諫曰人君者恭事上帝子愛下人省嗜慾遠邪佞未明求衣日旰忘食是以澤被區宇慶流子孫陛下頃來酒色過度不虔郊廟大神專媚淫昏之鬼小人在側宦豎擅權惡誠直如仇讎視時人如草芥後宮曳羅綺廄馬餘菽粟百姓流離轉屍蔽野神怒人怨衆叛親離臣恐東南王氣自斯而盡後主不聽驕恣日甚未幾而國滅

陳司空侯安都自以有安社稷之功驕矜日甚每侍宴酒酣輒箕踞而坐嘗謂文帝曰何如作臨川王時又借華林園水殿與妻妾賓客置酒於其上帝甚惡之後竟誅死

東魏武定五年後齊文襄帝時爲世子屬神武帝崩祕不發喪朝魏帝於鄴魏帝宴之文襄起儛及嗣位又朝魏帝於鄴侍宴而惰有識者知文襄之不免後果爲盜所害

神武時司徒高昂嘗詣相府將直入門門者止之昂怒引弓射門者神武不之罪尋爲西魏所殺

後齊後主爲周師所迫至鄴集兵斛律孝卿勸後主親勞將士宜流涕慷慨以感激之人當自奮孝卿授之以辭後主然之及對衆嘿無所言因赧然大笑左右皆哂將士怒曰身尚如此吾輩何急由是皆無戰心俄爲周師所虜

煬帝自負才學每驕天下之士嘗謂侍臣曰天下當謂朕承藉餘緒而有四海耶設令朕與士大夫高選亦當爲天子矣謂當世之賢皆所不逮書云謂人莫己若者亡帝自矜己以輕天下能不亡乎帝又言習吳音其後竟終於江都此亦魯襄公終於楚宮之類也

常雨水

梁天監七年七月雨至十月乃霽洪範五行傳曰陰氣彊積然後生水雨之災時武帝頻年興師是歲又大舉北伐諸軍頗捷而士卒罷敝百姓怨望陰氣畜積之應也

陳太建十二年八月大雨霪霖時始興王叔陵驕恣陰氣盛彊之應也明年宣帝崩後主立叔陵刺後主於喪次宮人救之僅而獲免叔陵出閤就東府作亂後主令蕭摩訶破之死者千數

東魏武定五年秋大雨七十餘日元瑾劉思逸謀殺後齊文襄之應也

後齊河清三年六月庚子大雨晝夜不息至甲辰山東大水人多餓死是歲突厥寇并州陰戎作梗此其應也

天統三年十月積陰大雨胡太后淫亂之所感也

武平七年七月大霖雨水澇人戶流亡是時駱提婆韓長鸞等用事小人專政之罰也

後周建德三年七月霖雨三旬時衞刺王直潛謀逆亂屬帝幸雲陽宮以其徒

襲肅章門尉遲運逆拒破之其日雨霽

大雨雪

梁普通二年三月大雪平地三尺洪範五行傳曰庶徵之常雨也然尤甚焉雨陰也雪又陰畜積甚盛也皆妾不妾臣不臣之應時義州刺史文僧朗以州叛於魏臣不臣之應也

大同三年七月青州雪害苗稼是時交州刺史李賁舉兵反僭尊號置百官擊之不能克

十年十二月大雪平地三尺是時邵陵王綸湘東王繹武陵王紀並權侔人主頗爲驕恣皇太子甚惡之帝不能抑損上天見變帝又不悟及侯景之亂諸王各擁彊兵外有赴援之名內無勤王之實委棄君父自相屠滅國竟以亡

東魏興和二年五月大雪時後齊神武作宰發卒十餘萬築鄴城百姓怨思之徵也

武定四年二月大雪人畜凍死道路相望時後齊霸政而步落稽舉兵反寇亂

數州人多死亡

後齊河清二年二月大雪連雨南北千餘里平地數尺繁霜晝下是時突厥木杅可汗與周師入并州殺掠吏人不可勝紀

天統二年十一月大雪三年正月又大雪平地二尺武平三年正月又大雪是時馮淑妃陸令萱內制朝政陰氣盛積故天變屢見雷雨不時

陳太建元年七月大雨震萬安陵華表又震慧日寺刹瓦官寺重閣門下一女子震死京房易飛候曰雷雨霹靂丘陵者逆先人令爲火殺人者人君用讒言殺正人時蔡景歷以奸邪任用右僕射陸繕以讒毀獲譴發病而死

十年三月震武庫時帝好兵頻年北伐內外虛竭將士勞敝既克淮南又進圖彭汴毛喜切諫不納由是吳明徹諸軍皆沒遂失淮南之地武庫者兵器之所聚也而震之天戒若曰宜戢兵以安百姓帝不悟又大興軍旅其年六月又震太皇寺刹莊嚴寺露槃重陽閣東樓鴻臚府門太皇莊嚴二寺陳國奉佛之所重陽閣每所遊宴鴻臚賓客禮儀之所在而同歲震者天戒若曰國威已喪不

務修德後後必有特佛道耽宴樂棄禮儀而亡國者陳之君臣竟不悟至後主之代災異屢起懼而於太皇寺捨身爲奴以祈冥助不恤國政耽酒色棄禮法不修鄰好以取敗亡

齊武平元年夏震丞相段孝先南門柱京房易傳曰震擊貴臣門及屋者不出三年佞臣被誅後歲和士開被戮

木冰

東魏武定四年冬天雨木冰洪範五行傳曰陰之盛而凝滯也木者少陽貴臣象也將有害則陰氣脅木木先寒故得雨而冰襲之木冰一名介介者兵之象也時司徒侯景制河南及神武不豫文襄懼其爲亂而徵之景因舉兵反豫州刺史高元成襄州刺史李密廣州刺史暴顯並爲景所執辱貴臣有害之應也其後左僕射慕容紹宗與景戰於渦陽俘斬五萬

後齊天保二年雨木冰三日初清河王岳爲高歸彥所譖是歲以憂死

武平元年冬雨木冰明年二月又木冰時錄尚書事和士開專政其年七月太

保琅邪王儼矯詔殺之領軍大將軍庫狄伏連尚書右僕射馮子琮並坐儼賜死九月儼亦遇害

六年七年頻歲春冬木冰其年周師入晉陽因平鄴都後主走青州貴臣死散州郡被兵者不可勝數

大雨雹

梁中大通元年四月大雨雹洪範五行傳曰雹陰脅陽之象也時帝數捨身爲奴拘信佛法爲沙門所制

陳太建二年六月大雨雹十年四月又大雨雹十三年九月又雨雹時始興王叔陵驕恣陰結死士圖爲不逞帝又寵遇之故天三見變帝不悟及帝崩叔陵果爲亂逆

服妖

後齊婁后臥疾寢衣無故自舉俄而后崩

文宣帝末年衣錦綺傅粉黛數爲胡服微行市里粉黛者婦人之飾陽爲陰事

君變爲臣之象也及帝崩太子嗣位被廢爲濟南王又齊氏出自陰山胡服者

將反初服也錦綵非帝王之法服微服者布衣之事齊士之效也

後主好令宮人以白越布折額狀如髽幗又爲白蓋此二者喪禍之服也後主

果爲周武帝所滅父子同時被害

武平時後主於苑內作貧兒村親衣繿縷之服而行乞其間以爲笑樂多令人

服烏衣以相執縛後主果爲周所敗被虜於長安而死妃后窮困至以賣燭爲

業

後周大象元年服冕二十有四旒車服旗鼓皆以二十四爲節侍衞之官服五

色雜以紅紫令天下車以大木爲輪不施輻朝士不得佩綬婦人墨粧黃眉又

造下帳如送終之具令五皇后各居其一實宗廟祭器於前帝親讀版而祭之

又將五輅載婦人身率左右步從又倒縣鷄及碎瓦於車上觀其作聲以爲笑

樂皆服妖也帝尋暴崩而政由於隋周之法度皆悉改易

開皇中房陵王勇之在東宮及宜陽公王世積家婦人所服領巾制同槊幡軍

幟婦人爲陰臣象也而服兵幟臣有兵禍之應矣勇竟以遇害世積坐伏誅

雞禍

開皇中有人上書言頻歲已來雞鳴不鼓翅類腋下有物而妨之翮不得舉肘腋之臣當爲變矣書奏不省京房易飛候曰雞鳴不鼓翅國有大害其後大臣多被夷滅諸王廢黜太子幽廢

大業初天下雞多夜鳴京房易飛候曰雞夜鳴急令又云昏而鳴百姓有事人定鳴多戰夜半鳴流血漫漫及中年已後軍國多務用度不足於是急令暴賦責成守宰百姓不聊生矣各起而爲盜戰爭不息屍骸被野

龜孽

開皇中掖庭宮每夜有人來挑宮人宮司以聞帝曰門衞甚嚴人何從而入當是妖精耳因戒宮人曰若逢但斫之其後有物如人夜來登牀宮人抽刀斫之若中枯骨其物落牀而走宮人逐之因入池而沒明日帝令涸池得一龜徑尺餘其上有刀迹殺之遂絕龜者水居而靈陰謀之象晉王諂媚宮掖求嗣之應

云

青眚青祥

陳禎明二年四月羣鼠無數自蔡洲岸入石頭淮至青塘兩岸數日死隨流出江近青祥也京房易飛候曰鼠無故羣居不穴衆聚者其君死未幾而國亡

金沴木

陳天嘉六年秋七月儀賢堂無故自壓近金沴木也時帝盛修宮室起顯德等五殿稱爲壯麗百姓失業故木失其性也儀賢堂者禮賢尚齒之謂無故自壓天戒若曰帝好奢侈不能用賢使能何用虛名也帝不悟明年竟崩

禎明元年六月宮內水殿若有刀鋸斫伐之聲其殿因無故而倒七月朱雀航又無故自沉時後主盛修園囿不虔宗廟水殿者遊宴之所朱雀航者國門之大路而無故自壞天戒若曰宮室毀津路絕後主不悟竟爲隋所滅宮廟爲墟

後齊孝昭帝將誅楊愔乘車向省入東門𣛕竿無故自折帝甚惡之歲餘而崩

河清三年長廣郡聽事梁忽剝若人狀太守惡而削去之明日復然長廣帝本

封也木爲變不祥之兆其年帝崩

武平七年秋穆后將如晉陽向北宮辭胡太后至宮內門所乘七寶車無故陷入於地牛没四足是歲齊滅后被虜於長安

後周建德六年青城門無故自崩青者東方色春宮之象也時皇太子無威儀禮節青城門無故自崩者皇太子不勝任之應帝不悟明年太子嗣位果爲無道周室危亡實自此始

大業中齊王暕於東都起第新構寢堂其棟無故而折時上無太子天下皆以暕次當立公卿屬望暕遂驕恣呼術者令相又爲厭勝之事堂棟無故自折木失其性奸謀之應也天見變以戒之暕不悟後竟得罪於帝

洪範五行傳曰言之不從是謂不乂厥咎僭厥罰常陽厥極憂時則有詩妖時則有毛蟲之孽時則有犬禍故有口舌之痾有白眚白祥惟木沴金

言不從

梁武陵王紀僭即帝位建元曰天正永豐侯蕭撝曰王不克矣昔桓玄年號大

亨有識者以爲二月了而玄之敗實在仲春今曰天正正之爲文一止其能久乎果一年而敗

後齊文宣帝時太子殷當冠詔令邢子才爲制字子才字之曰正道帝曰正一止也吾兒其替乎子才請改帝不許曰天也因顧謂常山王演曰奪時任汝愼無殺也及帝崩太子嗣位常山果廢之而自立殷尋見害

武成帝時左僕射和士開言於帝曰自古帝王盡爲灰土堯舜桀紂竟亦何異陛下宜及少壯恣意歡樂一日可以當千年無爲自勤約也帝悅其言彌加淫侈士開旣導帝以非道身又擅權竟爲御史中丞所殺

武平中陳人寇彭城後主發言憂懼侍中韓長鸞進曰縱失河南猶得爲龜兹國子淮南今沒何足多慮人生幾何時但爲樂不須憂也帝甚悅遂耽荒酒色不以天下爲虞未幾爲周所滅

武平七年後主爲周師所敗走至鄴自稱太上皇傳位於太子恆改元隆化時人離合其字曰降死竟降周而死

周武帝改元爲宣政梁主蕭巋離合其字爲宇文亡日其年六月帝崩

宣帝在東宮時不修法度武帝數撻之及嗣位摸其痕而大罵曰死晚也年又改元爲大象蕭巋又離合其字曰天子家明年而帝崩

開皇初梁王蕭琮改元爲廣運江陵父老相謂曰運之爲字軍走也吾君當爲軍所走乎其後琮朝京師而被拘留不反其叔父巖掠居人以叛梁國遂廢

文帝名皇太子曰勇晉王曰英秦王曰俊蜀王曰秀開皇初有人上書曰勇者一夫之用又千人之秀爲英萬人之秀爲俊斯乃布衣之美稱非帝王之嘉名也帝不省時人呼楊姓多爲嬴者或言於上曰楊英反爲嬴殃帝聞而不懌遽改之其後勇俊秀皆被廢黜煬帝嗣位終失天下卒爲楊氏之殃

煬帝卽位號年曰大業識者惡之曰於字離合爲大若來也尋而天下喪亂率土遭荼炭之酷焉

煬帝常從容謂祕書郎虞世南曰我性不欲人諫若位望通顯而來諫我以求當世之名者彌所不耐至於卑賤之士雖少寬假然卒不置之於地汝其知之

時議者以爲古先哲王之馭天下也明四目達四聰懸敢諫之鼓立書謗之木以開言者之路猶恐忠言之不至由是澤敷四海慶流子孫而帝惡直言讎諫士其能久乎竟逢殺逆

旱

梁天監元年大旱米斗五千人多餓死洪範五行傳曰若持亢陽之節與師動衆勞人過度以起城邑不顧百姓臣下悲怨然而心不能從故陽氣盛而失度陰氣沉而不附陽氣盛旱災應也初帝起兵襄陽破張沖敗陳伯之及平建康前後連戰百姓勞敝及卽位後復與魏交兵不止之應也

陳太建十二年春不雨至四月先是周師掠淮北始與王叔陵等諸軍敗績淮北之地皆沒於周蓋其應也

東魏天平四年并肆汾建晉絳秦陝等諸州大旱人多流散是歲齊神武與西魏戰於沙苑敗績死者數萬

東魏武定二年冬春旱先是西魏師入洛陽神武親帥軍大戰於邙山死者數

萬

後齊天保九年夏大旱先是大發卒築長城四百餘里勞役之應也

乾明元年春旱先是發卒數十萬築金鳳聖應崇光三臺窮極後麗不恤百姓

亢陽之應也

河清二年四月幷晉已西五州旱是歲發卒築軹關突厥二十萬衆毀長城寇

恆州

後主天統二年春旱是時大發卒起大明宮

開皇四年已後京師頻旱時遷都龍首建立宮室百姓勞敝亢陽之應也

大業四年燕代緣邊諸郡旱時發卒百餘萬築長城帝親巡塞表百姓失業道

殣相望

八年天下旱百姓流亡時發四海兵帝親征高麗六軍凍餒死者十八九

十三年天下大旱時郡縣鄉邑悉遣築城發男女無少長皆就役

詩妖

梁天監三年六月八日武帝講於重雲殿沙門誌公忽然起儛歌樂須臾悲泣因賦五言詩曰樂哉三十餘悲哉五十裏但看八十三子地妖災起佞臣作欺妄賊臣滅君子若不信吾語龍時侯賊起且至馬中間銜悲不見喜梁自天監至於大同三十餘年江表無事至太清二年臺城陷帝享國四十八年所言五十裏也太清元年八月十三而侯景自懸瓠來降在丹陽之北子地帝惑朱异之言以納景景之作亂始自戊辰之歲至午年帝憂崩十年四月八日誌公於大會中又作詩曰兀尾狗子始著狂欲死不死齧人傷須臾之間自滅亡患在汝陰死三湘橫尸一旦無人藏侯景小字狗子初自懸瓠來降懸瓠則古之汝南也巴陵南有地名三湘卽景奔敗之所

天監中茅山隱士陶弘景爲五言詩曰夷甫任散誕平叔坐談空不意昭陽殿忽作單于宮及大同之季公卿唯以談玄爲務夷甫平叔朝賢也侯景作亂遂居昭陽殿

大同中童謠曰青絲白馬壽陽來其後侯景破丹陽乘白馬以青絲爲羈勒

陳初有童謠曰黃班青驄馬發自壽陽涘來時冬氣末去日春風始其後陳主果爲韓擒所敗擒本名擒虎黃班之謂也破建康之始復乘青驄馬往反時節皆相應

陳時江南盛歌王獻之桃葉之詞曰桃葉復桃葉度江不用檝但度無所苦我自迎接汝晉王伐陳之始置營桃葉山下及韓擒度江大將任蠻奴至新林以導北軍之應

陳後主造齊雲觀國人歌之曰齊雲觀寇來無際畔功未畢而爲隋師所虜

禎明初後主作新歌詞甚哀怨令後宮美人習而歌之其辭曰玉樹後庭花花開不復久時人以歌讖此其不久兆也

齊神武始移都於鄴時有童謠云可憐青雀子飛入鄴城裏作窠猶未成舉頭失鄉里寄書與婦母好看新婦子魏孝靜帝者清河王之子也后則神武之女鄴都宮室未備即逢禪代作窠未成之效也孝靜尋崩文宣以后爲太原長公主降於楊愔時婁后尚在故言寄書於婦母新婦子斥后也

武定中有童謠云百尺高竿摧折水底燃燈澄滅高者齊姓也澄文襄名五年神武崩摧折之應七年文襄遇盜所害澄滅之徵也

天保中陸灋和入國書其屋壁曰十年天子爲尚可百日天子急如火周年天子迭代坐時文宣帝享國十年而崩廢帝嗣立百餘日用替厥位孝昭卽位一年而崩此其效也

武平元年童謠曰狐截尾你欲除我我除你其年四月隴東王胡長仁謀遣刺客殺和士開事露返爲士開所譖死

二年童謠曰和士開七月三十日將你向南臺小兒唱訖一時拍手云殺却至七月二十五日御史中丞琅邪王儼執士開送於南臺而斬之是歲又有童謠曰七月刈禾傷早九月噢餻正好十月洗蕩飯瓮十一月出却趙老七月士開被誅九月琅邪王遇害十一月趙彥深出爲西兗州刺史

武平末童謠曰黃花勢欲落清樽但滿酌時穆后母子淫僻干預朝政時人患之穆后小字黃花尋逢齊亡欲落之應也

鄴中又有童謠曰金作掃帚玉作把淨掃殿屋迎西家未幾周師入鄴

周初有童謠曰白楊樹頭金雞鳴秖有阿舅無外甥靜帝隋氏之甥既遜位而崩諸舅彊盛

周宣帝與宮人夜中連臂蹋蹀而歌曰自知身命促把燭夜行遊帝即位二年而崩

開皇十年高祖幸并州宴秦孝王及王子相帝爲四言詩曰紅顏詎幾玉貌須臾一朝花落白髮難除明年後歲誰有誰無明年而子相卒十八年而秦孝王薨

大業十一年煬帝自京師如東都至長樂宮飲酒大醉因賦五言詩其卒章曰徒有歸飛心無復因風力令美人再三吟詠帝泣下霑襟侍御者莫不歔欷帝因幸江都復作五言詩曰求歸不得去真成遭箇春鳥聲爭勸酒梅花笑殺人帝以三月被弒即遭春之應也是年盜賊蜂起道路隔絕帝懼遂無還心帝復夢二豎子歌曰住亦死去亦死未若乘船度江水由是築居丹陽將居焉功未

就而帝被弑

大業中童謠曰桃李子鴻鵠遶陽山宛轉花木裏莫浪語誰道許其後李密坐楊玄感之逆為吏所拘在路逃叛潛結羣盜自陽城山而來襲破洛口倉後復屯兵苑內莫浪語密也宇文化及自號許國尋亦破滅誰道許者蓋驚疑之辭也

毛蟲之孽

梁武帝中大同元年邵陵王綸在南徐州臥內方晝有狸闘於櫩上墮而獲之太清中遇侯景之亂將兵援臺城至鍾山有蟄熊無何至齧綸所乘馬毛蟲之孽也綸尋為王僧辯所敗亡至南陽為西魏所殺

中大同中每夜狐鳴闕下數年乃止京房易飛候曰野獸羣鳴邑中且空虛俄而國亂丹陽死喪略盡

陳禎明初狐入牀下捕之不獲京房易飛候曰狐入君室室不居未幾而國滅

東魏武定三年九月豹入鄴城南門格殺之五年八月豹又上銅爵臺京房易

飛候曰野獸入邑及至朝廷若道上官府門有大害君亡是歲東魏師敗於玉璧神武遇疾崩

後齊武平二年有兔出廟社之中京房易飛候曰兔入王室其君亡案廟者祖宗之神室也後五歲周師入鄴後主東奔

武平末并肆諸州多狼而食人洪範五行傳曰狼貪暴之獸大體以白色爲主兵之表也又似犬近犬禍也京房易傳曰君將無道害將及人去之深山以全身厥妖狼食人時帝任用小人競爲貪暴殘賊人物食人之應尋爲周軍所滅兵之象也

武平中朔州府門外無何有小兒脚跡又擁土爲城雉之狀時人怪而察之乃狐媚所爲漸流至并鄴與武定三年同占是歲南安王思好起兵於北朔直指并州爲官軍所敗鄭子饒羊法暠等復亂山東

犬禍

後齊天保四年鄴中及頓丘並有犬與女子交洪範五行傳曰異類不當交而

交詩亂之氣犬交人爲犬禍犬禍者亢陽失衆之應也時帝不恤國政恩澤不流於其國

後主時犬爲開府儀同雌者有夫人郡君之號給兵以奉養食以粱肉藉以茵蓐天奪其心爵加於犬近犬禍也天意若曰卿士皆類犬後主不悟遂以取滅

後周保定三年有犬生子腰已後分爲兩身二尾六足犬猛畜而有爪牙將士之象也時宇文護與侯伏侯龍恩等有謀懷貳犬體後分此其應也

大業元年鴈門百姓間犬多去其主羣聚於野形頓變如狼而噉噬行人數年而止五行傳曰犬守禦者也而今去其主臣下不附之象形變如狼狼色白爲主兵之應也其後帝窮兵黷武勞役不息天戒若曰無爲勞役守禦之臣將叛而爲害帝不悟遂起長城之役續有西域遼東之舉天下怨叛及江都之變並宿衞之臣也

白眚白祥

梁大同二年地生白毛長二尺近白祥也孫盛以爲勞人之異先是大發卒築

浮山堰功費鉅億功垂就而復潰者數矣百姓厭役吁嗟滿道

齊河清元年九月滄洲及長城之下地多生毛或白或黑長四五寸近白祥也時北築長城內興三臺人苦勞役

開皇六年七月京師雨毛如髮尾長者三尺餘短者六七寸京房易飛候曰天雨毛其國大飢是時關中旱米粟涌貴

後齊天統初岱山封禪壇玉璧自出近白祥也岱山王者易姓告代之所玉璧所用幣而自出將有易姓者用幣之象其後齊亡地入于周及高祖受周禪天下一統焚柴太山告祠之應也

武平三年白水巖下青石壁傍有文曰齊亡走人改之爲上延後主以爲嘉瑞百寮畢賀後周師入國後主果棄鄴而走

開皇十七年石隕於武安滏陽閒十餘洪範五行傳曰石自高隕者君將有危殆也後七載帝崩

開皇末高祖於宮中埋二小石於地以誌置牀之所未幾變爲玉劉向曰玉者

至貴也賤將爲貴之象及大業末盜皆僭名號

大業十三年西平郡有石文曰天子立千年百寮稱賀有識者尤之曰千年萬歲者身後之意也今稱立千年者禍在非遠明年而帝被殺

木沴金

梁大同十二年曲阿建陵隧口石麒麟動木沴金也動者遷移之象天戒若曰園陵無主石麟將爲人所徙也後竟國亡

後齊河清四年殿上石自起兩兩相擊眭孟以爲石陰類下人象殿上石自起者左右親人離叛之應及周師東伐寵臣尉相願乞扶貴和兄弟韓建業之徒皆叛入周

梁大同十二年正月送辟邪二于建陵左雙角者至陵所右獨角者將引於車上振躍者三車兩轅俱折因換車未至陵二里又躍者三每一振則車側人莫不聳奮去地三四尺車輪陷入土三寸木沴金也劉向曰失衆心令不行言不從以亂金氣也石爲陰臣象也臣將爲變之應梁武暮年不以政事爲意君臣

唯講佛經談玄而已朝綱紊亂令不行言不從之咎也其後果致侯景之亂
周建德元年濮陽郡有石像郡官令載向府將刮取金在道自躍投地如此者
再乃以大繩縛著車壁又絕繩而下時帝既滅齊又事淮南征伐不息百姓疲
敝失衆心之應也

隋書卷二十二

隋書卷二十二考證

五行志上鷂飛于鼎耳之上○按書序高宗祭成湯有飛雉升鼎耳而雊祖己訓諸王作高宗肜日爾雅鷂雉　臣映斗按本文以鷂代雉唐諱嫌名也

其替乎○各本替訛瞀按爾雅釋言替廢也从替與瞀異瞀卽憯字與慘同

有螯態無何至䍃綸所乘馬○兩舊本螯訛摯　臣映斗按庾信哀江南賦螯態傷馬正謂此事又淮南子態羆螯藏今從元本作螯

時宇文護與侯伏侯龍恩有謀懷貳○監本伏作住一本侯伏侯作侯伏伏侯一本龍恩無恩字　臣映斗按周書晉蕩公護本傳邙山之役護率衆先鋒爲敵人所圍都督侯伏侯龍恩挺身扞禦方得免今從改正

隋書卷二十二考證

隋書卷二十三

唐太尉揚州都督監修國史上柱國趙國公臣長孫無忌等撰

志第十八

五行下

洪範五行傳曰：視之不明，是謂不知，厥咎舒，厥罰常燠，厥極疾。時則有草妖，時則有羽蟲之孽，故有羊禍，故有目疾，有赤眚赤祥，惟水沴火。

常燠

後齊天保八年三月，大熱，人或暍死。劉向五行傳曰：「視不明，用近習，賢者不進，不肖不退，百職廢壞，庶事不從，其過在政教舒緩。」時帝狂躁荒淫，無度之應。

草妖

高祖時，上黨有人宅後每夜有人呼聲，求之不得。去宅一里所，但見人蔘一本，枝葉峻茂。因掘去之，其根五尺餘，具體人狀，呼聲遂絕。蓋草妖也。視不明之咎。時晉王陰有奪宗之計，諂事親要，以求聲譽，譖皇太子。高祖惑之，人蔘不當言

有物憑之上黨黨與也親要之人乃黨晉王而譖太子高祖不悟聽邪言廢無

辜有罪用因此而亂也

羽蟲之孽

梁中大同元年邵陵王綸在南徐州坐廳事有野鳥如鵲數百飛屋梁上彈射

不中俄頃失所在京房易飛候曰野鳥入君室其邑虛君亡之他方後綸爲湘

東王所襲竟致奔亡爲西魏所殺

侯景在梁將受錫命陳備物於庭有野鳥如山鵲赤觜集於冊書之上鵂鶹鳴

於殿與中大同元年同占景尋敗將亡入海中爲羊鵾所殺

陳後主時蔣山有衆鳥鼓翼而鳴曰奈何帝京房易飛候曰鳥鳴門闕如人音

邑且亡蔣山吳之望也鳥於上鳴吳空虛之象及陳亡建康爲墟又陳未亡時

有一足鳥集於殿庭以觜畫地成文曰獨足上高臺盛草變爲灰獨足者叔寶

獨行無衆之應盛草成灰者陳政蕪穢被隋火德所焚除也叔寶至長安館於

都水臺上高臺之義也

後齊孝昭帝卽位之後有雉飛上御座占同中大同元年又有鳥止於後園其色赤形似鴨而有九頭其年帝崩

天統三年九月萬春鳥集仙都苑京房易飛候曰非常之鳥來宿於邑中邑有兵周師入鄴之應也

武成胡后生後主初有梟升后帳而鳴梟不孝之鳥不祥之應也後主嗣位胡后淫亂事彰遂幽后於北宮焉

武平七年有鸛巢太極殿又巢幷州嘉陽殿雉集晉陽宮御座獲之京房易飛候曰鳥無故巢居君門及殿屋上邑且虛其年國滅

周大象二年二月有禿鶖集洛陽宮太極殿其年帝崩後宮常虛

開皇初梁主蕭琮新起後有鵂鳥集其帳隅未幾琮入朝被留於長安梁國遂廢

大業末京師宮室中恆有鴻鴈之類無數翔集其間俄而長安不守

十三年十一月烏鵲巢帝帳幄驅不能止帝尋逢弑

羊禍

開皇十二年六月繁昌楊悅見雲中二物如羝羊黃色大如新生犬鬬而墜悅獲其一數旬失所在近羊禍也

洪範五行傳曰君不明逆火政之所致也狀如新生犬者羔類也雲體掩蔽邪佞之象羊國姓羔羊子也皇太子勇旣升儲貳晉王陰毀而被廢黜二羔鬬一羔墜之應也

恭帝義寧二年麟遊太守司馬武獻羊羔生而無尾時議者以爲楊氏子孫無後之象是歲煬帝被殺於江都恭帝遜位

赤眚赤祥

梁天監十五年七月荊州市殺人而身不僵首墮於地動口張目血如竹箭直上丈餘然後如雨細下是歲荊州大旱近赤祥冤氣之應

陳太建十四年三月御座幄上見一物如車輪色正赤尋而帝患無故大叫數聲而崩

至德三年十二月有赤物隕於太極殿前初下時鐘皆鳴又嘗進白飲忽變爲血又有血霑殿階瀝瀝然至御榻尋而國滅

後齊河清二年太原雨血劉向曰血者陰之精傷害之象僵尸之類也明年周師與突厥入并州大戰城西伏屍百餘里京房易飛候曰天雨血染衣國亡君戮亦後主亡國之應

四月三月有物隕於殿庭色赤形如數斗器衆星隨者如小鈴四月婁太后崩

武平中有血點地自咸陽王斛律明月宅而至於太廟大將社稷之臣也後主以讒言殺之天戒若曰殺明月則宗廟隨而覆矣後主不悟國祚竟絕

洪範五行傳曰聽之不聰是謂不謀厥咎急厥罰寒厥極貧時則有鼓妖有魚孼有彘禍有黑眚黑祥惟火沴水

寒

東魏武定四年二月大寒人畜凍死者相望於道京房易飛候曰誅過深當燠而寒是時後齊神武作相先是爾朱文暢等謀害神武事泄伏誅諸與交通者

多有溢死

河清元年歲大寒京房易傳曰有德遭險茲謂逆命厥異寒識曰殺無罪其寒必異是時帝淫於文宣李后因生子后愧恨不舉之帝大怒於后前殺其子太原王紹德后大哭帝倮后而撻殺之投於水中良久乃蘇冤酷之應

梁天監三年三月六年三月並隕霜殺草京房易傳曰興兵妄誅謂亡法厥罰霜是時大發卒拒魏軍於鍾離連兵數歲

大同三年六月朐山隕霜

陳太建十年八月隕霜殺稻菽是時大興師選衆遣將吳明徹與周相拒於呂梁

鼓妖

梁天監四年十一月天清朗西南有電光有雷聲二易曰鼓近以雷霆霆近鼓妖洪範五行傳曰雷霆託於雲猶君之託於人也君不恤於天下故兆人有怨叛之心也是歲交州刺史李凱舉兵反

十九年九月西北隱隱有聲如雷赤氣下至地是歲盜殺東莞琅邪二郡守以朐山引魏軍

中大通六年十二月西南有聲如雷其年北梁州刺史蘭欽舉兵反

陳太建二年十二月西北有聲如雷其年湘州刺史華皎舉兵反

齊天保四年四月西南有聲如雷是時帝不恤天下興師旅

後周建德六年正月西方有聲如雷未幾吐谷渾寇邊

開皇十四年正月旦廓州連雲山有聲如雷是時五羌反叛侵擾邊鎮

二十年無雲而雷京房易飛候曰國將易君下人不靜小人先命國凶有甲兵

後數歲帝崩漢王諒舉兵反徙其黨數十萬家

大業中滏陽石鼓頻歲鳴其後天下大亂兵戎並起

魚孽

梁大同十年三月帝幸朱方至四瀆中及玄武湖魚皆驤首見於上若望乘輿者帝入宮而沒洪範五行傳曰魚陰類也下人象又有鱗甲兵之應也下人將

舉兵圍宮而睥睨乘輿之象也後果有侯景之亂

齊神武武平七年相州鸕鶿泊魚盡飛去而水涸洪範五行傳曰急之所致魚陰類下人象也晏子曰河伯以水爲國以魚爲百姓水涸魚飛國亡人散之象明年而國亡

後周大象元年六月陽武有鯉魚乘空而鬭猶臣下與起小人從之而鬭也明年帝崩國失政尉迥起兵相州高祖遣兵擊敗之

開皇十七年大興城西南四里有袁村設佛會有老翁皓首白帬襦衣來食而去衆莫識追而觀之行二里許不復見但有一陂中有白魚長丈餘小魚從者無數人爭射之或弓折弦斷後竟中之剖其腹得秔飯始知此魚向老翁也後數日漕渠暴溢射人皆溺死

大業十二年淮陽郡驅人入子城鑿斷羅郎郭至女垣之下有穴其中得鯉魚長七尺餘昔魏嘉平四年魚集武庫屋上王肅以爲魚生於水而亢於屋水之物失其所也邊將殆棄甲之變後果有東關之敗是時長白山賊寇掠河南月

餘賊至城下郡兵拒之反爲所敗男女死者萬餘人

蠱妖

梁大同初大蝗籬門松柏葉皆盡洪範五行傳曰介蟲之孽也與魚同占京房易飛候曰食祿不益聖化天視以蟲蟲無益於人而食萬物也是時公卿皆以虛澹爲美不親職事無益食物之應也

後齊天保八年河北六州河南十二州蝗畿人皆祭之帝問魏尹丞崔叔瓚曰何故蟲叔瓚對曰五行志云土功不時則蝗蟲爲災今外築長城內修三臺故致災也帝大怒毆其頰擢其髮溷中物塗其頭役者不止九年山東又蝗十年幽州大蝗洪範五行傳曰刑罰暴虐貪饕不厭與師動衆取城修邑而失衆心則蟲爲災是時帝用刑暴虐勞役不止之應也

後周建德二年關中大蝗

開皇十六年幷州蝗時秦孝王俊裒刻百姓盛修邸第後竟獲譴死

彘禍

開皇末渭南有沙門三人行頭陀法於人場圃之上夜見大豕來詣其所小豕從者十餘謂沙門曰阿練我欲得賢聖道然猶負他一命言罷而去賢聖道者君上之所行也皇太子勇當嗣業行君上之道而被囚廢之象也一命者言爲煬帝所殺

開皇末渭南有人寄宿他舍夜中聞二豕對語其一曰歲將盡阿爺明日殺我供歲何處避之一荅曰可向水北姊家因相隨而去天將曉主人覓豕不得意是宿客而詰之宿客若狀主人如其言而得豕其後蜀王秀得罪帝將殺之平樂公主每匡救得全後數年而帝崩歲盡之應

黑眚黑祥

梁承聖三年六月有黑氣如龍見於殿內近黑祥也黑周所尚之色今見於殿內周師入梁之象其年爲周所滅帝亦遇害

陳太建五年六月西北有黑雲屬地散如猪者十餘洪範五行傳曰當有兵起西北時後周將王軌軍於呂梁明年擒吳明徹軍皆覆沒

火沴水

後齊河清元年四月河濟清襄楷曰河諸侯之象應濁反清諸侯將爲天子之象是後十餘歲隋有天下

大業三年武陽郡河清數里鏡澈十二年龍門又河清後二歲大唐受禪

陳太建十四年七月江水赤如血自建康西至荊州禎明中江水赤自方州東至海洪範五行傳曰火沴水也法嚴刑酷傷水性也五行變節陰陽相干氣色繆亂皆敗亂之象也京房易占曰水化爲血兵且起是時後主初卽位用刑酷暴之應其後爲隋師所滅

禎明二年四月郢州南浦水黑如墨黑水在關中而今淮南水黑荊揚州之地陷於關中之應

後周大象元年六月咸陽池水變爲血與陳太建十四年同占是時刑罰嚴急未幾國亡

洪範五行傳曰思心不容是謂不聖厥咎霿厥罰常風厥極凶短折有脂夜之

妖有華孽有牛禍有心腹之痾有黃眚黃祥木金水火沴土

常風

梁天監六年八月戊戌大風折木京房易飛候曰角曰疾風天下昏不出三月

中兵必起是歲魏軍入鍾離

承聖三年十一月癸未帝閱武於南城北風大急普天昏闇洪範五行傳曰人

君瞀亂之應時帝既平侯景公卿咸勸帝反丹陽帝不從又多猜忌有瞀亂之

行故天變應之以風是歲爲西魏滅

陳天嘉六年七月癸未大風起西南吹倒靈臺候樓洪範五行傳以爲大臣專

恣之咎時太子冲幼安成王頊專政帝不時抑損明年崩皇太子嗣位頊遂廢

之

太建十二年六月壬戌大風吹壞皐門中闥十二年九月夜又風發屋拔樹始

興王叔陵專恣之應

至德中大風吹倒朱雀門

禎明三年六月丁巳大風自西北激濤水入石頭淮是時後主任司馬申誅戮忠諫沈客卿施文慶專行邪僻江總孔範等崇長淫縱杜塞聰明昬亂之咎

後齊河清二年大風三旬乃止時帝初委政佞臣和士開專恣日甚

天統三年五月大風晝晦發屋拔樹天變再見而帝不悟明年帝崩後主詔內外表奏皆先詣士開然後聞徹趙郡王叡馮翊王潤按士開驕恣不宜仍居內職反爲士開所譖叡竟坐死士開出入宮掖生殺在口尋爲琅邪王儼所誅

七年三月大風起西北發屋拔樹五日乃止時高阿那瓌駱提婆等專恣之應

開皇二十年十一月京都大風發屋拔樹秦隴壓死者千餘人地大震鼓皆應淨刹寺鍾三鳴佛殿門鎖自開銅像自出戶外鍾鼓自鳴者近鼓妖也揚雄以爲人君不聰爲衆所惑空名得進則鼓妖見時獨孤皇后干預政事左僕射楊素權傾人主帝聽二人之讒而黜僕射高熲廢太子勇爲庶人晉王釣虛名而見立思心瞀亂陰氣盛之象也鎖及銅像竝金也金動木震之水沴金之應洪範五行傳曰失衆心甚之所致也高熲楊勇無罪而咸廢黜失衆心也

仁壽二年西河有胡人乘騾在道忽爲迴風所飄幷一車上千餘尺乃墜皆碎焉京房易傳曰衆逆同志至德乃潛厥異風後二載漢王諒在幷州潛謀逆亂車及騾騎之象也升空而墜顛隕之應也天戒若曰無妄動車騎終當覆敗而諒不悟及高祖崩諒發兵反州縣響應衆至數十萬月餘而敗

夜妖

梁承聖二年十月丁卯大風晝晦天地昏暗近夜妖也京房易飛候曰羽日風天下昏人大疾不然多寇盜三年爲西魏所滅

陳禎明三年正月朔旦雲霧晦冥入鼻辛酸後主昏昧近夜妖也洪範五行傳曰王失中臣下彊威以蔽君明則雲陰是時北軍臨江柳莊任蠻奴並進中款後主惑佞臣孔範之言而昏闇不能用以致覆敗

東魏武定四年冬大霧六日晝夜不解洪範五行傳曰晝而晦冥若夜者陰侵陽臣將侵君之象也明年元瑾劉思逸謀殺大將軍之應

周大象二年尉迥敗於相州坑其黨與數萬人於遊豫園其處每聞鬼夜哭聲

洪範五行傳曰哭者死亡之表近夜妖也鬼而夜哭者將有死亡之應京房易飛候曰鬼夜哭國將亡明年周氏王公皆見殺周室亦亡

仁壽中仁壽宮及長城之下數聞鬼哭尋而獻后及帝相次而崩於仁壽宮大業八年楊玄感作亂於東都尙書樊子蓋坑其黨與於長夏門外前後數萬洎于末年數聞其處鬼哭有呻吟之聲與前同占其後王世充害越王侗于洛陽

華孽

後齊武平元年槐華而不結實槐三公之位也華而不實萎落之象至明年錄尙書事和士開伏誅隴東王胡長仁太保瑯邪王儼皆遇害左丞相段韶薨

陳後主時有張貴妃孔貴嬪並有國色稱爲妖艷後主惑之寵冠宮掖每充侍從詩酒爲娛一入後庭數旬不出荒淫侈靡莫知紀極府庫空竭頭會箕斂天下怨叛將士離心敵人鼓行而進莫有死戰之士女德之咎也及敗亡之際後主與孔姬俱投於井隋師執張貴妃而戮之以謝江東洪範五行傳曰華者猶

榮華容色之象也以色亂國故謂華孼

齊後主有寵姬馮小憐慧而有色能彈琵琶尤工歌儛後主惑之拜爲淑妃選綵女數千爲之羽從一女之飾動費千金帝從禽於三堆而周師大至邊吏告急相望於道帝欲班師小憐意不已更請合圍帝從之由是遲留而晉州遂陷後與周師相遇於晉州之下坐小憐而失機者數矣因而國滅齊之士庶至今咎之

牛禍

梁武陵王紀祭城隍神將烹牛忽有赤蛇繞牛口牛禍也象類言之又爲龍蛇之孼魯宣公三年郊牛之口傷時以爲天不享棄宣公也五行傳曰逆君道傷故有龍蛇之孼是時紀雖以赴援爲名而實妄自尊亢思心之咎神不享君道傷之應果爲元帝所敗

後齊武平二年幷州獻五足牛牛禍也洪範五行傳曰牛事應宮室之象也帝尋大發卒於仙都苑穿池築山樓殿間起窮華極麗功始就而國亡

後周建德六年陽武有獸三狀如水牛一黃一赤一黑赤者與黑者鬭久之黃者自傍觸之黑者死黃赤俱入于河近牛禍也黑者周之所尚色死者滅亡之象後數載周果滅而隋有天下旗牲尚赤戎服以黃

大業初恆山有牛四脚膝上各生一蹄其後建東都築長城開溝洫

心腹之痾

陳禎明三年隋師臨江後主從容而言曰齊兵三來周師再來無弗摧敗彼何爲者都官尚書孔範曰長江天塹古以爲限隔南北今日北軍豈能飛度耶臣每患官卑彼若度來臣爲太尉矣後主大悅因奏妓縱酒賦詩不輟心腹之痾也存亡之機定之俄頃君臣旰食不暇後主已不知懼孔範從而蕩之天奪其心曷能不敗陳國遂亡範亦遠徙

齊文宣帝嘗宴於東山投杯赫怒下詔西伐極陳甲兵之盛既而泣謂羣臣曰黑衣非我所制卒不行有識者以帝精魄已亂知帝祚之不永帝後竟得心疾耽荒酒色性忽狂暴數年而崩

武成帝丁太后憂緋袍如故未幾登三臺置酒作樂侍者進白袍帝大怒投之臺下未幾而崩

黄眚黄祥

梁大同元年天雨土二年天雨灰其色黄近黄祥也京房易飛候曰聞善不及兹謂有知厥異黄厥咎龍厥災不嗣蔽賢絶道之咎也時帝自以爲聰明博達惡人勝己又篤信佛法捨身爲奴絶道蔽賢之罰也

大寶元年正月天雨黄沙二年簡文帝夢丸土而吞之尋爲侯景所廢以土囊壓之而斃諸子遇害不嗣之應也

陳後主時夢黄衣人圍城後主惡之遶城橘樹盡伐去之隋高祖受禪之後上下通服黄衣未幾隋師攻圍之應也

後周大象二年正月天雨黄土移時乃息與大同元年同占時帝昏狂滋甚期年而崩至于靜帝用遜厥位絶道不嗣之應也

開皇二年京師雨土是時帝懲周室諸侯微弱以亡天下故分封諸子並爲行

臺專制方面失土之故有土氣之祥其後諸王各謀爲逆亂京房易飛候曰天雨土百姓勞苦而無功其時營都邑後起仁壽宮頹山堙谷丁匠死者大半裸蟲之孽

梁大清元年丹陽有莫氏妻生男眼在頂上大如兩歲兒墜地而言曰兒是旱疫鬼不得住母曰汝當令我得過疫鬼曰有上官何得自由母可急作絳帽故當無憂母不暇作帽以絳繫髮自是旱疫者二年揚徐兗豫尤甚莫氏鄉鄰多以絳免他土效之無驗

大寶二年京口人於藏兒年五歲登城西南角大樓打鼓作長檛鼓兵象也是時侯景亂江南

陳永定三年有人長三丈見羅浮山通身潔白衣服楚麗京房占曰長人見亡後二歲帝崩

後主爲太子時有婦人突入東宮而大言曰畢國主後主立而作終之應也

至德三年八月建康人家婢死埋之九日而更生有牧牛人聞而出之

禎明二年有船下忽聞人言曰明年亂視之得死嬰兒長二尺而無頭明年陳滅

齊天保中臨漳有婦人產子二頭共體是後政由姦佞上下無別兩頭之應也後主時有桑門貌若狂人見烏則向之作禮見沙門則毆辱之烏周色也未幾齊爲周所吞滅除佛法

後周保定三年有人產子男陰在背上如尾兩足指如獸爪陰不當生於背而生于背者陰陽反覆君臣顛倒之象人足不當有爪而有爪者將致攫人之變也是時晉蕩公宇文護專擅朝政征伐自己陰懷篡逆天戒若曰君臣之分已倒矣將行攫噬之禍帝見變而悟遂誅晉公親萬機躬節儉克平齊國號爲高祖轉禍爲福之效也

武帝時有強練者佯狂持一瓠至晉蕩公護門而擊破之曰身尚可子苦矣時護專政因朝太后帝擊殺之發兵捕其諸子皆備楚毒而死強練又行乞於市人或遺之粟麥輒以無底帒受之因大笑曰盛空未幾周滅高祖移都長安城

爲墟矣

開皇六年霍州有老翁化爲猛獸

七年相州有桑門變爲蛇尾繞樹而自抽長二丈許

仁壽四年有人長數丈見於應門其迹長四尺五寸其年帝崩

大業元年鴈門人房回安母年百歲額上生角長二寸洪範五行傳曰婦人陰象也角兵象也下反上之應是後天下果大亂陰戎圍帝於鴈門

四年鴈門宋谷村有婦人生一肉卵大如斗埋之後數日所埋處雲霧晝合從地雷震而上視之洞穴失卵所在

六年趙郡李來王家婢產一物大如卵

六年正月朔旦有盜衣白練帬襦手持香花自稱彌勒佛出世入建國門奪衛士仗將爲亂齊王暕遇而斬之後三年楊玄感作亂引兵圍洛陽戰敗伏誅

八年有澄公者若狂人於東都大叫唱賊帝聞而惡之明年玄感舉兵圍洛陽

十二年澄公又叫賊李密逼東都孟讓燒豐東都市而去

九年帝在高陽唐縣人宋子賢善爲幻術每夜樓上有光明能變作佛形自稱彌勒出世又懸大鏡於堂上紙素上畫爲蛇爲獸及人形有人來禮謁者轉側其鏡遣觀來生形像或映見紙上蛇形子賢輒告云此罪業也當更禮念又令禮謁乃轉人形示之遠近惑信日數百千人遂潛謀作亂將爲無遮佛會因舉兵欲襲擊乘輿事泄鷹揚郎將以兵捕之夜至其所遶其所居但見火坑兵不敢進郎將曰此地素無坑止妖妄耳及進無復火矣遂擒斬之并坐其黨與千餘家其後復有桑門向海明於扶風自稱彌勒佛出世潛謀逆亂人有歸心者輒獲吉夢由是人皆惑之三輔之士翕然稱爲大聖因舉兵反衆至數萬官軍擊破之京房易飛候曰妖言動衆者茲謂不信路無人行不出三年起兵自是天下大亂路無人行

木金水火沴土

梁天監五年十一月京師地震木金水火沴土也洪範五行傳曰臣下盛將動而爲害京房易飛候曰地動以冬十一月者其邑饑亡時交州刺史李凱舉兵

反明年霜歲儉人饑

普通三年正月建寧地震是時義州刺史文僧朗以州叛

六年十二月地震京房易飛候曰地冬動有音以十二月者其邑有行兵是時帝令豫章王琮將兵北伐

中大通五年正月建康地震京房易飛候曰地以春動歲不昌是歲大水百姓饑饉

大同三年十一月建康地震京房易飛候曰地震以十一月邑有大喪及饑亡明年霜爲災百姓饑

三月十月建康地震是歲會稽山賊起

七年二月建康地震是歲交州人李賁舉兵逐刺史蕭諮

九年閏正月地震李賁自稱皇帝署置百官

太清三年四月建康地再震時侯景自爲大丞相錄尚書帝所須不給是月以憂憤崩

陳永定二年五月建康地震時王琳立蕭莊於郢州

太建四年十一月地震陳寶應反閩中

禎明元年正月地震施文慶沈客卿專恣之應也

東魏武定二年十一月西河地陷而且然京房易妖占曰地自陷其君亡祖暅曰火陽精也地者陰主也地然越陰之道行陽之政臣下擅恣終以自害時後齊神武作宰而侯景專擅河南後二歲神武果崩景遂作亂而自取敗亡之應

後齊河清二年幷州地震和士開專恣之應

後周建德二年涼州地頻震城郭多壞地裂出泉京房易妖占曰地分裂羌夷叛時吐谷渾頻寇河西

開皇十四年五月京師地震京房易飛候曰地動以夏五月人流亡是歲關中飢帝令百姓就糧於關東

仁壽二年四月岐雍地震京房易飛候曰地動以夏四月五穀不熟人大飢

三年梁州就谷山崩洪範五行傳曰崩散落背叛不事上之類也梁州爲漢地

明年漢王諒舉兵反

大業七年砥柱山崩壅河逆流數十里劉向洪範五行傳曰山者君之象水者陰之表人之類也天戒若曰君人擁威重將崩壞百姓不得其所時帝興遼東之師百姓不堪其役四海怨叛帝不能悟卒以滅亡

洪範五行傳曰皇之不極是謂不建厥咎瞀厥罰常陰厥極弱時則有射妖則有龍蛇之孽則有馬禍

雲陰

開皇二十年十月久陰不雨劉向曰王者失中臣下彊盛而蔽君明則雲陰是時獨孤后遂與楊素陰譖太子勇廢爲庶人

射妖

東魏武定四年後齊神武作宰親率諸軍攻西魏於玉壁其年十一月帝不豫班師將士震懼皆曰韋孝寬以定功弩射殺丞相西魏下令國中曰勁弩一發凶身自殞神武聞而惡之其疾暴增近射妖也洪範五行傳曰射者兵戎禍亂

之象氣逆天則禍亂將起神武行殿中將軍曹魏諫曰王以死氣逆生氣爲客不利主人則可帝不從頓軍五旬頻戰沮衂又聽孤虛之言於城北斷汾水起土山其處天險千餘尺功竟不就死者七萬氣逆天之咎也其年帝崩明年王思政擾河南

武平後主自并州還鄴至八公嶺夜與左右歌而行有一人忽發狂意後主以爲狐媚伏草中彎弓而射之傷數人幾中後主後主執而斬之其人不自覺也狐而能媚獸之妖妄也時帝不恤國政專與內人閹豎酣歌爲樂或衣繿縷衣行乞爲娛此妖妄之象人又射之兵戎禍亂之應也未幾而國滅

龍蛇之孽

梁天監二年北梁州潭中有龍鬬濆霧數里龍蛇之孽洪範五行傳曰龍獸之難害者也天之類君之象天氣害君道傷則龍亦害鬬者兵革之象也京房易飛候曰衆心不安厥妖龍鬬是時帝初即位而有陳伯之劉季連之亂國內危懼

普通五年六月龍鬬于曲阿王陂因西行至建陵城所經之處樹木皆折開數十丈與天監二年同占經建陵而樹木折者國有兵革之禍園陵殘毀之象時帝專以講論爲務不從耕戰將輕而卒惰君道既傷故有龍孽之應帝殊不悟至太清元年黎州水中又有龍鬬波浪涌起雲霧四合而見白龍南走黑龍隨之其年侯景以兵來降帝納之而無備國人皆懼俄而難作帝以憂崩

大同十年夏有龍夜因雷而墮延陵人家井中明旦視之大如驢將以戟刺之俄見庭中及室中各有大蛇如數百斛船家人奔走洪範五行傳曰龍陽類貴象也上則在天下則在地不當見庶人邑里室家井中幽深之象也諸侯且有幽執之禍皇不建之咎也後侯景反果幽殺簡文于酒庫宗室王侯皆幽死

陳太建十一年正月龍見南兗州池中與梁大同十年同占未幾後主嗣位驕淫荒怠動不得中其後竟以國亡身被幽執

東魏武安元年有大蛇見武牢城是時北豫州刺史高仲密妻李氏慧而豔世子澄悅之仲密內不自安遂以武牢叛陰引西魏大戰於河陽神武爲西兵所

窘僅而獲免死者數千

後齊天保九年有龍長七八丈見齊州大堂占同大同十年時常山長廣二王權重帝不思抑損明年帝崩太子殷嗣立常山王演果廢帝爲濟南王幽而害之

河清元年龍見濟州浴堂中占同天保九年先是平秦王歸彥受昭帝遺詔立太子百年爲嗣而歸彥遂立長廣王湛是爲武成帝而廢百年爲樂陵王竟以幽死

大統四年貴鄉人伐枯木得一黃龍折脚死於孔中齊稱木德龍君象木枯龍死不祥之甚其年武成崩

武平三年龍見邯鄲井中其氣五色屬天又見汲郡佛寺涸井中占同河清元年後主竟降周後被誅

武平七年幷州招遠樓下有赤蛇與黑蛇鬬數日赤蛇死赤齊尙色黑周尙色鬬而死滅亡之象也後主任用邪佞與周師連兵於晉州之下委軍於孽臣高

阿郍肱竟啓敵人皇不建之咎也後主遂爲周師所虜
琅邪王儼壞北宮中白馬浮圖石趙時澄公所建見白蛇長數丈迴旋失所在時儼專誅失中之咎也見變不知戒以及於難
後周建德五年黑龍墜於亳州而死龍君之象黑周所尙色墜而死不祥之甚時皇太子不才帝每以爲慮直臣王軌宇文孝伯等驟請廢立帝不能用後二歲帝崩太子立虐殺齊王及孝伯等因而國亡
仁壽四年龍見代州總管府井中其龍或變爲鐵馬甲士彎弓上射之象變爲鐵馬近馬禍也彎弓上射又近射妖諸侯將有兵革之變以致幽囚也是時漢王諒潛謀逆亂故變兵戒之諒不悟遂與兵反事敗廢爲庶人幽囚數年而死

馬禍

侯景僭尊號於江南每將戰其所乘白馬長鳴蹀足者輒勝垂頭者輒不利西州之役馬臥不起景拜請且箠之竟不動近馬禍也洪範五行傳曰馬者兵象將有寇戎之事故馬爲怪景因此大敗

陳太建五年衡州馬生角洪範五行傳曰馬生角兵之象敗亡之表也是時宣帝遣吳明徹出師呂梁與周師拒連兵數歲衆軍覆沒明徹竟爲周師所虜

天保中廣宗有馬兩耳間生角如羊尾京房易傳曰天子親伐則馬生角四年契丹犯塞文宣帝親御六軍以擊之

大業四年太原廏馬死者大半帝怒遣使案問主者曰每夜廏中馬無故自驚因而致死帝令巫者視之巫者知帝將有遼東之役因希旨言曰先帝令楊素史萬歲取之將鬼兵以伐遼東也帝大悅因釋主者洪範五行傳曰逆天氣故馬多死是時帝每歲巡幸北事長城西通且末國內虛耗天戒若曰除廏馬無事巡幸帝不悟遂至亂

十一年河南扶風三郡並有馬生角長數寸與天保初同占是時帝頻歲親征高麗

義寧元年帝在江都宮龍廏馬無故而死旬日死至數百匹與大業四年同占

隋書卷二十三考證

五行志下孟讓燒豐東都市而去○各本俱無東字本紀孟讓夜入東都外郭燒豐都市而去豐下亦無東字當是衍

詩交州刺史李凱舉兵反○閣本李凱作李軌按梁書武帝紀作李凱

先是平秦王歸彥受昭帝遺詔立太子百年爲嗣○監本奉訛齊按北齊書高歸彥封平秦王

隋書卷二十三考證

珍倣宋版印

隋書卷二十四

唐太尉揚州都督監修國史上柱國趙國公臣長孫無忌等撰

志第十九

食貨

王者量地以制邑度地以居人總土地所生料山澤之利式遵行令敬授人時農商趣向各本事業書稱懋遷有無言穀貨流通咸得其所者也周官太府掌九貢九賦之法王之經用各有等差所謂取之有道用之有節故能養百官之政勖戰士之功救天災服方外活國安人之大經也爰自軒頊至于堯舜皆因其所利而勸之因其所欲而化之不奪其時不窮其力輕其征薄其賦此五帝三皇不易之教也古語曰善爲人者愛其力而成其財若使之不以道斂之如不及財盡則怨力盡則叛昔禹制九等而康歌興周人十一而頌聲作於是東周遷洛諸侯不軌魯宣初稅畝鄭產爲丘賦先王之制靡有孑遺秦氏起自西戎力正天下驅之以刑罰棄之以仁恩以大半之收長城絶於地脈以頭會之

斂屯戍窮於嶺外漢高祖承秦凋敝十五稅一中元繼武府庫彌殷世宗得之用成雄侈開邊擊胡蕭然咸罄宮宇揭於天漢巡遊跨於海表旱歲除道凶年嘗秣戶口以之減半盜賊以之公行於是譎詭賦稅異端俱起賦及童齔算至舡車光武中興聿遵前事成賦單薄足稱經遠靈帝開鴻都之牓通賣官之路公卿州郡各有等差漢之常科土貢方物帝又遣先輸中署名為導行天下賄成人受其敝自魏晉二十一帝宋齊十有五主雖用度有衆寡租賦有重輕大抵不能傾人產業道闕政亂隋文帝既平江表天下大同躬先儉約以事府帑開皇十七年戶口滋盛中外倉庫無不盈積所有賚給不踰經費京司帑屋既充積於廊廡之下高祖遂停此年正賦以賜黎元煬皇嗣守鴻基國家殷富雅愛宏翫肆情方騁初造東都窮諸巨麗帝昔居藩翰親平江左兼以梁陳曲折以就規摹曾雉踰芒浮橋跨洛金門象闕咸竦飛觀頹巖塞川構成雲綺移嶺樹以為林藪包芒山以為苑囿長城御河不計於人力運驢武馬指期於百姓天下死於役而家傷於財既而一討渾庭三駕遼澤天子親伐師兵大舉飛糧

轉秣水陸交至疆埸之所傾敗勞師之所殂殞雖復太半不歸而每年興發比屋良家之子多赴於邊陲分離哭泣之聲連響於州縣老弱耕稼不足以充飢餒婦工紡績不足以贍資裝九區之內鸞和歲動從幸宮掖常十萬人所有供須皆仰州縣租賦之外一切徵斂趣以周備不顧元元吏因割剝盜其太半遐方珍膳必供庖廚翔禽毛羽用為玩飾買以供官千倍其價人愁不堪離棄室宇長吏扣扉而達曙猛犬迎吠而終夕自燕趙跨於齊韓江淮入於襄鄧東周洛邑之地西秦隴山之右僭僞交侵盜賊充斥宮觀鞠為茂草鄉亭絕其煙火人相啖食十而四五關中癘疫炎旱傷稼代王開永豐之粟以振饑人去倉數百里老幼雲集吏在貪殘官無攸次咸資鎰貨動移旬月頓臥墟野欲返不能死人如積不可勝計雖復皇王撫運天祿有終而隋氏之亡亦由於此馬遷為平準書班固述食貨志上下數千載損益粗舉自此史官曾無概見夫厥初生人食貨為本聖王割廬井以業之通貨財以富之富而教之仁義以之興貧而為盜刑罰不能止故為食貨志用編前書之末云

晉自中原喪亂元帝寓居江左百姓之自拔南奔者並謂之僑人皆取舊壤之名僑立郡縣往往散居無有土著而江南之俗火耕水耨土地卑濕無有蓄積之資諸蠻陬俚洞霑沐王化者各隨輕重收其賧物以裨國用又嶺外酋帥因生口翡翠明珠犀象之饒雄於鄉曲者朝廷多因而署之以收其利歷宋齊梁陳皆因而不改其軍國所須雜物隨土所出臨時折課市取乃無恆法定令列州郡縣制其任土所出以爲徵賦其無貫之人不樂州縣編戶者謂之浮浪人樂輸亦無定數任量准所輸終優於正課焉都下人多爲諸王公貴人左右佃客典計衣食客之類皆無課役官品第一第二佃客無過四十戶第三品三十五戶第四品三十戶第五品二十五戶第六品二十戶第七品十五戶第八品十戶第九品五戶其佃穀皆與大家量分其典計官品第一第二置三人第三第四置二人第五第六及公府參軍殿中監監軍長史司馬部曲督關外侯材官議郎已上一人皆通在佃客數中官品第六已上幷得衣食客三人第七第八二人第九品及輿輦跡禽前驅由基彊弩司馬羽林郎殿中冗從武賁殿中

武賁持椎斧武騎武賁持鈒冗從武賁命中武賁武騎一人客皆注家籍其課丁男調布絹各二丈絲三兩綿八兩祿絹八尺祿綿三兩二分租米五石祿米二石丁女並半之男女年十六已上至六十爲丁男年十六亦半課年十八正課六十六免課女以嫁者爲丁若在室者年二十乃爲丁其男丁每歲役不過二十日又率十八人出一運丁役之其田畝稅米二斗蓋大率如此其度量斗則三斗當今一斗稱則三兩當今一兩尺則一尺二寸當今一尺其倉京都有龍首倉卽石頭津倉也臺城內倉南塘倉常平倉東西太倉東宮倉所貯總不過五十餘萬在外有豫章倉釣磯倉錢塘倉並是大貯備之處自餘諸州郡臺傳亦各有倉大抵自侯景之亂國用常褊京官文武月別唯得稟食多遙帶一郡縣官而取其祿秩焉揚徐等大州比令僕班寧桂等小州比參軍班丹陽吳郡會稽等郡同太子詹事尚書班高涼晉康等小郡三班而已大縣六班小縣兩轉方至一班品第既殊不可妄載州郡縣祿米絹布絲綿當處輸臺傳倉庫若給刺史守令等先准其所部文武人物多少由敕而裁凡如此祿秩既通所

部兵士給之其家所得蓋少諸王諸主出閤就第婚冠所須及衣裳服飾并酒米魚鮭香油紙燭等並官給之王及主壻外祿者不給解任還京仍亦公給云魏自永安之後政道陵夷寇亂實繁農商失業官有徵代皆權調於人猶不足以相資奉乃令所在迭相糾發百姓愁怨無復聊生尋而六鎮擾亂相率內徙寓食於齊晉之郊齊神武因之以成大業魏武西遷連年戰爭河洛之間又並空竭天平元年遷都於鄴出粟一百三十萬石以振貧人是時六坊之衆從武帝而西者不能萬人餘皆北徙並給常廩春秋二時賜帛以供衣服之費常調之外逐豐稔之處折絹糴粟以充國儲於諸州緣河津濟皆官倉貯積以擬漕運於滄瀛幽青四州之境傍海置鹽官以煑鹽每歲收錢軍國之資得以周贍自是之後倉廩充實雖有水旱凶饑之處皆仰開倉以振之元象興和之中頻歲大穰穀斛至九錢是時法網寬弛百姓多離舊居闕於徭賦神武乃命孫騰高隆之分括無籍之戶得六十餘萬於是僑居者各勒還本屬是後租調之入有加焉及文襄嗣業侯景背叛河南之地困於兵革尋而侯景亂梁乃命行臺

辛術略有淮南之地其新附州郡羈縻輕稅而已及文宣受禪多所創革六坊之內徙者更加簡練每一人必當百人任其臨陣必死然後取之謂之百保鮮卑又簡華人之勇力絕倫者謂之勇夫以備邊要始立九等之戶富者稅其錢貧者役其力北興長城之役南有金陵之戰其後南征諸將頻歲陷沒士馬死者以數十萬計重以修創臺殿所役甚廣而帝刑罰酷濫吏道因而成姦豪黨兼幷戶口益多隱漏舊制未娶者輸半牀租調陽翟一郡戶至數萬籍多無妻有司劾之帝以爲生事由是姦欺尤甚戶口租調十亡六七是時用度轉廣賜與無節府藏之積不足以供乃減百官之祿撤軍人常廩併省州郡縣鎮戍之職又制刺史守宰行兼者並不給幹以節國之費用焉天保八年議徙冀定瀛無田之人謂之樂遷於幽州范陽寬鄉以處之百姓驚擾屬以頻歲不熟米糴踊貴矣廢帝乾明中尚書左丞蘇珍芝議修石鼈等屯歲收數萬石自是淮南軍防糧廩充足孝昭皇建中平州刺史稽曄建議開幽州督亢舊陂長城左右營屯歲收稻粟數十萬石北境得以周贍又於河內置懷義等屯以給河南之

費自是稍止轉輸之勞至河清三年定令乃命人居十家爲比鄰五十家爲閭里百家爲族黨男子十八以上六十五以下爲丁十六已上十七已下爲中六十六已上爲老十五已下爲小率以十八受田輸租調二十充兵六十免力役六十六退田免租調京城四面諸坊之外三十里內爲公田受公田者三縣代遷內執事官一品已下逮于羽林武賁各有差其外畿郡華人官第一品已下羽林武賁已上各有差職事及百姓請墾田者名爲受田奴婢受田者親王止三百人嗣王止二百人第二品嗣王已下及庶姓王止一百五十人正三品已上及王宗止一百人七品已上限止八十人八品已下至庶人限止六十人奴婢限外不給田者皆不輸其方百里外及州人一夫受露田八十畝婦四十畝奴婢依良人限數與在京百官同丁牛一頭受田六十畝限止四年又每丁給永業二十畝爲桑田其中種桑五十根榆三根棗五根不在還受之限非此田者悉入還受之分土不宜桑者給麻田如桑田法率人一牀調絹一疋綿八兩凡十斤綿中折一斤作絲墾租二石義租五斗奴婢各准良人之半牛調二尺

一 珍倣宋版印

墾租一斗義租五升墾租送臺義租納郡以備水旱墾租皆依貧富爲三梟其賦税常調則少者直出上戶中者及中戶多者及下戶上梟輸遠處中梟輸次遠下梟輸當州倉三年一校焉租入臺者五百里內輸粟五百里外輸米入州鎭者輸粟人欲輸錢者准上絹收錢諸州郡皆別置富人倉初立之日准所領中下戶口數得支一年之糧逐當州穀價賤時斟量割當年義租充入穀貴下價糶之賤則還用所糶之物依價糴貯每歲春月各依鄉土早晚課入農桑自春及秋男二十五已上皆布田畝桑蠶之月婦女十五已上皆營蠶桑孟冬刺史聽審邦教之優劣定殿最之科品人有人力無牛或有牛無力者須令相便皆得納種使地無遺利人無遊手焉緣邊城守之地堪墾食者皆營屯田置都使子使以統之一子使當田五十頃歲終考其所入以論褒貶是時頻歲大水州郡多遇沉溺穀價騰踊朝廷遣使開倉從貴價以糶之而百姓無益饑饉尤甚重以疾疫相乘死者十四五焉至大統中又毀東宮造修文偃武隆基嬪嬙諸院起玳瑁樓又於遊豫園穿池周以列館中起三山構臺以象滄海并大修

佛寺勞役鉅萬計財用不給乃減朝士之祿斷諸曹糧膳及九州軍人常賜以供之武平之後權幸並進賜與無限加之旱蝗國用轉屈乃料境內六等富人調令出錢而給事黃門侍郎顏之推奏請立關市邸店之稅開府鄧長顒贊成之後主大悅於是以其所入以供御府聲色之費軍國之用不豫焉未幾而亡

後周太祖作相創制六官載師掌任土之法辨夫家田里之數會六畜車乘之稽審賦役斂弛之節制畿疆修廣之域頒施惠之要審牧產之政司均掌田里之政令凡人口十已上宅五畝口九以上宅四畝五口已下宅二畝有室者田百四十畝丁者田百畝司賦掌功賦之政令凡人自十八以至六十有四與輕癃者皆賦之其賦之法有室者歲不過絹一疋綿八兩粟五斛丁者半之其非桑土有室者布一疋麻十斤丁者又半之豐年則全賦中年半之下年三之皆以時徵焉若艱凶札則不徵其賦司役掌力役之政令凡人自十八以至五十有九皆任於役豐年不過三旬中年則二旬下年則一旬凡起徒役無過家一人其人有年八十者一子不從役百年者家不從役廢疾非人不養者一不從

役若凶札又無力征掌鹽掌四鹽之政令一曰散鹽煑海以成之二曰盬鹽引池以化之三曰形鹽物地以出之四曰飴鹽於戎以取之凡盬鹽形鹽每地爲之禁百姓取之皆稅焉司倉掌辨九穀之物以量國用國用足卽蓄其餘以待凶荒不足則止餘用足則以粟貸人春頒之秋斂之

閔帝元年初除市門稅及宣帝卽位復興人市之稅武帝保定元年改八丁兵爲十二丁兵率歲一月役建德二年改軍士爲侍官募百姓充之除其縣籍是後夏人半爲兵矣宣帝時發山東諸州增一月功爲四十五日役以起洛陽宮幷移相州六府於洛陽稱東京六府

武帝保定二年正月初於蒲州開河渠同州開龍首渠以廣溉灌高祖登庸罷東京之役除入市之稅是時尉迥王謙司馬消難相次叛逆興師誅討賞費鉅萬及受禪又遷都發山東丁毀造宮室仍依周制役丁爲十二番匠則六番及頒新令制人五家爲保保有長保五爲閭閭四爲族皆有正畿外置里正比閭正黨長比族正以相檢察焉男女三歲已下爲黃十歲已下爲小十七已下爲

中十八已上爲丁丁從課役六十爲老乃免自諸王已下至于都督皆給永業田各有差多者至一百頃少者至四十畝其丁男中男永業露田皆遵後齊之制並課樹以桑榆及棗其園宅率三口給一畝奴婢則五口給一畝丁男一牀租粟三石桑土調以絹絁麻土以布絹絁以疋加綿三兩布以端加麻三斤單丁及僕隸各半之未受地者皆不課有品爵及孝子順孫義夫節婦並免課役京官又給職分田一品者給田五頃每品以五十畝爲差至五品則爲田三頃六品二頃五十畝其下每品以五十畝爲差至九品爲一頃外官亦各有職分田又給公廨田以供公用

開皇三年正月帝入新宮初令軍人以二十一成丁減十二番每歲爲二十日役減調絹一疋爲二丈先是尚依周末之弊官置酒坊收利鹽池鹽井皆禁百姓採用至是罷酒坊通鹽池鹽井與百姓共之遠近大悅是時突厥犯塞吐谷渾寇邊軍旅數起轉輸勞敝帝乃令朔州總管趙仲卿於長城以北大興屯田以實塞下又於河西勒百姓立堡營田積穀京師置常平監是時山東尚承齊

俗機巧姦僞避役惰遊者十六七四方疲人或詐老詐小規免租賦高祖令州縣大索貌閱戶口不實者正長遠配而又開相糾之科大功已下兼令析籍各爲戶頭以防容隱於是計帳進四十四萬三千丁新附一百六十四萬一千五百口高熲又以人間課輸雖有定分年常徵納除注恆多長吏肆情文帳出沒復無定簿難以推校乃爲輸籍定樣請徧下諸州每年正月五日縣令巡人各隨便近五黨三黨共爲一團依樣定戶上下帝從之自是姦無所容矣時百姓承平日久雖數遭水旱而戶口歲增諸州調物每歲河南自潼關河北自蒲坂達于京師相屬於路晝夜不絕者數月帝既躬履儉約六宮咸服澣濯之衣乘輿供御有故敝者隨令補用皆不改作非享燕之事所食不過一肉而已有司嘗進乾薑以布袋貯之帝用爲傷費大加譴責後進香復以氈袋因笞所司以爲後誡焉由是內外率職府帑充實百官祿賜及賞功臣皆出於豐厚焉九年陳平帝親御朱雀門勞凱旋師因行慶賞自門外夾道列牛帛之積達于南郭以次頒給所費三百餘萬段帝以江表初定給復十年自餘諸州並免當年租

賦十年五月又以宇內無事益寬徭賦百姓年五十者輸庸停防十一年江南又反越國公楊素討平之師還賜物甚廣其餘出師命賞亦莫不優隆十二年有司上言庫藏皆滿帝曰朕既薄賦於人又大經賜用何得爾也對曰用處常出納處常入略計每年賜用至數百萬段曾無減損於是乃更闢左藏之院構屋以受之下詔曰既富而教方知廉恥寧積於人無藏府庫河北河東今年田租三分減一兵減半功調全免時天下戶口歲增京輔及三河地少而人衆衣食不給議者咸欲徙就寬鄉其年冬帝命諸州考使議之又令尚書以其事策問四方貢士竟無長算帝乃發使四出均天下之田其狹鄉每丁纔至二十畝老小又少焉十三年帝命楊素出於岐州北造仁壽宮素遂夷山堙谷營構觀宇崇臺累榭宛轉相屬役使嚴急丁夫多死疲敝顛仆者推填坑坎覆以土石因而築爲平地死者以萬數宮成帝行幸焉方暑月而死人相次於道素乃一切焚除之帝頗知其事甚不悅及入新宮遊觀乃喜又謂素爲忠後帝以歲暮晚日登仁壽殿周望原隰見宮外燐火彌漫又聞哭聲令左右觀之報曰鬼火

帝曰此等工役而死既屬年暮魂魄思歸耶乃令灑酒宣敕以呪遣之自是乃息

開皇三年朝廷以京師倉廩尙虛議爲水旱之備於是詔於蒲陝虢熊伊洛鄭懷邵衞汴許汝等水次十三州置募運米丁又於衞州置黎陽倉洛州置河陽倉陝州置常平倉華州置廣通倉轉相灌注漕關東及汾晉之粟以給京師又遣倉部侍郎韋瓚向蒲陝以東募人能於洛陽運米四十石經砥柱之險達于常平者免其征戍其後以渭水多沙流有深淺漕者苦之四年詔曰京邑所居五方輻湊重關四塞水陸艱難大河之流波瀾東注百川海瀆萬里交通雖三門之下或有危慮若發自小平陸運至陝還從河水入於渭川兼及上流控引汾晉舟車來去爲益殊廣而渭川水力大小無常流淺沙深卽成阻閡計其途路數百而已動移氣序不能往復汎舟之役人亦勞止朕君臨區宇興利除害公私之弊情甚愍之故東發潼關西引渭水因藉人力開通漕渠量事程功易可成就已令工匠巡歷渠道觀地理之宜審終久之義一得開鑿萬代無毀可

使官及私家方舟巨舫晨昏漕運沿泝不停旬日之功堪省億萬誠知時當炎暑動致殷勤然不有暫勞安能永逸宣告人庶知朕意焉於是命宇文愷率水工鑿渠引渭水自大興城東至潼關三百餘里名曰廣通渠轉運通利關內賴之諸州水旱凶饑之處亦便開倉賑給五年五月工部尚書襄陽縣公長孫平奏曰古者三年耕而餘一年之積九年作而有三年之儲雖水旱爲災而人無菜色皆由勸導有方蓄積先備故也去年亢陽關內不熟陛下哀愍黎元甚於赤子運山東之粟置常平之官開發倉廩普加賑賜少食之人莫不豐足鴻恩大德前古未比其強宗富室家道有餘者皆競出私財遞相賙贍此乃風行草偃從化而然但經國之理須存定式於是奏令諸州百姓及軍人勸課當社共立義倉收穫之日隨其所得勸課出粟及麥於當社造倉窖貯之即委社司執帳檢校每年收積勿使損敗若時或不熟當社有饑饉者即以此穀賑給自是諸州儲峙委積其後關中連年大旱而青兗汴許曹亳陳仁譙豫鄭洛伊頛邳等州大水百姓饑饉高祖乃命蘇威等分道開倉賑給又命司農丞王亶發廣

通之粟三百餘萬石以拯關中又發故城中周代舊粟賤糶與人買牛驢六千餘頭分給尤貧者令往關東就食其遭水旱之州皆免其年租賦十四年關中大旱人饑上幸洛陽因令百姓就食從官並准見口賑給不以官位爲限明年東巡狩因祠泰山是時義倉貯在人間多有費損十五年二月詔曰本置義倉止防水旱百姓之徒不思久計輕爾費損於後乏絕又北境諸州異於餘處雲夏長靈鹽蘭豐鄯涼甘瓜等州所有義倉雜種並納本州若人有旱儉少糧先給雜種及遠年粟十六年正月又詔秦疊成康武文芳宕旭洮岷渭紀河廓豳隴涇寧原敷丹延綏銀扶等州社倉並於當縣安置二月又詔社倉准上中下三等稅上戶不過一石中戶不過七斗下戶不過四斗其後山東頻年霖雨杞宋陳亳曹戴譙潁等諸州達于滄海皆困水災所在沉溺十八年天子遣使將水工巡行川源相視高下發隨近丁以疏導之困乏者開倉賑給前後用穀五百餘石遭水之處租調皆免自是頻有年矣

開皇八年五月高熲奏諸州無課調處及課州管戶數少者官人祿力乘前已

來恆出隨近之州但判官本爲牧人役力理出所部請於所管戶內計戶徵稅帝從之先是京官及諸州並給公廨錢迴易取利以給公用至十四年六月工部尚書安平郡公蘇孝慈等以爲所在官司因循往昔以公廨錢物出舉興生唯利是求煩擾百姓敗損風俗莫斯之甚於是奏皆給地以營農迴易取利一皆禁止十七年十一月詔在京及在外諸司公廨在市迴易及諸處興生並聽之唯禁出舉收利云

煬帝卽位是時戶口益多府庫盈溢乃除婦人及奴婢部曲之課男子以二十二成丁始建東都以尚書令楊素爲營作大監每月役丁二百萬人徙洛州郭內人及天下諸州富商大賈數萬家以實之新置興洛及迴洛倉又於阜澗營顯仁宮苑囿連接北至新安南及飛山西至澠池周圍數百里課天下諸州各貢草木花果奇禽異獸於其中開渠引穀洛水自苑西入而東注于洛又自板渚引河達于淮海謂之御河河畔築御道樹以柳又命黃門侍郎王弘上儀同於土澄往江南諸州採大木引至東都所經州縣遞送往返首尾相屬不絕者

千里而東都役使促迫僵仆而斃者十四五焉每月載死丁東至城皐北至河陽車相望於道時帝將事遼碣增置軍府掃地爲兵自是租賦之入益減矣又造龍舟鳳艒黃龍赤艦樓船篾舫募諸水工謂之殿脚衣錦行幐執青絲纜挽船以幸江都帝御龍舟文武官五品已上給樓船九品已上給黃篾舫舳艫相接二百餘里所經州縣並令供頓獻食豐辦者加官爵闕乏者譴至死又盛修車輿輦輅旌旗羽儀之飾課天下州縣凡骨角齒牙皮革毛羽可飾器用堪爲氅毦者皆責焉徵發倉卒朝命夕辦百姓求捕網罟徧野水陸禽獸殆盡猶不能給而買於豪富蓄積之家其價騰踊是歲翟雉尾一直十縑白鷺鮮半之乃使屯田主事常駿使赤土國致羅刹又使朝請大夫張鎮州擊流求俘虜數萬士卒深入蒙犯瘴癘餒疾而死者十八九又以西域多諸寶物令裴矩往張掖監諸商胡互市啖之以利勸令入朝自是西域諸蕃往來相繼所經州郡疲於送迎糜費以萬萬計明年帝北巡狩又興衆百萬北築長城西距榆林東至紫河綿亘千餘里死者太半四年發河北諸郡百餘萬衆引沁水南達於河北通

涿郡自是以丁男不供始以婦人從役五年西巡河右西域諸胡佩金玉被錦罽焚香奏樂迎候道左帝乃令武威張掖士女盛飾縱觀衣服車馬不鮮者州縣督課以誇示之其年帝親征吐谷渾破之於赤水慕容佛允委其家屬西奔青海帝駐兵不出遇天霖雨經大斗拔谷士卒死者十二三焉馬驢十八九於是置河源郡積石鎮又於西域之地置西海鄯善且末等郡讁天下罪人配爲戍卒大開屯田發西方諸郡運糧以給之道里懸遠兼遇寇抄死亡相續六年將征高麗有司奏兵馬已多損耗詔又課天下富人量其貲產出錢市武馬填元數限令取足復點兵具器仗皆令精新濫惡則使人便斬於是馬匹至十萬七年冬大會涿郡分江淮南兵配驍衛大將軍來護兒別以舟師濟滄海舳艫數百里並載軍糧期與大兵會平壤是歲山東河南大水漂沒四十餘郡重以遼東覆敗死者數十萬因屬疫疾山東尤甚所在皆以徵斂供帳軍旅所資爲務百姓雖困而弗之恤也每急徭卒賦有所徵求長吏必先賤買之然後宣下乃貴賣與人旦暮之間價盈數倍裒刻徵斂取辦一時彊者聚而爲盜弱者自

賣爲奴婢九年詔又課關中富人計其資產出驢往伊吾河源且末運糧多者至數百頭每頭價至萬餘又發諸州丁分爲四番於遼西柳城營屯往來艱苦生業盡罄盜賊四起道路隔絕隴右牧馬盡爲奴賊所掠楊玄感乘虛爲亂時帝在遼東聞之遽歸于高陽郡及玄感平帝謂侍臣曰玄感一呼而從者如市益知天下人不欲多多則爲賊不盡誅後無以示勸乃令裴蘊窮其黨與詔郡縣坑殺之死者不可勝數所在驚駭舉天下之人十分九爲盜賊皆盜武馬始作長槍攻陷城邑帝又命郡縣置督捕以討賊益遣募人征遼馬少不充八馱而許爲六馱又不足聽半以驢充在路逃者相繼執獲皆斬之而莫能止帝不懌遇高麗執送叛臣斛斯政遣使求降發詔赦之囚政至于京師於開遠門外磔而射殺之遂幸太原爲突厥圍於鴈門突厥尋散遽還洛陽募益驍果以充舊數是時百姓廢業屯集城堡無以自給然所在倉庫猶大充牣吏皆懼法莫肯賑救由是益困初皆剝樹皮以食之漸及於葉皮葉皆盡乃煑土或擣藁爲末而食之其後人乃相食十二年帝幸江都是時李密據洛口倉聚衆百萬越

王侗與段達等守東都東都城內糧盡布帛山積乃以絹爲汲綆然布以爨代
王侑與衛玄守京師百姓饑饉亦不能救義師入長安發永豐倉以振之百姓
方蘇息矣
晉自過江凡貨賣奴婢馬牛田宅有文券率錢一萬輸估四百入官賣者三百
買者一百無文券者隨物所堪亦百分收四名爲散估歷宋齊梁陳如此以爲
常以此人競商販不爲田業故使均輸欲爲懲勵雖以此爲辭其實利在侵削
又都西有石頭津東有方山津各置津主一人賊曹一人直水五人以檢察禁
物及亡叛者其荻炭魚薪之類過津者並十分稅一以入官其東路無禁貨故
方山津檢察甚簡淮水北有大市百餘小市十餘所大市備置官司稅斂既重
時甚苦之
梁初唯京師及三吳荊郢江湘梁益用錢其餘州郡則雜以穀帛交易交廣之
域全以金銀爲貨武帝乃鑄錢肉好周郭文曰五銖重如其文而又別鑄除其
肉郭謂之女錢二品並行百姓或私以古錢交易有直百五銖五銖女錢太平

百錢定平一百五銖雜錢五銖對文等號輕重不一天子頻下詔書非新鑄二種之錢並不許用而趣利之徒私用轉甚至普通中乃議盡罷銅錢更鑄鐵錢人以鐵賤易得並皆私鑄及大同已後所在鐵錢遂如丘山物價騰貴交易者以車載錢不復計數而唯論貫商旅姦詐因之以求利自破嶺以東八十爲百名曰東錢江郢已上七十爲百名曰西錢京師以九十爲百名曰長錢中大同元年天子乃詔通用足陌詔下而人不從錢陌益少至于末年遂以三十五爲百云

陳初承梁喪亂之後鐵錢不行始梁末又有兩柱錢及鵝眼錢于時人雜用其價同但兩柱重而鵝眼輕私家多鎔錢又間以錫鐵兼以粟帛爲貨至文帝天嘉五年改鑄五銖初出一當鵝眼之十宣帝大建十一年又鑄大貨六銖以一當五銖之十與五銖並行後還當一人皆不便乃相與訛言曰六銖錢有不利縣官之象未幾而帝崩遂廢六銖而行五銖竟至陳亡其嶺南諸州多以鹽米布交易俱不用錢云

齊神武霸政之初承魏猶用永安五銖遷鄴已後百姓私鑄體制漸別遂各以為名有雍州青赤梁州生厚緊錢吉錢河陽生澀天柱赤牽之稱冀州之北錢皆不行交貿者皆絹布神武帝乃收境內之銅及錢仍依舊文更鑄流之四境未幾之間漸復細薄姦偽競起文宣受禪除永安之錢改鑄常平五銖重如其文其錢甚貴且制造甚精至乾明皇建之間往往私鑄鄴中用錢有赤熟青熟細眉赤生之異河南所用有青薄鉛錫之別青齊徐兗梁豫州輩類各殊武平已後私鑄轉甚或以生鐵和銅至于齊亡卒不能禁後周之初尚用魏錢及武帝保定元年七月乃更鑄布泉之錢以一當五與五銖並行時梁益之境又雜用古錢交易河西諸郡或用西域金銀之錢而官不禁建德三年六月更鑄五行大布錢以一當十大收商估之利與布泉錢並行四年七月又以邊境之上人多盜鑄乃禁五行大布不得出入四關布泉之錢聽入而不聽出五年正月以布泉漸賤而人不用遂廢之初令私鑄者絞從者遠配為戶齊平已後山東之人猶雜用齊氏舊錢至宣帝大象元年十一月又鑄永通萬國錢以一當十

與五行大布及五銖凡三品並用高祖既受周禪以天下錢貨輕重不等乃更鑄新錢背面肉好皆有周郭文曰五銖而重如其文每錢一千重四斤二兩是時錢既新出百姓或私有鎔鑄三年四月詔四面諸關各付百錢爲樣從關外來勘樣相似然後得過樣不同者卽壞以爲銅入官詔行新錢已後前代舊錢有五行大布永通萬國及齊常平所在用以貿易不止四年詔仍依舊不禁者縣令奪半年祿然百姓習用既久尙猶不絕五年正月詔又嚴其制自是錢貨始一所在流布百姓便之是時見用之錢皆須和以錫鑞錫鑞既賤求利者多私鑄之錢不可禁約其年詔乃禁出錫鑞之處並不得私有採取十年詔晉王廣聽於揚州立五鑪鑄錢其後姦狡稍漸磨鑢錢郭取銅私鑄又雜以錫錢遞相放效錢遂輕薄乃下惡賤之禁京師及諸州邸肆之上皆令立榜置樣爲准不中樣者不入於市十八年詔漢王諒聽於幷州立五鑪鑄錢是時江南人間錢少晉王廣又聽於鄂州白紵山有銅鉚處錮銅鑄錢於是詔聽置十鑪鑄錢又詔蜀王秀聽於益州立五鑪鑄錢是時錢益濫惡乃令有司括天下邸肆見

錢非官鑄者皆毀之其銅入官而京師以惡錢貿易爲吏所執有死者數年之間私鑄頗息大業已後王綱弛紊巨姦大猾遂多私鑄錢轉薄惡初每千猶重二斤後漸輕至一斤或翦鐵鍱裁皮糊紙以爲錢相雜用之貨賤物貴以至於亡

隋書卷二十四

隋書卷二十四考證

食貨志汎舟之役○監本汎作操閣本作汎按左傳秦輸粟於晉自雍及絳相

繼命之曰汎舟之役

又造龍舟鳳艒○舊本艒訛䑺按通雅艒取其寬容平榻即艎屬王濬造連舫

方百二十步開四門得馳馬亦艒類

隋書卷二十四考證

隋書卷二十五

唐太尉揚州都督監修國史上柱國趙國公臣長孫無忌等撰

志第二十

刑法

夫刑者制死生之命詳善惡之源翦亂除暴禁人爲非者也聖王仰視法星旁觀習坎彌縫五氣取則四時莫不先春風以播恩後秋霜而動憲是以宣慈惠愛導其萌芽刑罰威怒隨其肅殺仁恩以爲情性禮義以爲綱紀養化以爲本明刑以爲助上有道刑之而無刑上無道殺之而不勝也記曰教之以德齊之以禮則人有格心教之以政齊之以刑則人有遯心而始乎勸善終乎禁暴以此字人必兼刑罰至於時逢交泰政稱忠厚美化與車軌攸同至仁與嘉祥間出歲布平典年垂簡憲昭然如日月望之者不迷曠乎如大路行之者不惑刑者甲兵焉鈇鉞焉刀鋸鑽鑿鞭扑夏楚陳乎原野而肆諸市朝其所由來亦已久矣若夫龍官之歲鳳紀之前結繩而不違不令而人畏五帝畫象殊其衣服

三王肉刑刻其膚體若重華之眚災肆赦文命之刑罰三千而都君卹刑尚奉
唐堯之德高密泣罪猶懷虞舜之心殷因以降去德茲遠若紂能遵成湯不造
炮烙設刑兼禮守位依仁則西伯斂轡化爲田叟周王立三刺以不濫弘三宥
以開物成康以四十二年之間刑厝不用薰風潛暢頌聲遐舉越裳重譯萬里
來歸若乃魯接燕齊荊鄰鄭晉時之所尚資乎辯舌國之所恃不在威刑是以
纔鼓夷蒐宣尼致誚既鑄刑辟叔向貽書夫勃澥之浸沾濡千里列國之政豈
周之膏潤者歟秦氏僻自西戎初平區夏于時投戈棄甲仰恩祈惠乃落嚴霜
於政教揮流電於邦國棄灰偶語生愁怨於前毒網凝科害肌膚於後玄鉞肆
於朝市赭服飄於路衢將閭有一劍之哀茅焦請列星之數漢高祖初以三章
之約以慰秦人孝文躬親玄默遂疏天網孝宣樞機周密法理詳備選于定國
爲廷尉黃霸以爲廷平每以季秋之後諸所請讞帝常幸宣室齋居決事明察
平恕號爲寬簡光武中興不移其舊是以二漢羣后罕聞殘酷魏武造易鈦之
科明皇施減死之令中原凋敝吳蜀三分哀矜折獄亦所未暇晉氏平吳九州

寧一乃命賈充大明刑憲內以平章百姓外以和協萬邦寔曰輕平稱爲簡易是以宋齊方駕轔其餘軌若乃刑隨喜怒道睽正直布憲擬於秋荼設網踰於朝脛恣與夷翦取快情靈若隋高祖之揮刃無辜齊文宣之輕刀臠割此謂匹夫私讐非關國典孔子曰刑亂及諸政政亂及諸身心之所詣則善惡之本原也彪約所製無刑法篇臧蕭之書又多漏略是以撮其遺事以至隋氏附于篇云

梁武帝承齊昏虐之餘刑政多僻既卽位乃制權典依周漢舊事有罪者贖其科凡在官身犯罰金鞭杖杖督之罪悉入贖停罰其臺省令史士卒欲贖者聽之時欲議定律令得齊時舊郎濟陽蔡法度家傳律學云齊武時刪定郎王植之集注張杜舊律合爲一書凡一千五百三十條事未施行其文殆滅法度能言之於是以爲兼尚書刪定郎使損益植之舊本以爲梁律天監元年八月乃下詔曰律令不一實難去弊殺傷有法昏墨有刑此蓋常科易爲條例至如三男一妻懸首造獄事非慮內法出恒鈞前王之律後王之令因循創附良各有

以若遊辭費句無取於實錄者宜悉除之求文指歸可適變者載一家爲本用衆家以附景丁俱有則去丁以存景若景丁二事注釋不同則二家兼載咸使百司議其可不取其可安以爲標例宜云某等如干人同議以此爲長則定以爲梁律留尚書比部悉使備文若班下州郡止撮機要可無二門侮法之弊法度又請曰魏晉撰律止關數人今若皆諮列位恐緩而無決於是以尚書令王亮侍中王瑩尚書僕射沈約吏部尚書范雲長兼侍中柳惲給事黃門侍郎傅昭通直散騎常侍孔藹御史中丞樂藹太常丞許懋等參議斷定定爲二十篇一曰刑名二曰法例三曰盜劫四曰賊叛五曰詐僞六曰受賕七曰告劾八曰討捕九曰繫訊十曰斷獄十一曰雜十二曰戶十三曰擅興十四曰毀亡十五曰衞宮十六曰水火十七曰倉庫十八曰廐十九曰關市二十曰違制其制刑爲十五等之差棄市已上爲死罪大罪梟其首其次棄市刑二歲已上爲耐罪言各隨伎能而任使之也有髡鉗五歲刑笞二百收贖絹男子六十疋又有四歲刑男子四十八疋又有三歲刑男子三十六疋又有二歲刑男子二十四疋

罰金一兩已上爲贖罪贖死者金二斤男子十六疋贖髡鉗五歲刑笞二百者金一斤十二兩男子十四疋贖四歲刑者金一斤八兩男子十二疋贖三歲刑者金一斤四兩男子十疋贖二歲刑者金一斤男子八疋罰金十二兩者男子六疋罰金八兩者男子四疋罰金四兩者男子二疋罰金二兩者男子一疋罰金一兩者男子二丈女子各半之五刑不簡正于五罰五罰不服正于五過以贖論故爲此十五等之差又制九等之差有一歲刑半歲刑百日刑鞭杖二百鞭杖一百鞭杖五十鞭杖三十鞭杖二十鞭杖一十有八等之差一曰免官加杖督一百二曰免官三曰奪勞百日杖督一百四曰杖督一百五曰杖督五十六曰杖督三十七曰杖督二十八曰杖督一十論加者上就次當減者下就次凡繫獄者不即答款應加測罰不得以人士爲隔若人士犯罰違扞不款宜測罰者先參議牒啓然後科行斷食三日聽家人進粥二升女及老小一百五十刻乃與粥滿千刻而止因有械杻升械及鉗並立輕重大小之差而爲定制其鞭有制鞭法鞭常鞭凡三等之差制鞭生革廉成法鞭生革去廉常鞭熟靼不

去廉皆作鶴頭紐長一尺一寸梢長二尺七寸廣三寸鞭長二尺五寸杖皆用生荆長六尺有大杖法杖小杖三等之差大杖大頭圍一寸三分小頭圍八分半法杖圍一寸三分小頭五分小杖圍一寸一分小頭極杪諸督罰大罪無過五十三十小者二十當笞二百以上者笞半餘半後決中分鞭杖老小於律令當得鞭杖罰者皆半之其應得法鞭杖者以熟靻鞭小杖過五十者稍行之將吏已上及女人應有罰者以罰金代之其以職員應罰及律令指名制罰者不用此令其問事諸罰皆用熟靻鞭小杖其制鞭制杖法鞭法杖自非特詔皆不得用詔鞭杖在京師者皆於雲龍門行女子懷孕者勿得決罰其謀反降叛大逆已上皆斬父子同產男無少長皆棄市母妻姊妹及應從坐棄市者妻子女妾同補奚官為奴婢貲財沒官劫身皆斬妻子補兵遇赦降死者黵面為劫字髡鉗補冶鎖士終身其下又讁運配材官冶士尚方鎖士皆以輕重差其年數其重者或終身士人有禁錮之科亦有輕重為差其犯清議則終身不齒耐罪囚八十已上十歲已下及孕者盲者侏儒當械繫者及郡國太守相都尉關中

侯以上亭侯已上之父母妻子及所生坐非死罪除名之罪二千石已上非檻徵者並須繫之丹陽尹月一詣建康縣令三官參共錄獄察斷枉直其尚書當錄入之月者與尚書參共錄之大凡定罪二千五百二十九條二年四月癸卯法度表上新律又上令三十卷科三十卷帝乃以法度守廷尉卿詔班新律於天下三年八月建康女子任提女坐誘口當死其子景慈對鞫辭云母實行此是時法官虞僧虯啓稱案子之事親有隱無犯直躬證父仲尼爲非景慈素無防閑之道死有明目之據陷親極刑傷和損俗凡乞鞫不審降罪一等豈得避五歲之刑忽死母之命景慈宜加罪辟詔流于交州至是復有徒流之罪其年十月甲子詔以金作權典宜在蠲息於是除贖罪之科武帝敦睦九族優借朝士有犯罪者皆諷羣下屈法申之百姓有罪皆案之以法其緣坐則老幼不免一人亡逃則舉家質作人既窮急姦宄益深後帝親謁南郊秣陵老人遮帝曰陛下爲法急於黎庶緩於權貴非長久之術誠能反是天下幸甚帝於是思有以寬之舊獄法夫有罪逮妻子子有罪逮父母十一年正月壬辰乃下詔曰自

今捕讁之家及罪應質作若年有老小者可停將送十四年又除黥面之刑帝銳意儒雅踈簡刑法自公卿大臣咸不以鞫獄留意姦吏招權巧文弄法貨賄成市多致枉濫大率二歲刑已上歲至五千人是時徒居作者具五任其無任者著升械若疾病權解之是後因徒或有優劇大同中皇太子在春宮視事見而愍之乃上疏曰臣以比時奉勅權親京師雜事切見南北郊壇材官車府太官下省左裝等處上啓並請四五歲已下輕囚助充使役自有刑均罪等愆目不異而甲付錢署乙配郊壇錢署三所於辛爲劇郊壇六處在役則優今聽獄官詳其可否舞文之路自此而生公平難遇其人流泉易啓其齒將恐玉科重輕全關墨綬金書去取更由丹筆愚謂宜詳立條制以爲永准帝手敕報曰頃年已來處處之役唯資徒讁逐急充配若科制繁細義同簡約切須之處終不可得引例與訟紛紜方始防杜姦巧自是爲難更當別思取其便也竟弗之從是時王侯子弟皆長而驕蹇不法武帝年老厭於萬機又專精佛戒每斷重罪則終日弗懌嘗遊南苑臨川王宏伏人於橋下將欲爲逆事覺有司請誅之帝

但泣而讓曰我人才十倍於爾處此恆懷戰懼爾何爲者我豈不能行周公之事念汝愚故也免所居官頃之還復本職由是王侯驕橫轉甚或白日殺人於都街劫賊亡命咸於王家自匿薄暮塵起則剝掠行路謂之打稽武帝深知其弊而難於誅討十一年十月復開贖罪之科中大同元年七月甲子詔自今犯罪非大逆父母祖父母勿坐自是禁網漸疎百姓安之而貴戚之家不法尤甚矣尋而侯景逆亂及元帝即位懲前政之寬且帝素苛刻及周師至獄中死囚且數千人有司請皆釋之以充戰士帝不許並令棒殺之事未行而城陷敬帝即位刑政適陳矣

陳氏承梁季喪亂刑典踈闊及武帝即位思革其弊乃下詔曰朕聞唐虞道盛設畫象而不犯夏商德衰雖孥戮其未備洎乎末代綱目滋繁矧屬亂離憲章遺紊朕始膺寶曆思廣政樞外可搜舉良才刪改科令羣僚博議務存平簡於是稍求得梁時明法吏令與尚書刪定郎范泉參定律令又勑尚書僕射沈欽吏部尚書徐陵兼尚書左丞宗元饒兼尚書左丞賀朗參知其事制律三十卷

令律四十卷採酌前代條流冗雜綱目雖多博而非要其制唯重清議禁錮之科若縉紳之族犯虧名教不孝及內亂者發詔弃之終身不齒先與士人爲婚者許妻家奪之其獲賊帥及士人惡逆免死付治聽將妻入役不爲年數又存贖罪之律復父母緣坐之刑自餘篇目條綱輕重簡繁一用梁法其有贓驗顯然而不款則上測立立測者以土爲垛高一尺上圓劣容囚兩足立鞭二十笞三十訖著兩械及杻上垛一上測七刻日再上三七日上測七日一行鞭凡經杖合一百五十得度不承者免死其髡鞭五歲刑降死一等鎖二重其五歲刑已下並鎖一重五歲四歲刑若有官准當二年餘並居作其三歲刑若有官准當二年餘一年贖若公坐過誤罰金其二歲刑有官者贖論一歲刑無官亦贖論寒庶人准決鞭杖囚並著械徒並著鎖不計階品死罪將決乘露車著三械加壺手至市脫手械及壺手焉當刑於市者夜須明雨須晴晦朔八節六齋月在張心日並不得行刑廷尉寺爲北獄建康縣爲南獄並置正監平又制常以三月侍中吏部尚書尚書三公郎部都令史三公錄冤局令御史中丞侍御史

蘭臺令史親行京師諸獄及冶署理察囚徒寃枉文帝性明察留心刑政親覽獄訟督責羣下政號嚴明是時承寬政之後功臣貴戚有非法帝咸以法繩之頗號峻刻及宣帝卽位優借文武之士崇簡易之政上下便之其後政令旣寬刑法不立又以連年北伐疲人聚爲劫盜矣後主卽位信任讒邪羣下縱恣鬻獄成市賞罰之命不出于外後主性猜忍疾忌威令不行左右有忤意者動至夷戮百姓怨叛以至於滅

齊神武文襄並由魏相尙用舊法及文宣天保元年始命羣官刊定魏朝麟趾格是時軍國多事政刑不一決獄定罪罕依律文相承謂之變法從事清河房超爲黎陽郡守有趙道德者使以書屬超超不發書棒殺其使文宣於是令守宰各設棒以誅屬請之使後都官郎中宋軌奏曰昔曹操懸棒威於亂時今施之太平未見其可若受使請賕猶致大戮身爲枉法何以加罪於是罷之既而司徒功曹張老上書稱大齊受命已來律令未改非所以創制垂法革人視聽於是始命羣官議造齊律積年不成其決獄猶依魏舊是時刑政尙新吏皆奉

法自六年之後帝遂以功業自矜恣行酷暴昏狂酗醟任情喜怒爲大鑊長鋸剉碓之屬並陳於庭意有不快則手自屠裂或命左右臠噉以逞其意時僕射楊遵彥乃令憲司先定死罪囚置于仗衞之中帝欲殺人則執以應命謂之供御囚經三月不殺者則免其死帝嘗幸金鳳臺受佛戒多召死囚編籧篨爲翅命之飛下謂之放生墜皆致死帝視以爲歡笑時有司折獄又皆酷法訊囚則用車輻𨶒杖夾指壓踝又立之燒犂耳上或使以臂貫燒車釭既不勝其苦皆致誣伏七年豫州檢使白㯸爲左丞盧斐所劾乃於獄中誣告斐受金文宣知其姦罔詔令按之果無其事乃敕八座議立案劾格負罪不得告人事於是挾姦者畏糾乃先加誣訟以擬當格吏不能斷又妄相引大獄動至十人多移歲月然帝猶委政輔臣楊遵彥彌縫其闕故時議者竊云主昏於上政清於下孝昭在藩已知其失即位之後將加懲革未幾而崩武成即位思存輕典大寧元年乃下詔曰王者所用唯在賞罰賞貴適理罰在得情然理容進退事涉疑似盟府司勳或有開塞之路三尺律令未窮畫一之道想文王之官人念宣尼之

止訟刑賞之宜思獲其所自今諸應賞罰皆賞疑從重罰疑從輕又以律令不成頻加催督河清三年尚書令趙郡王叡等奏上齊律十二篇一曰名例二曰禁衞三曰婚戶四曰擅興五曰違制六曰詐僞七曰鬭訟八曰賊盜九曰捕斷十曰毀損十一曰廐牧十二曰雜其定罪九百四十九條又上新令四十卷大抵採魏晉故事其制刑名五一曰死重者轘之其次梟首並陳屍三日無市者列於鄉亭顯處其次斬刑殊身首其次絞刑死而不殊凡四等二曰流刑謂論犯可死原情可降鞭笞各一百髡之投于邊裔以爲兵卒未有道里之差其不合遠配者男子長徒女子配舂並六年三曰刑罪即耐罪也有五歲四歲三歲二歲一歲之差凡五等各加鞭一百其五歲者又加笞八十四歲者六十三歲者四十二歲者二十一歲者無笞並鎖輸左校而不髡無保者鉗之婦人配舂及掖庭織四曰鞭有一百八十六十五十四十之差凡五等五曰杖有三十二十十之差凡三等大凡爲十五等當加者上就次當減者下就次贖罪舊以金皆代以中絹死一百疋流九十二疋刑五歲七十八疋四歲六十四疋三歲五

十匹二歲三十六匹各通鞭笞論一歲無笞則通鞭二十四匹鞭杖每十贖絹一匹至鞭百則絹十匹無絹之鄉皆准絹收錢自贖笞十已上至死又爲十五等之差當加減次如正決法合贖者謂流內官及爵秩比視老小閹凝幷過失之屬犯罰絹一匹及杖十已上皆名爲罪人盜及殺人而亡者即懸名注籍甄其一房配驛戶宗室則不注盜及不入奚官不加害刑自犯流罪已下合贖者及婦人犯刑已下侏儒篤疾癃殘非犯死罪皆頌繫之罪刑年者鎖無鎖以枷流罪已上加杻械死罪者桁之決流刑鞭笞者鞭其背五十一易執鞭人鞭鞘皆用熟皮削去廉稜鞭瘡長一尺笞者笞臀而不中易人杖長三尺五寸大頭徑二分半小頭徑一分半決三十已下杖者長四尺大頭徑三分小頭徑二分在官犯罪鞭杖十爲一負閑局六負爲一殿平局八負爲一殿繁局十負爲一殿加於殿者復計爲負焉赦日則武庫令設金雞及鼓於閶闔門外之右勒集囚徒於闕前撾鼓千聲釋枷鎖焉又列重罪十條一曰反逆二曰大逆三曰叛四曰降五曰惡逆六曰不道七曰不敬八曰不孝九曰不義十曰內亂其犯此

十者不在八議論贖之限是後法令明審科條簡要又敕仕門之子弟常講習之齊人多曉法律蓋由此也其不可爲定法者別制權令二卷與之並行後平秦王高歸彥謀反須有約罪律無正條於是遂有別條權格與律並行大理明法上下比附欲出則附依輕議欲入則附從重法姦吏因之舞文出沒至于後主權幸用事有不附之者陰中以法綱紀紊亂卒至于亡

周文帝之有關中也霸業初基典章多闕大統元年命有司斟酌今古通變可以益時者爲二十四條之制奏之七年又下十二條制十年魏帝命尚書蘇綽總三十六條更損益爲五卷班於天下其後以河南趙肅爲廷尉卿撰定法律肅積思累年遂感心疾而死乃命司憲大夫拓拔迪掌之至保定三年三月庚子乃就謂之大律凡二十五篇一曰刑名二曰法例三曰祀享四曰朝會五曰婚姻六曰戶禁七曰水火八曰興繕九曰衛宮十曰市廛十一曰鬭競十二曰劫盜十三曰賊叛十四曰毀亡十五曰違制十六曰關津十七曰諸侯十八曰廐牧十九曰雜犯二十曰詐僞二十一曰請求二十二曰告言二十三曰逃亡

二十四曰繫訊二十五曰斷獄大凡定罪一千五百三十七條其制罪一曰杖刑五自十至五十二曰鞭刑五自六十至于百三曰徒刑五徒一年者鞭六十笞十徒二年者鞭七十笞二十徒三年者鞭八十笞三十徒四年者鞭九十笞四十徒五年者鞭一百笞五十四曰流刑五流衞服去皇畿二千五百里者鞭一百笞六十流要服去皇畿三千里者鞭一百笞七十流荒服去皇畿三千五百里者鞭一百笞八十流鎮服去皇畿四千里者鞭一百笞九十流蕃服去皇畿四千五百里者鞭一百笞一百五曰死刑五一曰磬二曰絞三曰斬四曰梟五曰裂五刑之屬各有五合二十五等不立十惡之目而重惡逆不道大不敬不孝不義內亂之罪凡惡逆肆之三日盜賊羣攻鄉邑及入人家者殺之無罪若報讐者告於法而自殺之不坐經爲盜者注其籍唯皇宗則否凡死罪枷而拲流罪枷而梏徒罪枷鞭罪桎杖罪散以待斷皇族及有爵者死罪已下鎖之徒已下散之獄成將殺者書其姓名及其罪於拲而殺之市唯皇族與有爵者隱獄其贖杖刑五金一兩至五兩贖鞭刑五金六兩至十兩贖徒刑五一年金

十二兩二年十五兩三年一斤二兩四年一斤五兩五年一斤八兩贖流刑一斤十二兩俱役六年不以遠近爲差等贖死罪金二斤鞭者以一百爲限加笞者合二百止應加鞭笞者皆先笞後鞭婦人當笞者聽以贖論徒輸作者皆任其所能而役使之杖十已上當加者上就次數滿乃坐當減者死罪流蕃服蕃服已下俱至徒五年五年已下各以一等爲差盜賊及謀反大逆降叛惡逆罪當流者皆甄一房配爲雜戶其爲賊盜事發逃亡者懸名注配若再犯徒三犯鞭者一身永配下役應贖金者鞭杖十收中絹一疋流徒者依限歲收絹十二疋死罪者一百疋其贖刑死罪五旬流刑四旬徒刑三旬鞭刑二旬杖刑一旬限外不輸者歸於法貧者請而免之大凡定法一千五百三十七條班之天下其大略滋章條流苛密比於齊法煩而不要又初除復讐之法犯者以殺論時晉公護將有異志欲寬政以取人心然闇於知人所委多不稱職既用法寬弛不足制姦子弟僚屬皆竊弄其權百姓愁怨控告無所武帝性甚明察自誅護後躬覽萬機雖骨肉無所縱捨用法嚴正中外肅然自魏晉相承死罪其重者

妻子皆以補兵魏虜西涼之人沒入名爲隸戶魏武入關隸戶皆在東魏後齊因之仍供厮役建德六年齊平後帝欲施輕典於新國乃詔凡諸雜戶悉放爲百姓自是無復雜戶其後又以齊之舊俗未改昏政賊盜姦宄頗乖憲章其年又爲刑書要制以督之其大抵持仗羣盜一匹以上不持仗羣盜五匹以上監臨主掌自盜二十匹以上盜及詐請官物三十匹以上正長隱五戶及丁以上及地頃以上皆死自餘依大律由是澆詐頗息焉宣帝性殘忍暴戾自在儲貳惡其叔父齊王憲及王軌宇文孝伯等及即位並先誅戮由是內外不安俱懷危懼帝又恐失衆望乃行寬法以取衆心宣政元年八月詔制九條宣下州郡大象元年又下詔曰高祖所立刑書要制用法深重其一切除之然帝荒淫日甚惡聞其過誅殺無度疎斥大臣又數行肆赦爲姦者皆輕犯刑法政令不一下無適從於是又廣刑書要制而更峻其法謂之刑經聖制宿衛之官一日不直罪至削除逃亡者皆死而家口籍沒上書字誤者科其罪鞭杖皆百二十爲度名曰天杖其後又加至二百四十又作霹靂車以威婦人其決人罪云與杖

者卽一百二十多打者卽二百四十帝旣酣飲過度嘗中飲有下士楊文祐白宮伯長孫覽求歌曰朝亦醉暮亦醉日日恆常醉政事日無次鄭譯奏之帝怒命賜杖二百四十而致死後更令中士皇甫猛歌猛歌又諷諫鄭譯又以奏之又賜猛杖一百二十是時下自公卿內及妃后咸加棰楚上下愁怨及帝不豫而內外離心各求苟免隋高祖爲相又行寬大之典刪略舊律作刑書要制旣成奏之靜帝下詔頒行諸有犯罪未科決者並依制處斷

高祖旣受周禪開皇元年乃詔尚書左僕射渤海公高熲上柱國沛公鄭譯上柱國清河郡公楊素大理前少卿平源縣公常明刑部侍郎保城縣公韓濬比部侍郎李諤兼考功侍郎柳雄亮等更定新律奏上之其刑名有五一曰死刑二有絞有斬二曰流刑三有一千里千五百里二千里應配者一千里居作二年一千五百里居作二年半二千里居作三年應住居作者三流俱役三年近流加杖一百一等加三十三曰徒刑五有一年一年半二年二年半三年四曰杖刑五自五十至于百五曰笞刑五自十至于五十而蠲除前代鞭刑及梟首

轘裂之法其法徒之罪皆減從輕唯大逆謀反叛者父子兄弟皆斬家口沒官又置十惡之條多採後齊之制而頗有損益一曰謀反二曰謀大逆三曰謀叛四曰惡逆五曰不道六曰大不敬七曰不孝八曰不睦九曰不義十曰內亂犯十惡及故殺人獄成者雖會赦猶除名其在八議之科及官品第七以上犯罪皆例減一等其品第九已上犯者聽贖應贖者皆以銅代絹贖銅一斤爲一負負十爲殿笞十者銅一斤加至杖百則十斤徒一年贖銅二十斤每等則加銅十斤三年則六十斤矣流一千里贖銅八十斤每等則加銅十斤二千里則百斤矣二死皆贖銅百二十斤犯私罪以官當徒者五品已上一官當徒二年九品已上一官當徒一年當流者三流同比徒三年若犯公罪者徒各加一年當流者各加一等其累徒過九年者流二千里定訖詔頒之曰帝王作法沿革不同取適于時故有損益夫絞以致斃斬則殊形除惡之體於斯已極梟首轘身義無所取不益懲肅之理徒表安忍之懷鞭之爲用殘剝膚體徹骨侵肌酷均臠切雖云遠古之式事乖仁者之刑梟轘及鞭並令去也貴礪帶之書不當徒

罰廣軒冕之蔭旁及諸親流役六年改爲五載刑徒五歲變從三祀其餘以輕代重化死爲生條目甚多備於簡策宜班諸海內爲時軌範雜格嚴科並宜除削先施法令欲人無犯之心國有常刑誅而不怒之義措而不用庶或非遠萬方百辟知吾此懷自前代相承有司訊考皆以法外或有用大棒束杖車輻鞵底壓踝杖桄之屬楚毒備至多所誣伏雖文致於法而每有枉濫莫能自理至是盡除苛慘之法訊囚不得過二百枷杖大小咸爲之程品行杖者不得易人帝又以律令初行人未知禁故犯法者衆又下吏承苛政之後務鍛鍊以致人罪乃詔申敕四方敦理辭訟有枉屈縣不理者令以次經郡及州省仍不理乃詣闕申訴有所未愜聽撾登聞鼓有司錄狀奏之帝又每季親錄囚徒常以秋分之前省閱諸州申奏罪狀三年因覽刑部奏斷獄數猶至萬條以爲律尚嚴密故人多陷罪又敕蘇威牛弘等更定新律除死罪八十一條流罪一百五十四條徒杖等千餘條定留唯五百條凡十二卷一曰名例二曰衞禁三曰職制四曰戶婚五曰廄庫六曰擅興七曰盜賊八曰鬭訟九曰詐僞十曰雜律十一

曰捕亡十二曰斷獄自是刑網簡要疏而不失於是置律博士弟子員斷決大獄皆先牒明法定其罪名然後依斷五年侍官慕容天遠糾都督田元冒請義倉事實而始平縣律生輔恩舞文陷天遠遂更反坐帝聞之乃下詔曰人命之重懸在律文刊定科條俾令易曉分官命職恒選循吏小大之獄理無疑舛而因襲往代別置律官報判之人推其爲首殺生之柄常委小人刑罰所以未清威福所以妄作爲政之失莫大於斯其大理律博士尚書刑部曹明法州縣律生並可停廢自是諸曹決事皆令具寫律文斷之六年敕諸州長史已下行參軍已上並令習律集京之日試其通不又詔免尉迥王謙司馬消難三道逆人家口之配沒者悉官酬贖使爲編戶因除孥戮相坐之法又命諸州囚有處死不得馳驛行決高祖性猜忌素不悅學既任智而獲大位因以文法自矜明察臨下恆令左右覘視內外有小過失則加以重罪又患令史贓汙因私使人以錢帛遺之得犯立斬每於殿廷打人一日之中或至數四嘗怒問事揮楚不甚即命斬之十年尚書左僕射高熲治書侍御史柳彧等諫以爲朝堂非殺人之

所殿庭非決罰之地帝不納熲等乃盡詣朝堂請罪曰陛下子育羣生務在去弊而百姓無知犯者不息致陛下決罰過嚴皆臣等不能有所裨益請自退屏以避賢路帝於是顧謂領左右都督田元曰吾杖重乎元曰重帝問其狀元舉手曰陛下杖大如指捶楚人三十者比常杖數百故多致死帝不懌乃令殿內去杖欲有決罰各付所由後楚州行參軍李君才上言帝寵高熲過甚上大怒命杖之而殿內無杖遂以馬鞭笞殺之自是殿內復置杖未幾怒甚又於殿庭殺人兵部侍郎馮基固諫帝不從竟於殿庭行決帝亦尋悔宣慰馮基而怒羣僚之不諫者十二年帝以用律者多致踳駮罪同論異詔諸州死罪不得便決悉移大理案覆事盡然後上省奏裁十三年改徒及流並爲配防十五年制死罪者三奏而後決十六年有司奏合川倉粟少七千石命斛律孝卿鞫問其事以爲主典所竊復令孝卿馳驛斬之沒其家爲奴婢鬻粟以填之是後盜邊糧者一升已上皆死家口沒官上又以典吏久居其職肆情爲姦諸州縣佐史三年一代經任者不得重居之十七年詔又以所在官人不相敬憚多自寬縱事

難克舉諸有殿失雖備科條或據律乃輕論情則重不即決罪無以懲肅其諸司屬官若有愆犯聽於律外斟酌決杖於是上下相驅迭行棰楚以殘暴爲幹能以守法爲懦弱是時帝意每尙慘急而姦回不止京市白日公行掣盜人間強盜亦往往而有帝患之問羣臣斷禁之法楊素等未及言帝曰朕知之矣詔有能糾告者沒賊家產業以賞糾人時月之間內外寧息其後無賴之徒候富人子弟出路者而故遺物於其前偶拾取則擒以送官而取其賞大抵被陷者甚衆帝知之乃命盜一錢已上皆棄市行旅皆晏起晚宿天下懍懍焉此後又定制行署取一錢已上聞見不告言者坐至死自此四人共盜一榱桷三人同竊一瓜事發即時行決有數人劫執事而謂之曰吾豈求財者邪但爲枉人來耳而爲我奏至尊自古以來體國正法未有盜一錢而死也而不爲我以聞吾更來而屬無類矣帝聞之爲停盜取一錢棄市之法帝嘗發怒六月棒殺人大理少卿趙綽固爭曰季夏之月天地成長庶類不可以此時誅殺帝報曰六月雖曰生長此時必有雷霆天道旣於炎陽之時震其威怒我則天而行有何不

可遂殺之大理掌固來曠上封事言大理官司恩寬帝以曠爲忠直遣每旦於五品行中參見曠又告少卿趙綽濫免徒囚帝使信臣推驗初無阿曲帝又怒曠命斬之綽因固爭以爲曠不合死帝乃拂衣入閣綽又矯言臣更不理曠自有他事未及奏聞帝命引入閣綽再拜請曰臣有死罪三臣爲大理少卿不能制馭掌固使曠觸挂天刑死罪一也囚不合死而臣不能死爭死罪二也臣本無他事而妄言求入死罪三也帝解顏會獻皇后在坐帝賜綽二金盃酒飲訖并以盃賜之曠因免死配徒廣州帝以年齡晚暮尤崇尙佛道又素信鬼神二十年詔沙門道士壞佛像天尊百姓壞岳瀆神像皆以惡逆論帝猜忌二朝臣寮用法尤峻御史監師於元正日不劾武官衣劍之不齊者或以白帝帝謂之曰爾爲御史何縱捨自由命殺之諫議大夫毛思祖諫又殺之左領軍府長史考校不平將作寺丞以諫麥䴷遲晚武庫令以署庭荒蕪獨孤師以受蕃客鸚鵡帝察知並親臨斬決仁壽中用法益峻帝既喜怒不恆不復依準科律時楊素正被委任素又稟性高下公卿股慄不敢措言素於鴻臚少卿陳延不平經

蕃客館庭中有馬屎又庶僕氈上樗蒲旋以白帝帝大怒曰主客令不灑掃庭內掌國以私戲汙敗官氈罪狀何以加此皆於西市棒殺而榜棰陳延殆至於斃大理寺丞楊遠劉子通等性愛深文每隨牙奏獄能承順帝旨帝大悅並遣於殿庭三品行中供奉每有詔獄專使主之候帝所不快則案以重抵無殊罪而死者不可勝原遠又能附楊素每於塗中接候而以囚名白之皆隨素所爲輕重其臨終赴市者莫不塗中呼枉仰天而哭越公素侮弄朝權帝亦不之能悉煬帝卽位以高祖禁網深刻又敕修律令除十惡之條時升稱皆小舊二倍其贖銅亦加二倍爲差杖百則三十斤矣徒一年者六十斤每等加三十斤爲差三年則一百八十斤矣流無異等贖二百四十斤二死同贖三百六十斤其實不異開皇舊制釁門子弟不得居宿衛近侍之官先是蕭巖以叛誅崔君綽坐連庶人勇事家口籍沒巖以中宮故君綽緣女入宮愛幸帝乃下詔革前制曰罪不及嗣既弘至孝之道恩由義斷以勸事君之節故羊鮒從戮彌見叔向之誠季布立勳無預丁公之禍用能樹聲往代貽範將來朕虛己爲政思遵舊

典推心待物每從寬政六位成象美厥含弘一眚掩德甚非謂也諸犯罪被戮
之門朞已下親仍令合仕聽預宿衞近侍之官三年新律成凡五百條爲十八
篇詔施行之謂之大業律一曰名例二曰衞宮三曰違制四曰請求五曰戶六
曰婚七曰擅興八曰告劾九曰賊十曰盜十一曰鬭十二曰捕亡十三曰倉庫
十四曰廐牧十五曰關市十六曰雜十七曰詐僞十八曰斷獄其五刑之內降
從輕典者二百餘條其枷杖決罰訊囚之制並輕於舊是時百姓久厭嚴刻喜
於刑寬後帝乃外征四夷內窮嗜慾兵革歲動賦斂滋繁有司皆臨時迫脅苟
求濟事憲章遐棄賄賂公行窮人無告聚爲盜賊帝乃更立嚴刑敕天下竊盜
已上罪無輕重不待聞奏皆斬百姓轉相羣聚攻剽城邑誅罰不能禁帝以盜
賊不息乃益肆淫刑九年又詔爲盜者籍沒其家自是羣賊大起郡縣官人又
各專威福生殺任情矣及楊玄感反帝誅之罪及九族其尤重者行轘裂梟首
之刑或磔而射之命公卿已下臠噉其肉百姓怨嗟天下大潰及恭帝即位獄
訟有歸焉

隋書卷二十五

隋書卷二十五考證

刑法志乃先加誣訟以擬當格○監本當作賞　臣映斗按當格謂有當於令格

非有賞格也從宋本改

非犯死罪皆頌繫之○監本頌訛訟宋本作頌按前漢刑法志年八十以上八

歲以下當鞫繫者頌繫之注頌與容同謂寬容之不桎梏也

其贖杖刑五○監本脫杖字從宋本增

隋書卷二十五考證

隋書卷二十六

唐太尉揚州都督監修國史上柱國趙國公臣長孫無忌等撰

志第二十一

百官上

易曰天尊地卑乾坤定矣卑高旣陳貴賤位矣是以聖人法乾坤以作則因卑高以垂教設官分職錫珪胙土由近以制遠自中以統外內則公卿大夫士外則公侯伯子男咸所以協和萬邦平章百姓允釐庶績式敘彝倫其由來尚矣然古今異制文質殊途或以龍表官或以雲紀職放勛卽分命四子重華乃爰置九官夏倍於虞殷倍於夏周監二代沿革不同其道旣文置官彌廣逮于戰國戎馬交馳雖時有變革然猶承周制秦始皇廢先王之典焚百家之言創立朝儀事不師古始罷封侯之制立郡縣之官太尉主五兵丞相總百揆又置御史大夫以貳於相自餘衆職各有司存漢高祖除暴寧亂輕刑約法而職官之制因於嬴氏其間同異抑亦可知光武中興聿遵前緒唯廢丞相與御史大夫

而以三司綜理衆務洎于叔世事歸臺閣論道之官備員而已魏晉繼及大抵略同爰及宋齊亦無改作梁武受終多循齊舊然而定諸卿之位各配四時置戎秩之官百有餘號陳氏繼梁不失舊物高齊創業亦遵後魏臺省位號與江左稍殊所有節文備詳於志有周創據關右日不暇給洎乎克清江漢爰議憲章酌酆鎬之遺文置六官以綜務詳其典制有可稱焉高祖踐極百度伊始復廢周官還依漢魏唯以中書爲內史侍中爲納言自餘庶僚頗有損益煬帝嗣位意存稽古建官分職率由舊章大業三年始行新令于時三川定鼎萬國朝宗衣冠文物足爲壯觀既而以人從欲待下若讎號令日改官名月易尋而南征不復朝廷播遷圖籍注記多從散逸今之存錄者不能詳備焉

梁武受命之初官班多同宋齊之舊有丞相太宰太傅太保大將軍大司馬太尉司徒司空開府儀同三司等官諸公及位從公開府者置官屬有長史司馬諮議參軍掾屬從事中郎記室主簿列曹參軍行參軍舍人等官其司徒則有左右二長史又增置左西掾一人自餘僚佐同於二府有公則置無則省而司

徒無公唯省舍人餘官常置開府儀同三司位次三公諸將軍左右光祿大夫優者則加之同三公置官屬

特進舊位從公武帝以鄧禹列侯就第特進奉朝請是特引見之稱無官定體於是革之

尚書省置令左右僕射各一人又置吏部祠部度支左戶都官五兵等六尚書左右丞各一人吏部刪定三公比部祠部儀曹虞曹主客度支殿中金部倉部左戶駕部起部屯田都官水部庫部功論中兵外兵騎兵等郎二十二人令史百二十人書令史百三十人

尚書掌出納王命敷奏萬機令總統之僕射副令又與尚書分領諸曹令闕則左僕射爲主其祠部尚書多不置以右僕射主之若左右僕射並闕則置尚書僕射以掌左事置祠部尚書以掌右事然則尚書僕射祠部尚書不恆置矣又有起部尚書營宗廟宮室則權置之事畢則省以其事分屬都官左戶二尚書左右丞各一人佐令僕射知省事左掌臺內分職儀禁令報人章督錄近道文

書章表奏事糾諸不法右掌臺內藏及廬舍凡諸器用之物督錄遠道文書章表奏事凡諸尚書文書詣中書省者密事皆以挈囊盛之封以左丞印自晉以後八座及郎中多不奏事天監元年詔曰自禮闈陵替歷茲永久郎署備員無取職事糠粃文案貴尚虛閑空有趨墀之名了無握蘭之實曹郎可依昔奏事自是始奏事矣三年置侍郎視通直郎其郎中在職勤能滿二歲者轉之又有五都令史與左右丞共知所司舊用人常輕九年詔曰尚書五都職參政要非但總領衆局亦乃方軌二丞頃雖求才未臻妙簡可革用士流每盡時彥庶同持領秉此羣目於是以都令史視奉朝請其年以太學博士劉納兼殿中都司空法曹參軍劉顯兼吏部都太學博士孔虔孫兼金部都司空法曹參軍蕭軌兼左戶都宣毅墨曹參軍王顒兼中兵都五人並以才地兼美首膺茲選矣駕部又別領車府署庫部領南北武庫二署令丞

門下省置侍中給事黃門侍郎各四人掌侍從左右擯相威儀盡規獻納糾正違闕監令嘗御藥封璽書侍郎中高功者在職一年詔加侍中祭酒與侍郎高

功者一人對掌禁令公車太官太醫等令驊騮廄丞

集書省置散騎常侍通直散騎常侍各四人員外散騎常侍無員散騎侍郎通直郎各四人又有員外散騎侍郎給事中奉朝請常侍侍郎掌侍從左右獻納得失省諸奏聞文書意異者隨事爲駁集錄比詔比璽爲諸優文策文平處諸文章詩頌常侍高功者一人爲祭酒與侍郎高功者一人對掌禁令糾諸逋違

駙馬奉車車騎三都尉並無員駙馬以加尚公主者無班秩

散騎常侍通直散騎常侍員外散騎常侍舊並爲顯職與侍中通官宋代以來或輕或雜其官漸替天監六年革選詔曰在昔晉初仰惟盛化常侍侍中並奏帷幄員外常侍特爲清顯陸始名公之胤位居納言曲蒙優禮方有斯授可分門下二局委散騎常侍尚書案奏分曹入集書通直常侍本爲顯爵員外之選宜參舊准人數依正員格自是散騎視侍中通直視中丞員外視黃門郎

中書省置監令各一人掌出內帝命侍郎四人高功者一人主省內事又有通事舍人主事令史等員及置令史以承其事通事舍人舊入直閤內梁用人殊

重簡以才能不限資地多以他官兼領其後除通事直曰中書舍人

祕書省置監丞各一人郎四人掌國之典籍圖書著作郎一人佐郎八人掌國史集注起居著作郎謂之大著作梁初周捨裴子野皆以他官領之又有撰史學士亦知史書佐郎爲起家之選

御史臺梁國初建置大夫天監元年復曰中丞置一人掌督司百寮皇太子已下其在宮門行馬內違法者皆糾彈之雖在行馬外而監司不糾亦得奏之專道而行逢尚書丞郎亦得停駐其尚書令僕御史中丞各給威儀十人其八人武冠絳鞲執青儀囊在前囊題云宜官吉以受辭訴一人緗衣執鞭杖依列行七人唱呼入殿引喤至階一人執儀囊不喤屬官治書侍御史二人掌舉劾官品第六已下分統侍御史侍御史九人居曹掌知其事糾察不法殿中御史四人掌殿中禁衞內又有符節令史員

謁者臺僕射一人掌朝覲賓饗之事屬官謁者十人掌奉詔出使拜假朝會擯贊高功者一人爲假史掌差次謁者

諸卿。梁初猶依宋齊，皆無卿名。天監七年，以太常爲太常卿，加置宗正卿，以大司農爲司農卿，三卿是爲春卿。加置太府卿，以少府爲少府卿，加置太僕卿，三卿是爲夏卿。以衞尉爲衞尉卿，廷尉爲廷尉卿，將作大匠爲大匠卿，三卿是爲秋卿。以光祿勳爲光祿卿，大鴻臚爲鴻臚卿，都水使者爲太舟卿，三卿是爲冬卿。凡十二卿，皆置丞及功曹、主簿。而太常視金紫光祿大夫，統明堂、二廟、太史、太祝、廩犧、太樂、鼓吹、乘黃、北館、典客館等令丞，及陵監、國學等。又置協律校尉、總章校尉監、掌故、樂正之屬，以掌樂事。太樂又有清商署丞。太史別有靈臺丞。

詔以爲陵監之名，不出前誥，且宗廟憲章，既備典禮，園寢職司，理不容異，諸正陵先立監者，改爲令。於是陵置令矣。

國學有祭酒一人，博士二人，助教十人，太學博士八人，又有限外博士員。天監四年，置五經博士各一人。舊國子學生，限以貴賤，帝欲招來後進，五館生皆引寒門儁才，不限人數。大同七年，國子祭酒到溉等又表立正言博士一人，位視國子博士，置助教二人。

宗正卿位視列曹尚書主皇室外戚之籍以宗室爲之司農卿位視散騎常侍主農功倉廩統太倉導官籍田上林令又管樂遊北苑丞左右中部三倉丞菼庫荻庫箬庫丞湖西諸屯主天監九年又置勸農謁者視殿中御史

太府卿位視宗正掌金帛府帑統左右藏令上庫丞掌太倉南北市令關津亦皆屬焉

少府卿位視尚書左丞置材官將軍左中右尚方甄官平水署南塘邸稅庫東西治中黃細作炭庫紙官柴署等令丞

太僕卿位視黃門侍郎統南馬牧左右牧龍廄內外廄丞又有弘訓太僕亦置屬官

衛尉卿位視侍中掌宮門屯兵卿每月丞每旬行宮徼糾察不法統武庫令公車司馬令又有弘訓衛尉亦置屬官

廷尉卿梁國初建曰大理天監元年復改爲廷尉有正監平三人元會廷尉三官與建康三官皆法冠玄衣朝服以監東西中華門手執方木長三尺方一寸

謂之執方四年置胄子律博士位視員外郎

大匠卿位視太僕掌土木之工統左右校諸署

光祿卿位視太子中庶子掌宮殿門戶統守宮黃門華林園暴室等令又有左右光祿金紫光祿太中中散等大夫並無員以養老疾

鴻臚卿位視尚書左丞掌導護贊拜

太舟卿梁初爲都水臺使者一人參軍事二人河堤謁者八人七年改焉位視中書郎列卿之最末者也主舟航堤渠

大長秋主諸宮者以司宮闈之職統黃門中署奚官暴室華林等署領軍護軍左右衞驍騎游騎等六將軍是爲六軍又有中領中護資輕於領護又左右前後四將軍左右中郎將屯騎步騎越騎長水射聲等五營校尉武賁冗從羽林三將軍積射強弩二軍殿中將軍武騎之職皆以分司丹禁侍衞左右天監六年置左右驍騎左右游擊將軍位視二率改舊驍騎曰雲騎游擊曰游騎降左右驍游一階又置朱衣直閤將軍以經爲方牧者爲之其以左右驍游帶領者

量給儀從
太子太傅一人位視尚書令少傅一人位視左僕射天監初又置東宮常侍皆散騎常侍爲之
詹事位視中護軍任總宮朝二傅及詹事各置丞功曹主簿五宮家令率更令僕各一人家令自宋齊已來清流者不爲之天監六年帝以三卿陵替乃詔革選家令視通直常侍率更僕視黃門三等皆置丞中大通三年以昭明太子妃居金華宮又置金華家令
左右衛率各一人位視御史中丞各有丞左率領果毅統遠立忠建寧陵鋒夷冠祚德等七營右率領崇榮永吉崇和細射等四營二率各置殿中將軍十人員外將軍十人正員司馬四人又有員外司馬督官其屯騎步兵翊軍三校尉各一人謂之三校旅賁中郎將冗從僕射各一人謂之二將左右積弩將軍各一人門大夫一人視謁者僕射
中庶子四人高功者一人爲祭酒行則負璽前後部護駕

中舍人四人高功者一人與中庶子祭酒共掌其坊之禁令又有通事守舍人
典事守舍人典法守舍人員
庶子四人掌侍從左右獻納得失高功者一人與高功舍人共掌其坊之禁令
舍人十六人掌文記通事舍人二人視南臺御史多以餘官兼職典經局洗馬
八人位視通直郎置典經守舍人典事守舍人員又有外監殿局內監殿局導
客局齋內局主璽主衣扶侍等局門局錫庫局內廐局中藥藏局食官局外廐
局車廐局等各置有司以承其事
皇弟皇子府置師長史司馬從事中郎諮議參軍及掾屬中錄事中記室中直
兵等參軍功曹史錄事記室中兵等參軍文學主簿正參軍行參軍長兼行參
軍等員嗣王府則減皇弟皇子府師友文學長兼行參軍蕃王府則又減嗣王
從事中郎諮議參軍掾屬錄事記室中兵參軍等員自此以下則並不登二品
王國置郎中令將軍常侍官又置典祠令廟長陵長典醫丞典府丞典書令學
官令食官長中尉侍郎執事中尉司馬謁者典衛令舍人中大夫大農等官嗣

王國則唯置郎中令中尉常侍大農等員蕃王則無常侍自此以下並不登二品

諸王皆假金獸符第一至第五左竹使符第一至第十左諸公侯皆假銅獸符竹使符第一至第五名山大澤不以封鹽鐵金銀銅錫及竹園別都宮室園圃皆不以屬國

諸王言曰令境內稱之曰殿下公侯封郡縣者言曰教境內稱之曰第下自稱皆曰寡人相以下公文上事皆詣典書世子主國其文書表疏儀式如臣而不稱臣文書下羣官皆言告諸王公侯國官皆稱臣上於天朝皆稱陪臣有所陳皆曰上疏其公文曰言事

五等諸公位視三公班次之開國諸侯位視孤卿重號將軍光祿大夫班次之開國諸伯位視九卿班次之開國諸子位視二千石班次之開國諸男位視比二千石班次之公已下各置相典祠典書令典衛長一人而伯子典書謂之長典衛謂之丞男典祠謂之長典書謂之丞無典衛諸公已下臺爲選置相掌知

百姓事典祠已下自選補上諸列侯食邑千戶已上置家丞庶子員不滿千戶則但置庶子員

州刺史二千石受拜之明日辭宮廟而行州置別駕治中從事各一人主簿西曹議曹從事祭酒從事部傳從事文學從事各因其州之大小而置員

郡置太守置丞國曰內史郡丞三萬戶以上置佐一人縣爲國曰相大縣爲令小縣爲長皆置丞尉郡縣置吏亦各準州法以大小而制員郡縣吏有書僮有武吏有醫有迎新逆故等員亦各因其大小而置焉

建康舊置獄丞一人天監元年詔依廷尉之官置正平監革選士流務使任職又令三官更直一日分受罪繫事無小大悉與令籌若有大事共詳三人具辨脫有同異各立議以聞尚書水部郎袁孝然議曹郎孔休源並爲之位視給事中

天監初武帝命尙書刪定郎濟陽蔡法度定令爲九品秩定帝於品下注一品秩爲萬石第二第三爲中二千石第四第五爲二千石至七年革選徐勉爲吏

部尚書定爲十八班以班多者爲貴同班者則以居下者爲劣丞相太宰太傅

太保大司馬大將軍太尉司徒司空爲十八班

諸將軍開府儀同三司左右光祿開府儀同三司爲十七班

尚書令太子太傅左右光祿大夫爲十六班

尚書左僕射太子少傅尚書僕射右僕射中書監特進領護軍將軍爲十五班

中領護軍吏部尚書太子詹事金紫光祿大夫太常卿爲十四班

中書令列曹尚書國子祭酒宗正太府卿光祿大夫爲十三班

侍中散騎常侍左右衛將軍司徒左長史衛尉卿爲十二班

御史中丞尚書吏部郎祕書監通直散騎常侍太子左右二衞率左右驍騎左

右游擊太中大夫皇弟皇子師司農少府廷尉卿太子中庶子光祿卿爲十一

班

給事黃門侍郎員外散騎常侍皇弟皇子府長史太僕大匠卿太子家令率更

令僕揚州別駕中散大夫司徒右長史雲騎游騎皇弟皇子府司馬朱衣直閤

將軍爲十班

尙書左丞鴻臚卿中書侍郎國子博士太子庶子揚州中從事皇弟皇子公府從事中郎太舟卿大長秋皇弟皇子府諮議嗣王府長史前左右後四軍嗣王府司馬庶姓公府長史司馬爲九班

祕書丞太子中舍人司徒左西掾司徒屬皇弟皇子友散騎侍郎尙書右丞南徐州別駕皇弟皇子公府掾屬皇弟皇子單爲二衞司馬嗣王庶姓公府從事中郎左右中郎將嗣王庶姓公府諮議皇弟皇子之庶子府長史司馬蕃王府長史司馬庶姓持節府長史司馬爲八班

五校東宮三校皇弟皇子之庶子府中錄事中記室中直兵參軍南徐州中從事皇弟皇子之庶子府蕃王府諮議爲七班

太子洗馬通直散騎侍郎司徒主簿尙書侍郎著作郎皇弟皇子府功曹史五經博士皇弟皇子府錄事記室中兵參軍皇弟皇子荊江雍郢南兗五州別駕領護軍長史司馬嗣王庶姓公府掾屬南臺治書侍御史廷尉三官謁者僕射

太子門大夫嗣王庶姓公府中錄事中記室中直兵參軍庶姓府諮議爲六班
尚書郎中皇弟皇子文學及府主簿太子太傅少傅丞皇弟皇子湘豫司益廣
青衡七州別駕皇弟皇子荆江雍郢南兗五州中從事嗣王庶姓荆江雍郢南
兗五州別駕太常丞皇弟皇子國郎中令三將東宮二將嗣王府功曹史庶政
公府錄事記室中兵參軍皇弟皇子之庶子府蕃王府中錄事中記室中直兵
參軍爲五班
給事中皇弟皇子府正參軍中書舍人建康三官皇弟皇子北徐北兗梁交南
梁五州別駕皇弟皇子湘豫司益廣青衡七州別駕中從事嗣王庶姓湘豫司
益廣青衡七州別駕嗣王庶姓荆江雍郢南兗五州中從事宗正太府衞尉司
農少府廷尉太子詹事等丞積射彊弩將軍太子左右積弩將軍皇弟皇子國
大農嗣王國郎中令嗣王庶姓公府主簿皇弟皇子之庶子府蕃王府功曹史
皇弟皇子之庶子府蕃王府錄事記室中兵參軍爲四班
太子舍人司徒祭酒皇弟皇子公府祭酒員外散騎侍郎皇弟皇子府行參軍

太子太傅少傅五官功曹主簿二衞司馬公車令胄子律博士皇弟皇子越桂寧霍四州別駕皇弟皇子北徐北兗梁交南梁五州中從事嗣王庶姓北徐北兗梁交南梁五州別駕湘豫司益廣青衡七州中從事嗣王庶姓公府正參軍皇弟皇子之庶子府蕃王府曹主簿武衞將軍光祿丞皇弟皇子國中尉太僕大匠丞嗣王國大農蕃王國郎中令庶姓持節府中錄事中記室中直兵參軍

北館令爲三班

祕書郎著作佐郎揚南徐州主簿嗣王庶姓公府祭酒皇弟皇子單爲領護詹事二衞等五官功曹主簿太學博士皇弟皇子國常侍奉朝請國子助教皇弟皇子越桂寧霍四州中從事皇弟皇子荆江雍郢南兗五州主簿嗣王庶姓越桂寧霍四州別駕嗣王庶姓北徐北兗梁交南梁五州中從事鴻臚丞尚書五都令史武騎常侍材官將軍明堂二廟帝陵令嗣王府庶姓公府行參軍皇弟皇子之庶子府正參軍蕃王國大農庶姓持節府錄事記室中兵參軍庶姓持節府功曹史爲二班

揚南徐州西曹祭酒從事皇弟皇子國侍郎嗣王國常侍揚南徐州議曹從事東宮通事舍人南臺侍御史太舟丞二衞殿中將軍太子二率殿中將軍皇弟皇子之庶子府蕃王府行參軍蕃王國中尉皇弟皇子湘豫司益廣青衡七州主簿皇弟皇子荆雍郢南兗四州西曹祭酒議曹從事皇弟皇子江州西曹從事祭酒議曹祭酒部傳從事嗣王庶姓越桂寧霍四州中從事嗣王庶姓荆江雍郢南兗五州主簿庶姓持節府主簿汝陰巴陵二國郎中令太官太樂太市太史太醫太祝東西冶左右尚方南北武庫車府等令爲一班

位不登二品者又爲七班皇弟皇子府長兼參軍皇弟皇子國三軍嗣王國侍郎蕃王國常侍揚南徐州文學從事殿中御史庶姓持節府除正參軍太子家令丞二衞殿中員外將軍太子二率殿中員外將軍鎮蠻安遠護軍度支校尉等司馬皇弟皇子北徐北兗梁交南梁五州主簿皇弟皇子湘豫司益廣青衡七州西曹祭酒議曹從事皇弟皇子荆雍郢三州從事史江州議曹從事南兗州文學從事嗣王庶姓湘豫司益廣青衡七州主簿嗣王庶姓荆雍郢南兗四

州西曹祭酒議曹從事嗣王庶姓江州西曹從事祭酒部傳從事勸農謁者汝陰巴陵二王國大農郡公國郎中令爲七班

皇弟皇子國典書令嗣王國三軍蕃王國侍郎領護詹事五官功曹皇弟皇子府參軍督護嗣王府長兼參軍庶姓公府長兼參軍庶姓持節府板正參軍皇弟皇子越桂寧霍四州主簿皇弟皇子北徐北兗梁交南梁五州西曹祭酒議曹從事嗣王庶姓北徐北兗梁交南梁五州主簿嗣王庶姓湘豫司益廣青衡七州西曹祭酒議曹從事皇弟皇子豫司益廣青五州文學從事湘衡二州從事嗣王庶姓荆霍郢三州從事史江州議曹從事南兗州文學從事汝陰巴陵二王國中尉皇弟皇子之庶子縣侯國郎中令郡公國大農縣公國郎中令爲六班

皇弟皇子國三令嗣王國典書令蕃王國三軍皇弟皇子公府東曹督護嗣王府庶姓公府參軍督護皇弟皇子之庶子長兼參軍蕃王府長兼參軍二衛正員司馬督太子二率正員司馬督領護主簿詹事主簿二衛功曹太常五官功

曹石頭戍軍功曹庶姓持節府行參軍皇弟皇子越桂寧霍四州西曹祭酒議曹從事皇弟皇子北徐北兗梁交南梁五州文學從事嗣王庶姓越桂寧霍四州主簿嗣王庶姓北徐北兗梁交南梁五州西曹祭酒議曹從事嗣王庶姓豫司益廣青五州文學從事湘衡二州從事汝陰巴陵二王國常侍郡公國中尉縣侯國郎中令皇弟皇子府功曹督護爲五班

嗣王國三令蕃王國典書令嗣王府功曹督護庶姓公府東曹督護皇弟皇子之庶子府參軍督護蕃王府參軍督護二衞員外司馬督太子二率員外司馬督二衞主簿太常主簿宗正等十一卿五官功曹石頭戍軍主簿庶姓持節府板行參軍皇弟皇子越桂寧霍四州文學從事嗣王庶姓越桂寧霍四州西曹祭酒議曹從事嗣王庶姓北徐北兗梁交南梁五州文學從事汝陰巴陵二王國侍郎縣公國中尉爲四班

蕃王國三令皇弟皇子之庶子府蕃王府功曹督護宗正等十一卿主簿庶姓持節府長兼參軍嗣王庶姓越桂寧霍四州文學從事郡公國侍郎爲三班

庶姓持節府參軍督護汝陰巴陵二王國典書令縣公國侍郎爲二班

庶姓持節府功曹督護汝陰巴陵二王國三令郡公國典書令爲一班

又著作正令史集書正令史尙書度支三公正令史函典書殿中外監齊東堂監尙書都官左降正令史諸州鎮監石頭城監琅邪城監東宮外監殿中守舍人齊監東宮典經守舍人上庫令太社令細作令導官令平水令太官市署丞正廚丞酒庫丞柴庶丞太樂庫丞別局校丞清商丞太史丞太醫二丞中藥藏丞東冶小庫等三丞作堂金銀局丞木局丞北武庫二丞南武庫二丞東宮食官丞上林丞湖西塼屯丞茭箸庫丞紋絹簟席丞國子典學材官司馬宣陽等諸門候東宮導客守舍人運署謁者都水左右二裝五城謁者石城宣城陽新屯謁者南康建安晉安伐船謁者晉安練葛屯主爲三品蘊位又門下集書主事通正令史中書正令史尙書正令史尙書監籍正令史都正令史殿中內監題閤監婚局監東宮門下通事守舍人東宮典書守舍人東宮內監殿中守舍人題閤監乘黃令右藏令籍田令廩犧令梅根諸冶令典客館令太官四丞庫

丞太樂令東冶大庫丞左尚方五丞右尚方四丞東宮衞庫丞司農左右中部倉丞廷尉律博士公府舍人諸州別署監山陰獄丞爲三品勳位其州二十三並列其高下選擬略視內職郡守及丞各爲十班縣制七班用人各擬內職云

又詔以將軍之名高卑舛雜命更加釐定於是有司奏置一百二十五號將軍以鎭衞驃騎車騎爲二十四班（內外通用）四征（東南西北止施外）四中（軍衞撫護止施內）爲二十三班八鎭（東南西北止施在外左右前後止施在內）爲二十二班八安（東西南北止施在外左右前後止施在內）爲二十一班四平（東南西北）四翊（左右前後）爲二十班凡三十五號爲一品是爲重號將軍忠武軍師爲十九班武臣爪牙龍騎雲麾爲十八班（代舊前後左右四將軍）鎭兵翊師宣惠宣毅爲十七班（代舊四中郎）十號爲一品智威仁威勇威信威嚴威爲十六班（代舊征虜）智武仁武勇武信武嚴武爲十五班（代舊冠軍）十號爲一品所謂五德將軍者也輕車征遠鎭朔武旅貞毅爲十四班（代舊輔國凡將軍加大者唯至貞毅而已通進一階優者方得比加位從公凡督府置長史司馬諮議諸曹有錄事記室等十八曹天監七年更置中錄事中記室中直兵參軍各一人）寧遠明威振遠電耀威耀爲十三班（代舊寧朔）十號爲一品武威武騎武猛壯武飈武爲十二班電威馳銳追鋒羽騎突

騎爲十一班十號爲一品折衝冠武和戎安壘猛烈爲十班掃狄雄信掃虜武銳摧鋒爲九班十號爲一品略遠貞威決勝開遠光野爲八班厲鋒輕銳討狄蕩虜蕩夷爲七班十號爲一品武毅鐵騎樓船宣猛樹功爲六班克狄平虜討夷平狄威戎爲五班十號爲一品伏波雄戟長劍衝冠雕騎爲四班佽飛安夷克戎綏狄威虜爲三班十號爲一品前鋒武毅開邊招遠金威爲二班綏虜蕩寇殄虜橫野馳射爲一班十號爲一品凡十品二十四班亦以班多爲貴其制品十取其盈數班二十四以法氣序制簿悉以大號居後以爲選法自小遷大也前史所記以位得從公故將軍之名次于台槐之下至是備其班品敘於百司之外其不登二品應須軍號者有牙門代舊建威期門代舊建武爲八班候騎代舊振威熊渠代舊振武爲七班中堅代舊奮威典戎代舊奮武爲六班戈船代舊揚威繡衣代舊揚武爲五班執訊代舊廣威行陣代舊廣武爲四班鷹揚爲三班陵江爲二班偏將軍裨將軍爲一班凡十四號別爲八班以象八風所施甚輕又有武安鎮遠雄義擬車騎爲二十四班四撫東南西北擬四征爲二十三班四寧東南西北擬四鎮爲二十二班四威東南西北擬四安爲二十

一班四綏東南西北擬四平爲二十班凡十九號爲一品安遠安邊擬忠武軍師爲十九班輔義安沙衛海撫河擬武臣等四號爲十八班平遠撫朔寧沙航海擬鎮兵等四號爲十七班凡十號爲一品翊海朔野拓遠威河龍幕擬智威等五號爲十六班威朧安漠綏邊寧寇梯山擬智武等五號爲十五班凡十號爲一品寧境綏河明信明義威漠擬輕車等五號爲十四班安朧向義宣節振朔候律擬寧遠等五號爲十三班凡十號爲一品平寇定遠陵海寧朧振漠擬武威等五號爲十二班馳義橫朔明節執信懷德擬電威等五號爲十一班凡十號爲一品撫邊定朧綏關立信奉義擬折衝等五號爲十班綏朧寧邊定朔立節懷威擬掃狄等五號爲九班凡十號爲一品懷關靜朔掃寇寧河安朔擬略遠等五號爲八班揚化超朧執義來化度嶂擬厲鋒等五號爲七班凡十號爲一品平河振朧雄邊橫沙寧關擬武毅等五號爲六班懷信宣義弘節浮遼鑿空擬克狄等五號爲五班凡十號爲一品扞海款塞歸義陵河明信擬伏波等五號爲四班奉忠守義弘信仰化立義擬佽飛等五號爲三班凡十號爲一品綏方奉正承化浮海度河擬前鋒等五號爲二班懷義奉信歸誠懷澤伏義擬綏虜等五號爲一班凡十號爲一品大凡一百九號將軍亦爲十品二十

四班正施於外國及大通三年有司奏曰天監七年改定將軍之名有因有革普通六年又置百號將軍更加刊正雜號之中微有移異大通三年奏移寧遠班中明威將軍進輕車班中以輕車班中征遠度入寧遠班中又置安遠將軍代貞武宣遠代明烈其戎夷之號亦加附擬選序則依此承用遂以定制轉則進一班黜則退一班班即階也同班以優劣爲前後有鎭衞驃騎車騎同班四中四征同班八鎭同班八安同班四平四翊同班忠武軍師同班武臣爪牙龍騎雲麾冠軍同班鎭兵翊師宣惠宣毅四將軍東南西北四中郎將同班智威仁威勇威信威嚴威同班智武仁武勇武信武嚴武同班謂爲五德將軍輕車鎭朔武旅貞毅明威同班寧遠安遠征遠振遠宣遠同班威雄威猛威烈威振威信威勝威略威風威力威光同班武猛武略武勝武力武毅武健武烈武威武銳武勇同班猛毅猛烈猛威猛銳猛震猛進猛智猛威猛勝猛駿同班壯武壯勇壯烈壯猛壯銳壯盛壯毅壯志壯意壯力同班驍雄驍桀驍猛驍烈驍武驍勇驍銳驍名驍勝驍迅同班雄猛雄威雄明雄烈雄信雄武雄勇雄毅雄壯

雄健同班忠勇忠烈忠猛忠銳忠壯忠毅忠捍忠信忠義忠勝同班明智明略明遠明勇明烈明威明勝明進明銳明毅同班光烈光明光英光遠光勝光銳光命光勇光戎光野同班飈勇飈猛飈烈飈銳飈奇飈決飈起飈略飈勝飈出同班龍驤武視雲旗風烈電威雷音馳銳追銳羽騎突騎同班折衝冠武和戎安壘超猛英果掃虜掃狄武銳摧鋒同班開遠略遠貞威決勝清野堅銳輕銳拔山雲勇振旅同班超武鐵騎樓船宣猛樹功克狄平虜稜威昭威威戎同班伏波雄戟長劍衝冠雕騎佽飛勇騎破敵克敵威虜同班前鋒武毅開邊招遠金威破陣蕩寇殄虜横野馳射同班牙門期門同班候騎熊渠同班中堅典戎同班執訊行陣同班伏武懷奇同班偏裨將軍同班凡二百四十號爲四十四班又雍州置寧蠻校尉廣州置平越中郎將北涼南秦置西戎校尉南秦梁州置平戎校尉寧州置鎮蠻校尉西陽南新蔡晉熙廬江等郡置鎮蠻護軍武陵郡置安遠護軍巴陵郡置度支校尉皆立府隨府主號輕重而不爲定其將軍施於外國者雄義鎮遠武安同班擬鎮衞等三號四撫同班擬四征四威同班

擬西安四綏同班擬四平安遠安邊同班擬忠武等號撫河衞海安沙輔義同班擬武臣等號航海寧沙撫朔平遠同班擬鎮兵等號龍幕威河和戎拓遠朔野翊海同班擬智威等號梯山寧寇綏邊安漠威隴五號同班擬智武等號威漠明義昭信綏河寧境同班擬輕車等號候律振朔宣節向義安隴同班擬寧遠等號振漠寧隴陵海安遠平寇同班擬威雄等號懷德執信明節橫朔馳義同班擬武猛等號安朔寧河掃寇靜朔懷關同班擬驍雄等號度嶂奉化康義超隴揚化同班擬猛烈等號寧關橫沙雄邊振隴平河同班擬忠勇等號鑿空浮遼弘節宣義懷信同班擬明智等號明信陵河歸義款塞扞海同班擬光烈等號立義仰化弘信守義奉忠同班擬飈勇等號奉誠立誠建誠顯誠義誠同班擬龍驤等號尉遼寧渤綏嶺威塞通候同班擬折衝等號掃荒威荒定荒開荒理荒同班擬開遠等號奉節歸節建節效節伏節同班擬超武等號渡河陵海承化奉正綏方同班擬伏波等號伏義懷澤歸誠奉信懷義同班擬前鋒等號凡一百二十五將軍二十八班並施外國戎號準于中夏焉大同四年魏彭

城王爾朱仲遠來降以爲定洛大將軍仍使其北討故名云陳承梁皆循其制官而又置相國位列丞相上幷丞相太宰太傅太保大司馬大將軍並以爲贈官定令尙書置五員郎二十一員其餘並遵梁制爲十八班而官有清濁自十二班以上並詔授表啓不稱姓從十一班至九班禮數復爲一等又流外有七班此是寒微士人爲之從此班者方得進登第一班其親王起家則爲侍中若加將軍方得有佐史無將軍則無府止有國官皇太子家嫡者起家封王依諸王起家餘子並封公起家中書郎諸王子幷諸侯世子起家給事三公子起家員外散騎侍郎令僕子起家祕書郎若員滿亦爲板法曹雖高半階望終祕書郎下次令僕子起家著作佐郎亦爲板行參軍此外有揚州主簿太學博士王國侍郎奉朝請嗣王行參軍並起家官未合發詔諸王公參佐等官仍爲清濁或有選司補用亦有府牒即授者不拘年限去留隨意在府之日唯賓遊晏賞時復脩參更無餘事若隨府王在州其僚佐等或亦得預催督若其驅使便有職務其衣冠子弟多有脩立非氣類者唯利是求暴物亂政

皆此之類國之政事並由中書省有中書舍人五人領主事十人書吏二百人書吏不足并取助書分掌二十一局事各當尚書諸曹並爲上司總國內機要而尚書唯聽受而已被委此官多擅威勢其庶姓爲州若無將軍者謂之單車郡縣官之任代下有迎新送故之法餉饋皆百姓出並以定令其所制品秩今列之云相國丞相太宰太傅太保大司馬大將軍太尉司徒司空開府儀同三司已上秩萬石巴陵王汝陰王後尚書令已上秩中二千石品並第一中書監尚書左右僕射特進太子二傅左右光祿大夫已上中二千石品並第二中書令侍中散騎常侍領護軍吏部尚書列曹尚書金紫光祿大夫光祿大夫已上並中二千石左右衛將軍御史中丞已上二千石大后衛尉太僕少府三卿太常宗正太府衛尉司農少府廷尉光祿大匠太僕鴻臚太舟等卿太子詹事國子祭酒已上中二千石揚州刺史凡單車刺史加督進一品都督進二品不論持節假節揚州徐州加督進二品右光祿已下加都督第一品尚書令下南徐東揚州刺史皇弟皇子封國王世子品並第三通直散騎常侍員外散騎常侍黃門侍郎已上二千石祕書監中二千石左右驍騎左右游擊等將軍太子中庶子已上二千石太子左右衛率二千

石朱衣直閤雲騎游騎將軍中書侍郎已上千石尚書左右丞尚書吏部侍郎郎中已上六百石尚書郎中與吏部郎同列今品同太子三卿大中中散大夫司徒左右長史已上千石諸王師依秩減之例國子博士千石荆江南兗郢湘雍等州刺史六州加督進在第三品東揚州下加都督進在第二品右光祿下嗣王蕃王郡公縣公等世子品並第四祕書丞明堂太廟帝陵等令已上六百石散騎侍郎前左右後軍將軍左右中郎將已上千石大長秋二千石太子中舍人庶子六百石豫益廣衡等州青州領冀州北兗北徐等州梁州領南秦州司南梁交越桂霍寧等十五州加督進在第四品雍州下加都督進在第三品南徐州下不言秩丹陽尹中二千石會稽太守二千石加督進在第四品雍州下加都督進在第三品南徐州下諸郡若督及都督皆以此差次為例吳郡吳興二太守二千石侯世子不言秩皇弟皇子府諮議參軍八百石皇弟皇子府板諮議參軍不言秩皇弟皇子府長史千石皇弟皇子府板長史不言秩皇弟皇子府司馬千石皇弟皇子府板司馬不言秩皇弟皇子公府從事中郎六百石品並第五通直散騎侍郎千石著作郎六百石步兵射聲長水越騎屯騎五校尉並千石太子洗馬六百石太子步兵翊軍屯騎三校尉並秩同臺校司徒左西掾屬並本秩四百石依減秩例皇弟皇子友依減秩例皇弟皇子公府

屬本秩四百石依減秩例　五經博士六百石　子男世子不言秩　萬戶以上郡太守內史相嗣王府皇弟皇子之庶子府諮議參軍六百石板者不言秩　嗣王府皇弟皇子之庶子府長史司馬並八百石嗣王府官減正王府一階其板長史司馬並不言秩　庶姓公府諮議參軍六百石與嗣王府同其板者並不言秩　庶姓公府長史司馬並八百石其板者並不言秩　嗣王庶姓公府從事中郎六百石　皇弟皇子府中錄事參軍板府中錄事參軍中記室參軍板中記室參軍中直兵參軍板中直兵參軍揚州別駕中從事皇弟皇子南徐荊江南兗郢湘雍州別駕中從事並不言秩　品並第六給事中六百石　員外散騎侍郎祕書著作佐郎並四百石依減秩例　奉車駙馬都尉武賁中郎將羽林監宂從僕射已上並六百石　謁者僕射千石　南臺治書侍御史六百石　太子舍人二百石依減秩例　太子門大夫六百石　太子旅賁中郎將宂從僕射並秩同臺將　司徒主簿依減秩例　司徒祭酒不言秩　領護軍長史司馬廷尉正監平並六百石　皇弟皇子府錄事記室中兵等參軍板錄事記室中兵等參軍功曹史主簿公府祭酒並不言秩　皇弟皇子文學依減秩例　嗣王庶姓公府掾屬並本秩四百石依減秩例　太子二傅丞並六百石　蕃王府諮議參軍四百石　蕃王府板諮議參軍不言秩　蕃王府長史司馬六百石板者並

不言秩。庶姓持節府諮議參軍四百石。庶姓非公不持節將軍置長史六百石。庶姓持節府板諮議參軍不言秩。庶姓持節府長史司馬並六百石，板者皆不言秩。嗣王府皇弟皇子之庶子及庶姓公府中錄事中記室中直兵參軍及板中錄事中記室中直兵參軍並不言秩。不滿萬戶太守內史相二千石。丹陽會稽吳郡吳興及萬戶郡丞並六百石。建康令千石。建康正監平秩同廷尉。品並第七。中書通事舍人依減秩例。積射強弩武衛等將軍公車令太子左右積弩將軍並六百石。奉朝請武騎常侍依減秩例。太后三卿十二卿大長秋等丞並六百石。左右衛司馬不言秩。太子詹事丞胄子律博士並六百石。皇弟皇子府正參軍板正參軍行參軍板行參軍嗣王府皇弟皇子之庶子府錄事記室中兵參軍板錄事記室中兵參軍功曹史主簿庶姓非公不持節諸將軍置主簿庶姓公府錄事記室中兵參軍板錄事記室中兵參軍主簿嗣王庶姓公府祭酒蕃王府中錄事記室直兵參軍板中錄事記室直兵參軍庶姓持節府中錄事記室直兵參軍及板中錄事記室直兵參軍太子太傅五官功曹史主簿少傅五官功曹史主簿已上並不言秩。太學博士六百石。國子助教司樽郎安蠻戎越校尉中郎將府等長史六百石蠻戎越等府佐無定品自隨主軍號輕重小府減大府一階蠻戎越校尉中郎將等府板長史不言秩蠻戎越校尉中郎將等司馬六百石板者不言秩庶姓南徐荊江南兗郢湘雍等州別駕中從事不言秩不滿萬戶已下郡丞六百石五千戶已上縣令相一千石皇弟皇子國郎中令大農中尉並六百石品並第八左右二衞殿中將軍不言秩南臺侍御史依秩減例東宮通事舍人不言秩材官將軍六百石太子左右二衞率殿中將軍及丞嗣王府皇弟皇子之庶子府正參軍板正參軍行參軍板行參軍庶姓公府正參軍板正參軍蕃王府錄事記室中兵等參軍板錄事記室中兵等參軍功曹史主簿正參軍板正參軍行參軍板行參軍庶姓持節府錄事記室中兵等參軍板錄事記室中兵等參軍功曹史主簿庶姓豫益廣衡青冀北兗北徐梁秦司南徐等州別駕中從事史揚州主簿西曹及祭酒議曹二從事南徐州主簿西曹祭酒議曹二從事皇弟皇子諸州主簿西曹已上並不言秩不滿五千戶已下縣令相六百石皇弟皇子國常侍侍郎不言秩嗣王國郎中令大農中尉並四百石嗣王國常侍不言秩蕃王國郎中令大農殿中並二百石品並第九又有戎號擬官

自一品至于九品凡二百三十七鎮衛驃騎車騎等三號將軍擬官品第一此秩
中二千石四中軍撫衛權四征東南西北八鎮東南西北左右前後等十六號將軍擬官品第二秩中二千石
八安左前右後東南西北四翊左前右後四平東南西北等十六號將軍擬官品第三秩中二千石忠武
軍師武臣爪牙龍騎雲麾冠軍鎮兵翊師宣惠宣毅等將軍四中郎將智仁勇
信嚴等五威五武將軍合二十五號擬官品第四秩中二千石輕車鎮朔武旅貞毅
明威等將軍將軍加大者至此凡加大通進一階寧安征振宣等五遠將軍寧蠻校尉雍州小府蠻越校尉
中郎將隨府主軍號輕重若單作則減刺史一階若有將軍減將軍一階合十八號擬官品第五威雄猛烈震信略
勝風力光等十威武猛略勝力毅健烈威銳勇等十武猛毅烈威震銳進智勝
駿等十猛壯武勇烈猛銳威力毅志意等十壯驍雄桀猛烈武勇銳名勝迅等
十驍雄猛威明烈信武勇毅壯健等十雄忠勇烈猛銳壯毅捍信義勝等十忠
明智略遠勇烈威銳毅勝進等十明光烈明英遠勝銳命勇戎野等十光飈勇
烈猛銳奇決起勝略出等十飈將軍平越中郎廣梁南秦南梁寧等州小府西戎平戎鎮蠻
三校尉等擬官一百四號品第六並千石龍驤武視雲旗風烈電威雷音馳銳追

銳羽騎突騎折衝冠武和戎安壘超猛英果掃虜掃狄武銳摧鋒開遠略遠貞威決勝清野堅銳輕車拔山雲勇振旅等將軍擬官三十號品第七並六百石超武鐵騎樓船宣猛樹功克狄平虜稜威戎昭威戎伏波雄戟長劍衝冠雕騎佽飛勇騎破敵克敵威虜等將軍鎮蠻護軍西陽南新蔡晉熙廬江郡小府鎮蠻安遠護軍度支校尉隨府主號輕重若單作則減太守內史相一階若有將軍減一階安遠護軍度支校尉巴陵郡丞等擬官二十三號品第八並六百石前鋒武毅開邊招遠金威破陣蕩寇殄虜橫野馳射等將軍擬官十號品第九並四百石諸將起自第六品已下板則無秩其雖除不領兵領兵不滿百人并除此官而爲州郡縣者皆依本條減秩石二千石減爲千石千石降爲六百石自四百石降而無秩其州郡縣自各以本秩論凡板將軍皆降除一品諸依此減降品秩其應假給章印各依舊差不貶奪

其封爵亦爲九等之差郡王第一品秩萬石嗣王蕃王開國郡縣公第二品開國郡縣侯第三品開國縣伯第四品並視中二千石開國子第五品開國男第六品並視二千石湯沐食侯第七品鄉亭侯第八品並視千石關中關外侯第九品視六百石

陳依梁制年未滿三十者不得入仕唯經學生策試得第諸州光迎主簿西曹

左奏及經爲挽郎得仕其諸郡唯正王任丹陽尹經迎得出身庶姓尹則不得必有奇才異行殊勳別降恩旨敘用者不在常例其相知表啓通舉者每常有之亦無年常考校黜陟之法既不爲此式所以勤惰無辨凡選官無定期隨闕卽補多更互遷官未必卽進班秩其官唯論清濁從濁官則微清則勝於轉若有遷授或由別勅但移轉一人爲官則諸官多須改動其用官式吏部先爲白牒錄數十人名吏部尚書與參掌人共署奏勅或可或不可其不用者更銓量奏請若勅可則付選更色別量貴賤內外分之隨才補用以黃紙錄名八座通署奏可卽出付典名而典以名帖鶴頭板整威儀送往得官之家其有特發詔授官者卽宣付詔誥局作詔章草奏聞勅可黃紙寫出門下門下答詔請付外施行又畫可付選司行召得詔官者不必皆須待召但聞詔出明日卽與其親入謝後詣尚書上省拜受若拜王公則臨軒

隋書卷二十六考證

百官志上二十二人○閣本作二十三人

猛毅猛烈猛威猛銳猛震猛進猛智猛威猛勝猛駿○內猛威重複下文十猛將軍除猛字亦止有九字與禮儀志同無考

隋書卷二十六考證

珍倣宋版印

隋書卷二十七

唐太尉揚州都督監修國史上柱國趙國公臣長孫無忌等撰

志第二十二

百官中

後齊制官，多循後魏，置太師、太傅、太保，是爲三師，擬古上公，非勳德崇者不居。次有大司馬、大將軍，是爲二大，並典司武事。次置太尉、司徒、司空，是爲三公。三師、二大、三公府，三門，當中開黃閤，設內屏。各置長史、司馬、諮議參軍、從事中郎、掾屬、主簿、錄事、功曹、記室、戶曹、金曹、中兵、外兵、騎兵、長流、城局、刑獄等參軍事、東西閤祭酒及參軍事、法、墨、田、水、鎧、集、士等曹行參軍、兼左戶、右戶行參軍、長兼行參軍、參軍督護等員。司徒則加有左右長史。三公下次有儀同三司，加開府者，亦置長史已下官屬，而減記室、倉、城局、田、水、鎧、士等七曹各一人。其品亦每官下三府一階。三師、二大，置佐史則同太尉府。乾明中，又置丞相，河清中分爲左右，亦各置府僚云。

特進左右光祿金紫銀青等光祿大夫用人俱以舊德就閑者居之自一品已下從九品已上又有驃騎車騎衛四征四鎮中軍鎮軍撫軍翊軍四安冠軍輔國龍驤鎮遠安遠建忠建節中堅中壘振威奮威廣德弘義折衝制勝伏波陵江輕車樓船勁武昭勇明威顯信度遼橫海踰岷越嶂戎昭武毅雄烈恢猛揚麾曜鋒蕩邊開城靜漠綏戎平越殄夷飛騎隼擊武牙武奮清野橫野偏裨等將軍以褒賞勳庸

尚書省置令僕射吏部殿中祠部五兵都官度支等六尚書又有錄尚書一人位在令上掌與令同但不糾察令則彈糾見事與御史中丞更相廉察僕射職爲執法置二則爲左右僕射皆與令同左糾彈而右不糾彈錄令僕射總理六尚書事謂之都省其屬官左丞掌吏部考功主爵殿中儀曹三公祠部主客左右中兵左右外兵都官二千石度支左右戶十七曹幷彈糾見事又主管轄臺中有違失者兼糾駁之右丞各一人掌駕部虞曹屯田起部都兵比部水部膳部倉部金部庫部十一曹亦管轄臺中又主凡諸用度雜物脂燈筆墨幃帳唯不彈糾餘悉與左同幷都令史八人共掌其事其六尚書分統列曹吏部統吏部掌褒崇選補等事考功掌考第及秀孝貞士等事主爵掌封爵等事三曹殿中統殿中掌駕

行百官留守名帳宮殿禁衛供御衣倉等事　儀曹掌吉凶禮制事　三公掌五時讀時令諸曹囚帳斷罪赦日建金雞等事　駕部掌車輿牛
馬廐牧等事　四曹祠部統祠部掌祠部醫藥死喪贈賜等事　主客掌諸蕃雜客等事　虞曹掌地圖山川遠近園囿田獵殽
膳雜味等事　屯田掌籍田諸州屯田等事　起部掌諸興造工匠等事　五曹祠部無尚書則右僕射攝五兵
統左中兵掌諸郡督告身諸宿衛官等事　右中兵掌畿內丁帳事力蕃兵等事　左外兵掌河南及潼關已東諸州丁帳及發召征
兵等事　右外兵掌河北及潼關已西諸州所典與左外同　都兵掌鼓吹太樂雜戶等事　五曹都官統都官掌畿內非違得
失事　二千石掌畿外得失等事　比部掌詔書律令勾檢等事　水部掌舟船津梁公私水事　膳部掌侍官有司禮食肴饌等事
五曹度支統度支掌計會凡軍國損益事役糧廩等事　倉部掌諸倉帳出入等事　左戶掌天下計帳戶籍等事　右戶掌天
下公私田宅租調等事　金部掌權衡量度內外諸庫藏文帳等事　庫部掌凡是戎仗器用所須事　六曹凡二十八曹吏部
三公郎中各二人餘並一人凡三十部中吏部儀曹三公虞曹都官二千石比
部左戶各量事置掌故主事員門下省掌獻納諫正及司進御之職侍中給事
黃門侍郎各六人錄事四人通事令史主事令史八人統局六領左右局領左
右各二人掌知朱華閣內諸事宣傳已下白衣齋子已上皆主之　左右直長四人尚食局典御二人總知御膳
事　丞監各四人尚藥局典御及丞各二人總知御藥事　侍御師尚藥監各四人主衣

局都統子統各二人（掌御衣服玩等事）齋帥局齋帥四人（掌鋪設灑掃事）殿中局殿中監四人（掌駕前奏引行事制請修補東耕則進耒耜）

中書省管司王言及司進御之音樂監令各一人侍郎四人幷司伶官西涼部直長伶官西涼四部伶官龜茲四部伶官清商部直長伶官清商四部又領舍人省（掌署敕行下宣旨勞問）中書舍人主書各十人

祕書省典司經籍監丞各一人郎中四人校書郎十二人正字四人又領著作省郎二人佐郎八人校書郎二人

集書省掌諷議左右從容獻納散騎常侍通直散騎常侍各六人諫議大夫七人散騎侍郎六人員外散騎常侍二十人通直散騎侍郎六人給事中六人員外散騎侍郎一百二十人奉朝請二百四十人又領起居省散騎常侍通直散騎常侍散騎侍郎通直散騎侍郎各一人校書郎二人

中侍中省掌出入門閤中侍中二人中常侍中給事中各四人又有中尚藥典御及丞幷中謁者僕射各二人中尚食局典御丞各二人監四人內謁者局統

丞各一人

御史臺掌察糾彈劾中丞一人治書侍御史二人侍御史八人殿中侍御史檢校御史各十二人錄事四人領符節署令一人符璽郎中四人

都水臺管諸津橋使者二人參事十人又領都尉合昌坊城等三局尉皆分司諸津橋

謁者臺掌凡諸吉凶公事導相禮儀事僕射二人謁者三十人錄事一人

太常光祿衞尉宗正太僕大理鴻臚司農太府是爲九寺置卿少卿丞各一人各有功曹五官主簿錄事等員太常掌陵廟羣祀禮樂儀制天文術數衣冠之屬其屬官有博士四人掌禮制協律郎二人掌律呂音樂監調八書博士二人等員統諸陵掌守衞山陵等事太廟掌郊廟社稷等事太樂掌諸樂及行禮節奏等事衣冠掌冠幘舃履之屬等事鼓吹掌百戲鼓吹樂人等事太祝掌郊廟贊祝祭祀衣服等事太史掌天文地動風雲氣色律曆卜筮等事太醫掌醫藥等事廩犧掌養犧牲供祭羣祀等事太宰掌諸神祀烹宰行禮事等署令丞而太廟兼領郊祠掌五郊羣神事崇虛掌五岳四瀆神祀在京及諸州道士簿帳等事二局丞太樂兼領清商部丞掌清商音樂等事鼓吹兼領黃戶局丞掌供樂人衣服太史兼

領靈臺掌天文觀候太卜掌諸卜筮二局丞

光祿寺掌諸膳食帳幕器物宮殿門戶等事統守宮掌凡張設等事太官掌食膳事宮門主諸門籥事供府掌供御衣服玩弄之事肴藏掌器物鮭味等事清漳主酒歲二萬石春秋中半華林掌禁籞林木等事等署

宮門署置僕射六人以司其事餘各有令丞又領東園局丞員掌諸凶具

衛尉寺掌禁衛甲兵統城門寺置校尉二人以司其職掌宮殿城明幷諸倉庫管籥等事又領公車掌尙書所不理有枉屈經判奏聞武庫掌甲兵及吉凶儀仗衛士掌京城及諸門兵士等署令武庫又有修故局丞掌領匠修故甲等事

太宗正寺掌宗室屬籍統皇子王國諸王國諸長公主家

太僕寺掌諸車輦馬牛畜產之屬統驊騮掌御馬諸鞍乘及左右龍左右牝掌駝馬駝牛掌飼駝騾驢牛司羊掌諸羊乘黃掌諸輦輅車府掌諸雜車等署令丞驊騮署又有奉承直長二人

左龍署有左龍局右龍署有右龍局左牝署有左牝局右牝署有右牝局駝牛署有典駝特牛牸牛三局司羊署有特羊牸羊局諸局並有都尉寺又領司訟典腊出入等三局丞

大理寺掌決正刑獄正監評各一人律博士四人明法掾二十四人檻車督二人掾十人獄丞掾各二人司直明法各十人

鴻臚寺掌蕃客朝會吉凶弔祭統典客典寺司儀等署令丞典客署又有京邑薩甫二人諸州薩甫一人典寺署有僧祇部丞一人司儀署又有奉禮郎三十人

司農寺掌倉市薪菜園池果實統平準太倉鈎盾典農導官梁州水次倉石濟水次倉藉田等署令丞而鈎盾又別領大囿上林遊獵柴草池藪苜蓿等六部丞典農署又別領山陽平頭督亢等三部丞導官署又有御細部麴麵部典庫部等倉督員

太府寺掌金帛府庫營造器物統左中右三尚方左藏司染諸冶東西道署黃藏右藏細作左校甄官等署令丞左尚方又別領別局樂器器作三局丞中尚方又別領別局涇州絲局雍州絲局定州紬綾局四局丞右尚方又別領別局丞司染署又別領京坊河東信都三局丞諸冶東道又別領滏口武安白間三

局丞諸冶西道又別領晉陽冶泉部大邪原仇四局丞甄官署又別領石窟丞

國子寺掌訓教冑子祭酒一人亦置功曹五官主簿錄事員領博士五人助教十人學生七十二人太學博士十人助教二十人太學生二百人四門學博士二十人助教二十人學生三百人

長秋寺掌諸宮閣卿中尹各一人並用宦者丞二人亦有功曹五官主簿錄事員領中黃門掖庭晉陽宮中山宮園池中宮僕奚官等署令丞又有暴室局丞其中黃門又有冗從僕射及博士四人掖庭晉陽中山各有宮教博士二人中山署又別有麵豆局丞園池署又別有桑園部丞中宮僕署又別有乘黃局教尉細馬車都督車府部丞奚官署又別有染局丞

將作寺掌諸營建大匠一人丞四人亦有功曹主簿錄事員若有營作則立將副將長史司馬主簿錄事等各一人又領軍主副幢主副等

昭玄寺掌諸佛教置大統一人統一人都維那三人亦置功曹主簿員以管諸州郡縣沙門曹

領軍府將軍一人掌禁衛宮掖朱華閤外凡守衛官皆主之輿駕出入督攝仗衛中領軍亦同有長史司馬功曹五官主簿錄事釐其府事又領左右衛領左右等府左右衛府將軍各一人掌左右廂所主朱華閤以外各武衛將軍二人貳之皆有司馬功曹主簿錄事釐其府事其御仗屬官有御仗正副都督御仗五職御仗等員其直盪屬官有直盪正副都督直入正副都督勳武前鋒正副都督勳武前鋒五藏等員直衛屬官有直衛正副都督翊衛正副都督前鋒正副都督等員直突屬官有直突都督勳武前鋒散都督等員直閤屬官有朱衣直閤直閤將軍直寢直齋直後之屬又有武騎雲騎將軍各一人驍騎遊擊前後左右等四軍將軍左右中郎將各五人步兵越騎射聲屯騎長水等校尉奉車都尉等各十人武賁中郎將羽林監各十五人冗從僕射三十人騎都尉六十人積弩積射強弩等將軍及武騎常侍各二十五人殿中將軍五十人員外將軍一百人殿中司馬督五十人員外司馬督一百人

領左右府有領左右將軍領千牛備身又有左右備身正副都督左右備身五

職左右備身員又有刀劍備身正副都督刀劍備身五職刀劍備身員又有備身正副督備身五職員

護軍府將軍一人掌四中關津輿駕出則護駕中護軍亦同有長史司馬功曹五官主簿錄事鎧其府事其屬官東西南北四中府皆統之四府各中郎將一人長史司馬錄事參軍統府錄事各一人又有統府直兵及功曹倉曹中兵外兵騎兵長流城局等參軍各一人法田鎧等曹行參軍各一人又領諸關尉津尉

行臺在令無文其官置令僕射其尚書丞郎皆隨權制而置員焉其文未詳

太子太師太傅太保是爲三師掌師範訓導輔翊皇太子少師少傅少保是爲三少各一人掌奉皇太子以觀三師之德出則三師在前三少在後

詹事總東宮內外衆務事無大小皆統之府置丞功曹五官主簿錄事員領家令率更令僕等三寺左右衛二坊三寺各置丞二坊各置司馬俱有功曹主簿以承其事

家令領食官典倉司藏等署令丞又領內坊令丞掌知閤內諸事其食官又別領器局酒局二丞典倉又別領園丞司藏又別領仗庫典作二局丞率更領中盾署令丞各一人掌周衞禁防漏刻鍾鼓

僕寺領廐牧署令丞署又別有車輿局丞

左右衞坊率各領騎官備身正副都督騎官備身五職騎官備身員又有內直備身正副都督內直備身五職內直備身員又有備身正副都督備身五職員又有直閤直前直後員又有旅騎屯衞典軍等校尉各二人騎尉三十人

門下坊中庶子中舍人通事守舍人主事守舍人各四人又領殿內典膳藥藏齋帥等局殿內局有內直監二人副直監四人典膳藥藏局監丞各二人藥藏又有侍醫四人齋帥局齋帥內閤帥各二人

典書坊庶子四人舍人二十八人又領典經坊洗馬八人守舍人二人門大夫坊門大夫主簿各一人幷統伶官西涼二部伶官清商二部

自諸省臺府寺各因其繁簡而置吏有令史書令史書吏之屬又各置曹兵以

共其役其員因繁簡而立其餘主司專其事者各因事立名條流甚衆不可得而具也王位列大司馬上（非親王則位在三公下）置師一人餘官大抵與梁制不異其封內之調盡以入臺三分食一公已下四分食一

皇子王國置郎中令大農中尉常侍各一人侍郎二人上中下三將軍各一人上中大夫各二人防閤四人典書典祠學官典衞等令各一人齋帥四人食官廐牧長各一人典醫丞二人典府丞一人執書二人謁者四人舍人十人等員諸王國則加有陵長廟長常侍各一人而無中將軍員上中大夫各減一人諸公又減諸王防閤齋帥典醫丞等員諸侯伯子男國又減諸公國將軍大夫員

諸公主則置家令丞主簿錄事等員

司州置牧屬官有別駕從事史治中從事史州都主簿西曹書佐記室戶曹功曹金曹租曹兵曹騎曹都官法曹部郡等從事員（主簿置史西曹已下各置掾史）又領西東市署令丞及統清都郡諸畿郡

清都郡置尹丞中正功曹主簿督郵五官門下督錄事主記議及功曹記室戶

田金租兵騎賊法等曹掾中部掾等員

鄴臨漳成安三縣令各置丞中正功曹主簿門下督錄事主記議及功曹記室戶田金租兵騎賊法等曹掾員鄴又領右部南部西部三尉又領十二行經途尉凡一百三十五里里置正臨漳又領左部東部二尉左部管九行經途尉凡一百一十四里里置正成安又領後部北部二尉後部管十一行經途尉七十四里里置正清都郡諸縣令已下官員悉與上上縣同諸畿郡太守已下悉與上上郡同

上上州刺史置府屬官有長史司馬錄事功曹倉曹中兵等參軍事及掾史主簿及掾記室掾史外兵騎兵長流城局刑獄等參軍事及掾史參軍事及法墨田鎧集士等曹行參軍及掾史右戶掾史行參軍長兼行參軍督護統府錄事統府直兵箱錄事等員州屬官有別駕從事史治中從事史州都光迎主簿主簿西曹書佐市令及史祭酒從事史部郡從事早服從事典籤及史門下督省事都錄事及史箱錄事及史朝直刺姦記室掾戶曹田曹金曹租曹兵曹左戶

等掾史等員

上上州府州屬官佐史合三百九十三人上中州減上上州十人上下州減上中州十人中上州減上下州五十一人中中州減中上州十人中下州減中中州十人下上州減中下州五十人下中州減下上州十人下下州減下中州十人

上上郡大守屬官有丞中正光迎功曹光迎主簿功曹主簿五官省事錄事及西曹戶曹金曹租曹兵曹集曹等掾佐太學博士助教太學生市長倉督等員合屬官佐史二百一十二人上中郡減上上郡五人上下郡減上中郡五人中上郡減上下郡四十五人中中郡減中上郡五人中下郡減中中郡五人下上郡減中下郡四十人下中郡減下上郡二人下下郡減下中郡二人

上上縣令屬官有丞中正光迎功曹光迎主簿功曹主簿錄事及西曹戶曹金曹租曹兵曹等掾市長等員合屬官佐史五十四人上中縣減上上縣五人上下縣減上中縣五人中上縣減上下縣六人中中縣減中上縣五人中下縣減

中中縣一人下上縣減中下縣一人下中縣減下上縣一人下下縣減下中縣一人

自州郡縣各因其大小置白直以供其役

三等諸鎮置鎮將副將長史錄事參軍倉曹中兵長流城局等參軍事鎧曹行參軍市長倉督等員

三等戍置戍主副掾隊主副等員

官一品每歲祿八百匹二百匹爲一秩從一品七百匹一百七十五匹爲一秩

二品六百匹一百五十匹爲一秩從二品五百匹一百二十五匹爲一秩

三品四百匹一百匹爲一秩從三品三百匹七十五匹爲一秩

四品二百四十匹六十匹爲一秩從四品二百匹五十匹爲一秩

五品一百六十匹四十匹爲一秩從五品一百二十匹三十匹爲一秩

六品一百匹二十五匹爲一秩從六品八十匹二十匹爲一秩

七品六十匹十五匹爲一秩從七品四十匹十匹爲一秩

八品三十六匹九匹爲一秩從八品三十二匹八匹爲一秩
九品二十八匹七匹爲一秩從九品二十四匹六匹爲一秩
祿率一分以帛一分以粟一分以錢事繁者優一秩平者守本秩閑者降一秩長兼試守者亦降一秩官非執事不朝拜者皆不給祿又自一品已下至於流外勳品各給事力一品至三十人下至於流外勳品或以五人爲等或以四人三人二人一人爲等繁者加一等平者守本力閑者降一等焉

州郡縣制祿之法刺史守令下車各前取一時之秩

上上州刺史歲秩八百匹與司州牧同上中上下各以五十匹爲差中上降上下一百匹中中及中下亦以五十匹爲差下上降中下一百匹下中下下亦各以五十匹爲差

上郡太守歲秩五百匹降清都尹五十匹上中上下各以五十匹爲差中上降上下四十匹中中及中下各以三十匹爲差下上降中下四十匹下中下下各以二十匹爲差

上上縣歲秩一百五十匹與鄴臨漳成安三縣同上中上下各以十匹爲差中上降上下三十匹中中及中下各以五匹爲差下上降中下二十匹下中下下各以十匹爲差

州自長史已下逮于史吏郡縣自丞已下逮于掾佐亦皆以帛爲秩郡有尉者尉減丞之半皆以其所出常調課之其鎮將戍主軍主副幢主副逮于掾史亦各有差矣

諸州刺史守令已下幹及力皆聽敕乃給其幹出所部之人一幹輸絹十八匹幹身放之力則以其州郡縣白直充

三師王二大大司馬大將軍三公爲第一品

開府儀同三司開國郡公爲從一品

儀同三司太子三師特進尚書令驃騎車騎將軍二將軍加大者在開國郡公下衞將軍加大者在太子太師上四征將軍加大者次衞大將軍左右光祿大夫散郡公開國縣公爲第二品

尚書僕射置二左居右上中書監四鎮加大者次四征中鎮撫軍將軍三將軍武職罷任者爲之領軍加大者在

尚書令下護軍翊軍將軍金紫光祿大夫散縣公開國縣侯爲從二品
吏部尚書四安將軍中領護太常光祿衞尉卿太子三少中書令太子詹事侍
中列曹尚書四平將軍大宗正大僕大理鴻臚司農太府卿清都尹三等上州
刺史左右衞將軍祕書監銀青光祿大夫散縣侯開國縣伯爲第三品
散騎常侍三等中州刺史司徒左長史四方中郎將四護匈奴羌戎夷蠻越中郎將國
子祭酒御史中丞中侍中長秋卿將作大匠冠軍將軍太尉長史領左右將軍
武衞將軍太子左右衞率輔國將軍四護校尉太中大夫龍驤將軍三等上郡
太守散縣伯爲從第三品
鎮遠安遠將軍太常光祿衞尉少卿尚書吏部郎中給事黃門侍郎太子中庶
子司徒右長史司空長史太宗正太僕大理鴻臚司農太府少卿三公府司馬
中常侍中尹城門校尉武騎雲騎驍騎游擊將軍已前上階建忠建節將軍通直散
騎常侍諸開府長史中大夫三等下州刺史三等鎮將諸開府司馬開國縣子
爲第四品

中堅中壘將軍尚書左丞三公府諮議參軍事司州別駕從事史三等上州長史太子三卿前左右後軍將軍中書侍郎太子庶子三等中郡太守左右備身刀劍備身備身衞仗直盪等正都督三等上州司馬已前上階振威奮武將軍諫議大夫尚書右丞諸開府諮議參軍司州治中從事史左右中郎將步兵越騎射聲屯騎長水校尉朱衣直閤直閤將軍太子騎官備身內直備身等正都督三等鎭副將散縣子爲從第四品

廣德弘義將軍太子備身直入直衞等正都督領左右三等中州長史三公府從事中郎祕書丞皇子友國子博士散騎侍郎太子中舍人員外散騎常侍三等中州司馬已前上階折衝制勝將軍主衣都統尚食尚藥二典御太子旅騎屯衞典軍校尉領護府長史司馬諸開府從事中郎開國縣男爲第五品

伏波陵江將軍三等下州長史三公府掾屬著作郎通直散騎侍郎太子洗馬左右備身刀劍備身御使直塗等副都督左右直長中尚食中尚藥典御三等下州司馬已前上階輕車樓船將軍駙馬都尉翊衞正都督直寢直齋奉車都尉都

水使者諸開府掾屬崇聖歸義歸正歸命歸德侯清都郡丞治書侍御史鄴臨漳成安三縣令中給事中三等下郡太守大理司直太子直閤二衛隊主太子騎官內直備身副都督開國鄉男散縣男爲從第五品

勁武昭勇將軍尚書諸曹郎中中書舍人三公府主簿三等上州別駕從事史四中府三等鎮守長史三公府錄事參軍事皇子郎中令三公府功曹記室戶倉户兵參軍事皇子文學謁者僕射已前上階明威顯信將軍太子備身副都督四中府司馬武賁中郎將羽林監宂從僕射直入副都督千牛備身大理正監評侍御師諸開府錄事功曹記室倉中兵等曹參軍事三等上州錄事參軍事治中從事史三等上郡丞三等上縣令太子內直監平準署令爲第六品

度遼橫海將軍直突都督三等中州別駕從事史三公府列曹參軍事給事中太子門大夫三等上州功倉中兵等參軍事皇子大農騎都尉直後符璽郎中三等中州錄事參軍事已前上階踰岷越嶂將軍直衞副都督三等中州從事史諸開府主簿列曹參軍事三等中州功倉中兵等參軍事太子舍人三寺丞太子

直前太子副直監太子諸隊主爲從第六品

戎昭武毅將軍勳武前鋒正都督三公府東西閤祭酒三等下州別駕從事史三等上州府主簿列曹參軍事三等下州錄事參軍事四中府錄事參軍事王公國郎中令積弩積射將軍員外散騎侍郎皇子中尉三公府參軍事列曹行參軍已前上階 雄烈恢猛將軍翊衞副都督諸開府東西閤祭酒參軍事列曹行參軍三等下州功倉中兵參軍事四中府功倉中兵參軍事三等中州府主簿列曹參軍事二衞府司馬詹事府丞左右備身五職三等鎭錄事參軍事六寺丞祕書郎中著作佐郎太子侍醫太子騎尉太子騎官備身五職三等中郡丞三等中縣令爲第七品

揚麾曜鋒將軍勳武前鋒副都督強弩將軍三公府行參軍三等上州參軍事列曹行參軍三等下州府主簿列曹參軍事四中府列曹參軍事王公國大農長秋將作寺丞太子二率坊司馬三等鎭倉中兵參軍事已前上階 蕩邊開域將軍勳武前鋒散都督太學博士皇子常侍太常博士武騎常侍左右備身刀劍備

身五職（都將別統軍主幢主）三等中州參軍事列曹行參軍諸開府行參軍奉朝請國子助教公車京邑二市署令三等鎮列曹參軍事三縣丞侍御史尚食尚藥丞齋帥中尚食中尚藥丞太子直後二衛隊副前鋒正都督太子騎官備身太子內直備身五職（已見前）諸戍主軍主爲從第七品

靜漠綏戎將軍協律郎三等上州行參軍三等下州參軍事列曹參軍事四中府列曹行參軍侯伯國郎中令殿中將軍皇子侍郎（已前上階）平越殄夷將軍刀劍備身五職（已見前）前鋒副都督太子內直備身主書殿中侍御史太子典膳藥藏丞太子齋帥三等中州行參軍王公國中尉三等鎮鎧曹行參軍三等下郡丞三等下縣令爲第八品

飛騎隼擊將軍三公府長兼左右戶行參軍長兼行參軍門下錄事尚書都令史檢校御史諸署令諸開府典籤中謁者僕射中黃門冗從僕射（已前上階）武牙武奮將軍備身御仗五職宮門署僕射太子備身五職侯伯國大農皇子上中下將軍皇子上中大夫王公國常侍諸開府長兼左右戶行參軍諸開府長兼行

參軍員外將軍勳武前鋒五職司州及三等上州典籤太子諸隊副諸戍諸軍副清都郡丞爲從第八品

清野將軍子男國郎中令諸署內謁者局統三等上州長兼行參軍中黄門太子內坊令公主家令皇子防閤典書令四門博士大理律博士校書郎三公府參軍督護都水參軍事七部尉諸郡尉已前上階橫野將軍王公國侍郎侯伯國中尉謁者太子三寺丞諸開府參軍督護殿中司馬督御仗太子食官中省典倉等令太子備身平準公車丞三等中州典籤爲第九品

偏將軍諸宮教博士太子司藏廐牧令太子校書諸署別局都尉諸尉諸關津尉三等上州參軍督護三等中州長兼行參軍祕書省正字皇太子三令王公國上中下將軍及上中大夫諸署令諸縣丞已前上階裨將軍領軍護軍府太常光祿衞尉寺詹事府等功曹五官奉禮郎子男國大農小黄門員外司馬督太學助教諸幢主遙途尉中侍中省錄事三等下州典籤尚書門下中書等省醫師爲從第九品

流內比視官十三等第一領人酋長視從第三品第一不領人酋長視第四品第二領人酋長第一領人庶長視從第四品諸州大中正第二不領人酋長第一不領人庶長視第五品諸州中正畿郡邑中正第三領人酋長第二領人庶長視從第五品第三不領人酋長第二不領人庶長視第六品第三領人庶長視從第六品第三不領人庶長視第七品司州州都主簿國子學生視從第七品諸州州都督簿司州西曹書佐清都部中正功曹視第八品司州列曹從事諸州西曹書佐諸郡中正功曹清都郡主簿視從第八品司州部郡從事諸州祭酒從事史視第九品諸州部郡從事司州守從事諸郡主簿司州武猛從事視從第九品

周太祖初據關內官名未改魏號及方隅粗定改創章程命尚書令盧辯遠師周之建職置三公三孤以爲論道之官次置六卿以分司庶務其所制班序內命謂王朝之臣三公九命三孤八命六卿七命上大夫六命中大夫五命下大夫四命上士三命中士再命下士一命

外命謂諸侯及其臣諸公九命諸侯八命諸伯七命諸子六命諸男五命諸公之孤卿四命侯之孤卿公之大夫三命子男之孤卿侯伯之大夫公之上士再命子男之大夫公之中士侯伯之上士一命公之下士侯伯之中士下士子男之士不命其制祿秩下士一百二十五石中士已上至於上大夫各倍之上大夫是爲四千石卿二分孤三分公四分各益其一公因盈數爲一萬石其九秩一百二十石八秩至於七秩每二秩六分而下各去其一二秩俱爲四十石凡頒祿視年之上下畝至四釜爲上年上年頒其正三釜爲中年中年頒其半二釜爲下年下年頒其一無年爲凶荒不頒祿六官所制如此制度既畢太祖以魏恭帝三年始命行之所設官名訖於周末多有改更並具盧傳不復重序云

隋書卷二十七

隋書卷二十七考證

百官志中駝牛署有典駝特牛牸牛三局〇舊本牸訛特　臣映斗按牸牝牛特牡牛蓋牡牛牝牛各爲一局以時孳乳而後蕃息孔叢子子欲速富當畜五牸字典無牸字

左尚方又別領別局樂器器作三局丞〇南監本無下別字閣本注宋刻無別字按下文亦有別領別局仍之

又別有乘黃局教尉〇按教疑作校

隋書卷二十七考證

珍倣宋版印

隋書卷二十八

唐太尉揚州都督監修國史上柱國趙國公臣長孫無忌等撰

志第二十三

百官下

高祖既受命，改周之六官，其所制名，多依前代之法。置三師、三公及尚書、門下、內史、祕書、內侍等省，御史、都水等臺，太常、光祿、衞尉、宗正、太僕、大理、鴻臚、司農、太府、國子、將作等寺，左右衞、左右武衞、左右武候、左右領左右、左右監門、左右領軍等府，分司統職焉。

三師，不主事，不置府僚，蓋與天子坐而論道者也。

三公，參議國之大事，依後齊置府僚。無其人則闕。祭祀則太尉亞獻，司徒奉俎，司空行掃除。其位多曠，皆攝行事。尋省府及僚佐，置公則坐於尚書都省。朝之衆務，總歸於臺閣。

尚書省，事無不總。置令、左右僕射各一人，總吏部、禮部、兵部、都官、度支、工部等六曹事是爲八座屬官左右丞各一人都事八人分司管轄吏部尚書統吏部侍郎二人主爵侍郎一人司勳侍郎二人考功侍郎一人禮部尚書統禮部祠部侍郎各一人主客膳部侍郎各二人兵部尚書統兵部職方侍郎各二人駕部庫部侍郎各一人都官尚書統都官侍郎二人刑部比部侍郎各一人司門侍郎二人度支尚書統戶部侍郎各二人金部倉部侍郎各一人工部尚書統工部屯田侍郎各二人虞部水部侍郎各一人凡三十六侍郎分司曹務直宿禁省如漢之制

門下省納言二人給事黃門侍郎四人錄事通事令史各六人又有散騎常侍通直散騎常侍各四人諫議大夫七人散騎侍郎四人員外散騎常侍六人通直散騎侍郎四人並掌部從朝直又有給事二十人員外散騎侍郎二十人奉朝請四十人並掌同散騎常侍等兼出使勞問統城門尚食尚藥符璽御府殿內等六局城門局校尉二人直長四人尚食局典御二人直長四人食醫四人尚藥局典御二人侍御醫直長各四人醫師四十人符璽御府殿內局監各二

人直長各四人
內史省置監令各一人尋廢監置令二人侍郎四人舍人八人通事舍人十六人主書十人錄事四人
祕書省監丞各一人郎四人校書郎十二人正字四人錄事二人領著作太史二曹著作曹置郎二人佐郎八人校書郎正字各二人太史曹置令丞各二人司曆二人監候四人其曆天文漏刻視祲各有博士及生員
內侍省內侍內常侍各二人內給事四人內謁者監六人內寺伯二人內謁者十二人寺人六人伺非八人並用宦者領內尚食掖庭宮闈奚官內僕內府等局尚食置典御及丞各二人餘各置令丞皆二人其宮闈內僕則加置丞各一人掖庭又有宮教博士二人
御史臺大夫一人治書侍御史二人侍御史八人殿內侍御史監察御史各十二人錄事二人後魏延昌中王顯有寵於宣武爲御史中尉請革選御史此後踵其事每一中尉則更置御史自開皇後始自吏部選用仍依舊入直禁中
都水臺使者及丞各二人參軍三十人河堤謁者六十人錄事二人領掌船局

都水尉二人又領諸津上津每尉一人丞二人中津每尉丞各一人下津每典作一人津長四人

太常光祿衛尉宗正太僕大理鴻臚司農太府等九寺並置卿少卿各一人太僕尋加少卿一人各置丞太常衛尉宗正大理鴻臚將作二人光祿太僕各三人司農五人太府六人主簿太府四人餘寺各二人錄事各二人光祿則加至三人司農太府則各四人等員

太常寺又有博士四人協律郎二人奉禮郎十六人統郊社太廟諸陵太祝衣冠太樂清商鼓吹太醫太卜廩犧等署各置令並一人太樂太醫則各加至二人丞各一人郊社太樂鼓吹則各至二人郊社署又有典瑞四人太祝署有太祝二人太樂署清商署各有樂師員太樂八人清商二人鼓吹署有哄師二人太醫署有主藥二人醫師二百人藥園師二人醫博士二人助教二人按摩博士二人祝禁博士二人等員太卜署有卜師二十人相師十人男覡十六人女巫八人太卜博士助教各二人相博士助教各一人等員

光祿寺統大官肴藏良醞掌醢等署各置令大官三人肴藏良醞各二人掌醢一人丞大官八人肴藏掌醢各二人良醞四人大官又有監膳十二人良醞有掌醞五十人掌醢有掌醢十人等員

衛尉寺統公車武庫守宮等署各置令(公車一人武庫守宮各二人)丞(公車一人武庫二人)等員

宗正寺不統署

太僕寺又有獸醫博士員(一百二十人)統驊騮乘黃龍廄車府典牧牛羊等署各置令(二人乘黃車府則各減二人)丞(二人乘黃則一人典牧牛羊則各三人)等員

大理寺不統署又有正監評(各一人)司直(十人)律博士(八人)明法(二十人)獄掾(八人)

鴻臚寺統典客司儀崇玄三署各置令(二人崇玄則惟置一人)典客署又有掌客(十人)司儀有掌儀(二十人)等員

司農寺統太倉典農平準廩市鉤盾華林上林導官等署各置令(二人鉤盾上林則加至三人華林惟置一人)太倉又有米廩督(二人)穀倉督(四人)鹽倉督(二人)京市有肆長(四十人)導官有御細倉督(二人)麴麪倉督(二人)等員

太府寺統左藏左尚方內尚方右尚方司染右藏黃藏掌治甄官等署各置令(二人左右尚方則加至二人黃藏則惟置一人)丞(四人左尚則八人右尚則六人黃藏則一人)等員

國子寺(元隸太常)祭酒(一人)屬官有主簿錄事(各一人)統國子太學四門書算學各置博

士國子太學四門各五人書算各二人助教國子太學四門各五人書算各二人學生國子一百四十人太學四門各三百六十人書四十人算八十人等員

將作寺大匠一人丞主簿錄事各二人統左右校署令各二人丞左校四人右校三人各有監作左校十二人右校八人等員

左右衛左右武衛左右武候各大將軍一人將軍二人並有長史司馬錄事功倉兵騎等曹參軍法曹鎧曹行參軍各一人行參軍左右衛左右武候各六人左右武衛各八人等員

左右衛掌宮掖禁禦督攝仗衛又各有直閤將軍六人直寢十二人直齋直後各十五人並掌宿衛侍從奉車都尉六人掌馭副車武騎常侍十人殿內將軍十人五員外將軍二十人殿內司馬督二十人員外司馬督四十人並以參軍府朝出使勞問左右衛又各統親衛置開府左勳衛開府左翊一開府二開府三開府四府及武衛武候領軍東宮領兵開府準此府置開府一人有長史司馬錄事及倉兵等曹參軍法曹行參軍各一人行參軍三人又有儀同府武衛武候領軍東宮領兵儀同皆準此儀同已下置員同開府但無行參軍員諸府皆領軍坊每坊東宮軍坊準此置坊主一人佐二人每鄉團東宮鄉團準此置團主一人佐二人左右武衛府無置閤已

下員但領外軍宿衞

左右武候掌車駕出先驅後殿晝夜巡察執捕姦非烽候道路水草所置巡狩師田則掌其營禁右加置司辰師四人漏刻生一百十人

左右領左右府各大將軍一人將軍二人掌侍衞左右供御兵仗領千牛備身十二人掌執千牛刀備身左右十二人掌供御弓箭備身六十人掌宿衞侍從各置長史司馬錄事及倉兵二曹參軍事鎧曹行參軍各二人等員

左右監門府各將軍一人掌宮殿門禁及守衞事各置郎將二人校尉直長各三十人長史司馬錄事及倉兵曹參軍鎧曹行參軍各一人行參軍四人等員

左右領軍府各掌十二軍籍帳差科辭訟之事不置將軍唯有長史司馬掾屬及錄事功倉戶騎兵等曹參軍法鎧等曹行參軍各一人行參軍十六人等員又置明法四人隸於法司掌律令輕重

行臺省則有尚書令僕射左右任置兵部兼吏部禮部度支兼都官工部尚書及丞左右任置各一人都事四人有考功兼吏部爵部司勳禮部兼祠部主客膳部兵部兼職方駕部庫部刑部兼都

官司門度支兼倉部戶部兼比部金部工部屯田兼虞部水部侍郎各一人每行臺置食貨

農圃武器百工監副監各一人各置丞食貨四人農圃六人武器二人百工四人錄事食貨農圃百工各二人武

器一人等員

太子置太師太傅太保少師少傅少保開皇初置詹事二年定令罷之

門下坊置左庶子二人內舍人四人錄事二人主事令史四人統司經宮門內

直典膳藥藏齋帥等六局司經置洗馬四人校書六人正字二人宮門置大夫

二人內直置監副監各二人監殿舍人四人典膳藥藏並置監丞各二人藥藏

又有侍醫四人齋帥置四人

典書坊右庶子二人舍人通事舍人各八人錄事二人主事令史四人內坊典

內及丞各二人丞直四人錄事一人內廄置尉二人掌內車輿之事

家令掌刑法食膳倉庫什物奴婢等事率更令掌伎樂漏刻僕掌宗族親疏車輿騎乘各一人三寺各置丞家令

二人寺各一人錄事家令二人寺各一人家令領食官典倉司藏三署令各一人丞食官二人典倉一人司藏三人

僕寺領廄牧令一人員

左右衞各置率一人副率二人掌宮中禁衞各置長史司馬及錄事功倉兵騎兵等曹參軍事法曹鎧曹行參軍各一人行參軍四人員又各有直閤四人直寢八人直齋直後各十人

左右宗衞制官如左右衞各掌以宗人侍衞加置行參軍二人而無直閤直寢直齋直後等員

左右虞候各置開府一人掌斥候伺非長史已下如左右衞而無錄事參軍員減行參軍一人

左右內率副率各一人掌領備身已上禁內侍衞供奉兵仗又無功騎兵法等曹及行參軍員餘與虞候同有千牛備身八人掌執千牛刀備身左右八人掌供奉弓箭備身二十人掌宿衞侍從

左右監門各率一人副率二人掌諸門禁長史已下同內率府而各有直長十人

高祖又採後周之制置上柱國柱國上大將軍大將軍上開府儀同三司開府

儀同三司上儀同三司儀同三司大都督帥都督都督總十一等以酬勤勞又有特進左右光祿大夫金紫光祿大夫銀青光祿大夫朝議大夫朝散大夫並爲散官以加文武官之德聲者並不理事六品已下又有翊軍等四十三號將軍品凡十六等爲散號將軍以加汎授居曹有職務者爲執事官無職務者爲散官凡上柱國已下爲散實官軍爲散號官諸省及左右衞武候領左右監門府爲內官自餘爲外官國王郡王國公郡公縣公侯伯子男凡九等皇伯叔昆弟皇子爲親王置師友各一人文學二人（嗣王則無師友）長史司馬諮議參軍事掾屬各一人主簿二人錄事功曹記室戶倉兵等曹騎兵城局等參軍事東西閤祭酒各一人參軍事四人法田水鎧士等曹行參軍各一人行參軍六人長兼行參軍八人典籤二人

上柱國嗣王郡王無主簿錄事參軍東西閤祭酒長兼行參軍等員而加參軍事爲五人行參軍爲十二人柱國又無騎兵參軍事水曹行參軍等員而減參軍事行參軍各一人上大將軍又無諮議參軍事田曹鎧曹行參軍員又減行

參軍一人大將軍又無掾屬員又減參軍事二人上開府又無法曹士曹行參軍參軍事員開府又無典籤員減行參軍二人上儀同又無功曹城局參軍事員又減行參軍二人儀同又無倉曹員減行參軍三人

三師三公置府佐與柱國同若上柱國任三師三公唯從上柱國置王公已下三品已上又並有親信帳內各隨品高卑而制員

諸王置國官有令大農各一人尉各二人典衞各八人常侍各二人侍郎各四人廟長學官長各一人食官廄牧長丞各一人典府長丞各一人舍人各四人等員上柱國柱國公減典衞二人無侍郎員侯伯又減典衞二人食官廄牧長各一人子男又減尉典衞常侍舍人各一人上大將軍大將軍公同柱國子男其侯伯減公典衞侍郎廄牧丞各一人子男無令無典衞又減舍人一人上開府開府公同大將軍子男其侯伯又無常侍無食官廄牧丞子男又無侍郎廄牧長上儀同儀同公同開府子男其侯伯又無尉無學官長子男又無廄長食官長二王後置國官與諸王同郡王與上柱國公同國公無上開府已上官者

與開府公同散郡公與儀同侯伯同散縣公與儀同子男同大長公主長公主

公主並置家令丞各一人主簿謁者舍人各二人等員郡主唯減主簿員

雍州置牧屬官有別駕贊務州都郡正主簿錄事西曹書佐金戶兵法士等曹

從事部郡從事武猛從事等員并佐史合五百二十四人

京兆郡置尹丞正功曹主簿金戶兵法士等曹佐等員并佐史合二百四十四

人

大興長安縣置令丞正功曹主簿西曹金戶兵法士曹等員并佐史合一百四

十七人

上上州置刺史長史司馬錄事參軍事功曹戶兵等曹參軍事法士曹等行參

軍行參軍典籤州都光初主簿郡正主簿西曹書佐祭酒從事部郡從事倉督

市令丞等員并佐史合三百二十三人

上中州減上上州吏屬十二人

上下州減上中州十六人

中上州減上下州二十九人

中中州減中上州二十人

中下州減中中州二十人

下上州減中下州三十二人

下中州減下上州十五人

下下州減下中州十二人

郡置太守丞尉正光初功曹光初主簿縣正功曹主簿西曹金戶兵法士等曹

市令等員幷佐史合一百四十六人

上上郡吏屬五人

上中郡減上上郡四人

上下郡減上中郡四人

中上郡減上下郡十九人

中中郡減中上郡六人

中下郡減中中郡五人

下上郡減中下郡十九人
下中郡減下上郡五人
下下郡減下中郡六人
縣置令丞尉正光初功曹光初主簿功曹主簿西曹金戶兵法士等曹佐及市
令等員合九十九人
上中縣減上上縣吏屬四人
上下縣減上中縣五人
中上縣減上下縣十人
中中縣減中上縣五人
中下縣減中中縣五人
下上縣減中下縣十二人
下中縣減下上縣六人
下下縣減下中縣五人

州置總管者列爲上中下三等總管刺史加使持節

鎮置將副戍置主副關置令丞其制官屬各立三等之差

同州總監副監各一人置二丞統食貨農圃二監副監岐州亦置監副監諸冶亦置三等監各有丞員

鹽池置總監副監丞等員管東西南北面等四監亦各置副監及丞隴右牧置總監副監丞以統諸牧其驊騮牧及二十四軍馬牧每牧置儀同及尉大都督帥都督等員驢騾牧置帥都督及尉原州羊牧置大都督并尉原州駝牛牧置尉又有皮毛監副監及丞錄事又鹽州牧監置監及副監置丞統諸羊牧牧置尉苑川十二馬牧每牧置大都督及尉各一人帥都督二人沙苑羊牧置尉二人緣邊交市監及諸屯監每監置監副監各一人畿內者隸司農自外隸諸州焉

五嶽各置令又有吳山令以供其洒掃

三師王三公爲正一品

上柱國郡王國公開國郡縣公爲從一品

柱國太子三師特進尚書令左右光祿大夫開國侯爲正二品

上大將軍尚書左右僕射雍州牧金紫光祿大夫爲從二品

大將軍吏部尚書太常光祿衛尉等三卿太子三少納言內史令左右衛左右武衛左右武候領左右等大將軍禮部兵部都官度支工部尚書宗正太僕大理鴻臚司農太府等六卿上州刺史京兆尹祕書監銀青光祿大夫開國伯爲正三品

上開府儀同三司散騎常侍左右衛武衛武候領左右監門等將軍國子祭酒御史大夫將作大匠中州刺史親王師朝議大夫爲從三品

驃騎將軍開府儀同三司太常光祿衛尉等三少卿太子左右衛宗衛內等率尚書吏部侍郎給事黃門侍郎太子左庶子宗正太僕大理鴻臚司農太府等少卿下州刺史(已前上階)內史侍郎太子右庶子通直散騎常侍左右監門郎將朝散大夫開國子爲正四品

上儀同三司尚書左丞太子左右衛宗衛內等副率左右監門率上郡太守雍州別駕親王府長史太子家令率更令僕內侍城門校尉已前上階尚書右丞上鎮將軍雍州贊務直閤將軍親王府司馬諫議大夫爲從四品

車騎將軍儀同三司內常侍祕書丞國子博士散騎侍郎太子內舍人太子左右監門副率員外散騎常侍上州長史親王府諮議參軍事開國男已前上階尚食尚藥典御上州司馬爲正五品

著作郎通直散騎侍郎中郡太守直寢太子洗馬中州長史奉車都尉已前上階都水使者治書侍御史大興長安令大理司直直齋太子直閤京兆郡丞中州司馬中鎮將上鎮副內給事駙馬都尉親王友員外散騎侍郎爲從五品

翊軍翊師將軍尚書諸曹侍郎內史舍人下郡太守大都督親王府掾屬下州長史已前上階四征將軍征東征南征西征北三將軍內軍鎮軍撫軍大理正監評千牛備身左右左右監門校尉內尚食典御符璽監御府監殿內監太子內直監下州司馬下鎮將中鎮副爲正六品

四平將軍（平東平南平西平北）四將軍（前軍後軍左軍右軍）通事舍人親王文學帥都督左右領軍
府長史太子直寢親王府主簿親王府錄事參軍事太子門大夫給事上縣令
（已前上階）冠軍輔國二將軍太子舍人直後三寺丞親王府功曹記室倉戶曹參軍
事城門直長太子直齋太子副直監太子典內左右領軍府司馬下鎮副爲從

六品

鎮遠安遠二將軍員外散騎侍郎御醫左右衛武衛武候領左右等府長史親
衛親王府諸曹參軍事（已前上階）建威寧朔二將軍六寺丞祕書郎著作佐郎太子
千牛備身太子備身左右尚食尚藥左右監門等直長太子通事舍人左右衛
武衛武候領左右等府司馬都督太子典膳藥藏等監太子齋帥上戍主爲正

七品

寧遠振威二將軍左右監門府長史太子左右衛宗衛等率左右虞候左右內
率等府長史符璽御府殿內等直長上州錄事參軍事左右領軍府掾屬親王
府東西閤祭酒中縣令上郡丞太子親衛將作丞勳衛親王府參軍事上鎮長

史已前上階伏波輕車二將軍太學太常二博士武騎常侍奉朝請國子助教親王府諸曹行參軍太子直後太子左右監門直長大興長安縣丞太子侍醫侍御史太史令上州諸曹參軍事左右監門府太子左右衞左右宗衞左右虞候左右內率等司馬上鎮司馬爲從七品

宣威明威二將軍協律郎都水丞殿內將軍太子左右監門率府長史別將下縣令中郡丞中州錄事參軍事上上州諸曹行參軍事親王府行參軍左右領軍府錄事參軍事中鎮長史太子內坊丞太子勳衞已前上階襄威厲威二將軍殿內御史掖庭宮闈二令上署令公車郊社太廟太祝平準太樂驊騮武庫典客鉤盾左藏太倉左尚方右尚方司染典農京市太官鼓吹太子左右監門率府司馬中州諸曹參軍事左右衞武衞武候等府錄事參軍事左右領軍府諸曹參軍事內尚食丞中戍主上戍副爲正八品

威戎討寇二將軍四門博士主書門下錄事尚書都事監察御史內謁者監上閤令中署令太醫右藏黃藏乘黃龍廄衣冠守宮華林上林掌治導官左校右校牛羊典牧下郡丞下州錄事參軍事中州諸曹行參軍備身左右衞武衞武候領左右等府諸曹參軍事左右領軍

府諸曹行參軍太子左右衛宗衛率等府錄事參軍事下鎮長史太子翊衛已前

上階盪寇盪難二將軍親王府長兼行參軍及典籤員外將軍統軍太子三寺丞

中關令奚官內僕二令下署令諸陵崇玄大卜車府清商司儀肴藏良醞掌醢甄官廩犧上津尉下州諸曹

參軍事左右衛武衛武候等府諸曹行參軍領左右府鎧曹行參軍左右監門

太子左右衛宗衛等率左右虞候左右內率等府諸曹參軍事掌船局都尉上

鎮諸曹參軍事上縣丞上郡尉為從八品

殄寇殄難二將軍太學助教太子備身大理寺律博士諸校書郎都水參軍事

內史錄事內謁者令內寺伯中縣丞下關令中津尉下州諸曹行參軍上州行

參軍左右監門府鎧曹行參軍太子左右衛宗衛虞候府等諸曹行參軍太子

左右內率府鎧曹行參軍左右領軍府行參軍中鎮諸曹參軍事上鎮士曹行

參軍中郡尉已前上階掃寇掃難二將軍殿內司馬督太子食官典倉司藏等令尚

食尚醫軍主太史掖庭宮闈局等丞上署令太子左右監門率府諸曹參軍事

中州行參軍左右衛武衛武候等府行參軍上州典籤下戍主上關丞太子典

膳藥藏等局丞下郡尉典客署掌客司辰師爲正九品

曠野橫野二將軍掖庭局宮教博士太祝太子廐牧令太子校書下縣丞中署丞左右監門率府鎧曹行參軍下州行參軍中州典籤左右監門府太子左右衛宗衛虞候率府等行參軍正字太子內坊丞直中關上津丞下鎮諸曹參軍事中鎮士曹行參軍上縣尉已前上階偏裨二將軍四門助教書算學博士奉禮郎員外司馬督幢主奚官內僕等局丞下署丞下州典籤內謁者局丞中津丞中縣尉太子正字太史監候太官監膳御府局監事左右校及掖庭監作太史司曆諸樂師爲從九品

又有流內視品十四等

行臺尚書令爲視正二品

上總管行臺尚書僕射爲視從二品

中總管行臺諸曹尚書爲視正三品

下總管爲視從三品

行臺尚書左右丞爲視從四品
同州總監隴右牧總監爲視從五品
行臺諸曹侍郎爲視正六品
上柱國嗣王郡王柱國府長史司馬諮議參軍事鹽池總監同州隴右牧總副
監王二王後國令爲視從六品
上大將軍大將軍府長史司馬上柱國嗣王郡王柱國府掾屬嗣王文學公國
令王二王後大農尉典衛爲視正七品
上開府開府府長史司馬上大將軍大將軍府掾屬上柱國嗣王郡王柱國府
諸曹參軍事鹽池總副監鹽州牧監諸屯監國子學生侯伯國令公國大農尉
典衛雍州薩保爲視從七品
上儀同儀同府長史司馬上大將軍大將軍府諸曹參軍事上柱國嗣王郡王
柱國府參軍事諸曹行參軍行臺諸監同州諸監鹽池四面監皮毛監岐州監
同州總監隴右牧監等丞諸大冶監雍州州都主簿子男國令侯伯國大農尉

典衞王二王後國常侍爲視正八品
行臺尚書都事上開府開府府諸曹參軍事上大將軍大將軍府參軍事諸曹
行參軍上柱國嗣王郡王柱國府行參軍五岳四瀆吳山等令鹽池四面副監
諸皮毛副監行臺諸副監諸屯副監諸中冶監諸緣邊交市監鹽池總監丞諸
州州都主簿雍州西曹書佐諸曹從事京兆郡正功曹太學生子男國大農典
衞爲視從八品
開府府法曹行參軍上儀同儀同府諸曹參軍事上大將軍大將軍府行參軍
上柱國嗣王郡王柱國府典籤同州諸副監岐州副監諸小冶監鹽州牧監丞
諸大冶監丞諸緣邊交市副監諸郡正功曹京兆郡主簿諸州西曹書佐祭酒
從事雍州部郡從事公國常侍王二王後國侍郎公主家令諸州胡二百戶已
上薩保爲視正九品
儀同府法曹行參軍上開府開府府行參軍上大將軍大將軍府典籤上儀同
儀同府行參軍上開府府典籤行臺諸監丞鹽池四面監丞皮毛監丞諸中冶

監丞四門學生諸郡主簿諸州部郡從事雍州武猛從事大輿長安縣正功曹主簿侯伯子男國常侍公國侍郎爲視從九品

又有流外勳品二品三品四品五品六品七品八品九品之差又視流外亦有視勳品視二品視三品視四品視五品視六品視七品視八品視九品之差極於胥吏矣皆無上下階云

京官正一品祿九百石其下每以百石爲差至正四品是爲三百石從四品二百五十石其下每以五十石爲差至正六品是爲百石從六品九十石以下每以十石爲差至從八品是爲五十石食封及官不判事者幷九品皆不給祿其給皆以春秋二季刺史太守縣令則計戶而給祿各以戶數爲九等之差大州六百二十石其下每以四十石爲差至於下下則三百石大郡三百四十石其下每以三十石爲差至於下下則百石大縣百四十石其下每以十石爲差至於下下則六十石其祿唯及刺史二佐及郡守縣令

三年四月詔尚書左僕射掌判吏部禮部兵部三尚書事御史糾不當者兼糾

彈之尚書右僕射掌判都官度支工部三尚書事又知用度餘皆依舊尋改度支尚書爲戶部尚書都官尚書爲刑部尚書諸曹侍郎及內史舍人並加爲從五品增置通事舍人十二員通舊爲二十四員廢光祿寺及都水臺入司農廢衞尉入太常尚書省廢鴻臚亦入太常罷大理寺監評及律博士員加置正爲四人罷郡以州統縣改別駕贊務以爲長史司馬舊周齊州郡縣職自州都郡縣正已下皆州郡將縣令至而調用理時事至是不知時事直謂之鄉官別置品官皆吏部除授每歲考殿最刺史縣令三年一遷佐官四年一遷佐官以曹爲名者並改爲司六年尚書省二十四司各置員外郎一人以司其曹之籍帳侍郎闕則釐其曹事吏部又別置朝議通議朝請朝散給事承奉儒林文林等八郎武騎屯騎驍騎游騎飛騎旅騎雲騎羽騎八尉其品則正六品以下從九品以上上階爲郎下階爲尉散官番直常出使監檢罷門下省員外散騎常侍奉朝請通事令史員及左右衞殿內將軍司馬督武騎常侍等員

十二年復置光祿衞尉鴻臚等寺諸州司以從事爲名者改爲參軍

十三年復置都水臺國子寺罷隸太常又改寺爲學
十四年諸省各置主事令史員改九等州縣爲上中中下下凡四等
十五年罷州縣鄉官
十六年內侍省加置內主事員二十人以承門閤
十八年置備身府
二十年改將作寺爲監以大匠爲太監初加置副監
仁壽元年改都水臺爲監更名使者爲監罷國子學唯立太學一所置博士五人從五品學生七十二人
三年監門府又置門候一百二十人
煬帝卽位多所改革三年定令品自第一至于第九唯置正從而除上下階罷諸總管廢三師特進官分門下太僕二司取殿內監名以爲殿內省幷尚書門下內史祕書以爲五省增置謁者司隸二臺幷御史爲三臺分太府寺爲少府監改內侍省爲長秋監國子學爲國子監將作寺爲將作監幷都水監總爲五

監改左右衞爲左右翊衞左右備身爲左右騎尉左右武衞依舊名改領軍爲左右屯衞加置左右禦改左右武候爲左右候衞是爲十二衞又改領左右府爲左右備身府左右監門依舊名凡十六府其朝之班序以品之高卑爲列品同則以省府爲前後省府同則以局署爲前後焉

尚書省六曹各侍郎一人以貳尚書之職又增左右丞階與六侍郎並正四品諸曹侍郎並改爲郎又改吏部爲選部郎戶部爲人部郎禮部爲儀曹郎兵部爲兵曹郎刑部爲憲部郎工部爲起部郎以異六侍郎之名廢諸司員外郎而每增置一曹郎各爲二員都司郎各一人品同曹郎掌都事之職以都事爲正八品分隸六尚書諸司主事並去令史之名其令史隨曹閑劇而置每十令史置一主事不滿十者亦置一以其餘四省三臺亦皆曰令史九寺五監諸衞府則皆曰府史後又改主客郎爲司蕃郎尋又每減一郎置承務郎一人同員外之職

舊都督已上至上柱國凡十一等及八郎八尉四十三號將軍官皆罷之并省

朝議大夫自一品至九品置光祿從一品左右光祿左正二品右從二品金紫正三品銀青光祿從三品正議正四品通議從四品朝請正五品朝散從五品等九大夫建節正六品奮武從六品宣惠正七品綏德從七品懷仁正八品守義從八品奉誠正九品立信從九品等八尉以爲散職開皇中以開府儀同三司爲四品散實官至是改爲從一品同漢魏之制位次王公門下省減給事黃門侍郎員置二人去給事之名移吏部給事郎名爲門下之職位次黃門下置員四人從五品省讀奏案廢散騎常侍通直散騎常侍諫議大夫散騎侍郎等常員改符璽監爲郎置員二人爲從六品加錄事階爲正八品以城門殿內尚食尚藥御府等五局隸殿內省十二年又改納言爲侍內內史省減侍郎員爲二人減內史舍人員爲四人加置起居舍人員二人從六品次舍人下改通事舍人員爲謁者臺職減主書員置四人加爲正八品十二年改內史爲內書

殿內省置監正四品少監從四品丞從五品各一人掌諸供奉又有奉車都尉十二人掌進御輿馬統尚食尚藥尚衣尚舍尚乘尚輦等六局各置奉御二人正五品皆

置直長以貳之(正七品)尚食直長六人又有食醫員尚藥直長四人又有侍御醫司醫醫佐員尚衣即舊御府也改名之有直長四人尚舍即舊殿中局也改名之有直長八人尚乘局置左右六閑一左右飛黃閑二左右吉良閑三左右龍媒閑四左右駒騟閑五左右駃騠閑六左右天苑閑有直長十四人又有奉乘十人尚輦有直長四人又有掌輦六人城門置校尉一人降爲正五品後又改校尉爲城門郎置員四人(從六品)自殿內省隸爲門下省官

祕書省降監爲從三品增置少監一人(從四品)增著作郎階爲正五品減校書郎爲十人改太史局爲監進令階爲從五品又減丞爲一人置司辰師八人增置監候爲十人其後又改監少監爲令少令增祕書郎爲從五品加置佐郎四人(從六品)以貳郎之職降著作郎階爲從五品又置儒林郎十人(正七品)掌明經待問唯詔所使文林郎二十人(從八品)掌撰錄文史檢討舊事此二郎皆上在藩已來直司學士增校書郎員四十人加置楷書郎員三十人(從九品)掌抄寫御書

御史臺增治書侍御史爲正五品省殿內御史員增監察御史員十六人加階

爲從七品開皇中御史直宿禁中至是罷其制又置主簿錄事員各二人五年又降大夫階爲正四品減治書侍御史爲從五品增侍御史爲正七品爲掌侍從糾察其臺中簿領皆治書侍御史主之後又增置御史從九品尋又省

謁者臺大夫一人(從四品五年改爲正四品)掌受詔勞問出使慰撫持節察授及受寃枉而申奏之駕出對御史引駕置司朝謁者二人以貳之(從五品)屬官有丞一人主簿錄事各一人等員又有通事謁者二十人(從六品)即內史通事舍人之職也次有議郎二十四人通直三十六人將事謁者三十人謁者七十人皆掌出使其後廢議郎通直將事謁者謁者等員而置員外郎八十員尋詔門下內史御史司隸謁者五司監受表以爲恆式不復專謁者矣尋又置散騎郎從五品二十人承議郎(正六品)通直郎(從六品)各三十人宣德郎(正七品)宣義郎(從七品)各四十人徵事郎(從八品)將仕郎(從八品)常從郎(正九品)奉信郎(從九品)各五十人是爲正員並得祿當品又各有散員郎無員無祿尋改常從爲登仕奉信爲散從自散騎已下皆主出使量事大小據品以發之

司隸臺大夫一人（正四品）掌諸巡察別駕二人（從五品）分察畿內一人案東都一人案京師刺史十四人（正六品）巡察畿外諸郡從事四十人副刺史巡察其所掌六條一察品官以上理正能不二察官人貪殘害政三察豪強姦猾侵害下人及田宅踰制官司不能禁止者四察水旱蟲災不以實言枉徵賦役及無災妄蠲免者五察部內賊盜不能窮逐隱而不申者六察德行孝悌茂才異行隱不貢者每年二月乘軺巡郡縣十月入奏置丞（從六品）主簿（從八品）錄事（從九品）各一人後又罷司隸臺而留司隸從事之名不爲常員臨時選京官清明者權攝以行

光祿已下八寺卿皆降爲從三品少卿各加置二人爲從四品諸寺上署令並增爲正六品中署令爲從六品下署令爲正七品始開皇中署司唯典掌受納至是署令爲判首取二卿判丞唯知勾檢令闕丞判五年寺丞並增爲從五品

太常寺罷太祝署而留太祝員八人屬寺後又增爲十人奉禮減置六人太廟署又置陰室丞守視陰室改樂師爲正樂置十人太卜又省博士員置太卜卜正二十人以掌其事太醫又置醫監五人正十人罷衣冠清商二署

太僕減驊騮署入殿內尚乘局改龍廄曰典廄署有左右駁皁二廄加置主乘
司庫司廩官罷牛羊署
大理寺丞改爲勾檢官增正員爲六人分判獄事置司直十六人降爲從六品
後加至二十人又置評事四十八人掌頗同司直正九品
鴻臚寺改典客署爲典蕃署初煬帝置四方館於建國門外以待四方使者後
罷之有事則置名隸鴻臚寺量事繁簡臨時損益東方曰東夷使者南方曰南
蠻使者西方曰西戎使者北方曰北狄使者各一人掌其方國及互市事每使
者署典護錄事敘職敘儀監府監置互市監及副參軍各一人錄事主綱紀敘
職掌其貴賤立功合敘者敘儀掌小大次序監府掌其貢獻財貨監置掌安置
其駝馬船車幷糾察非違互市監及副掌互市參軍事出入交易
司農但統上林太倉鉤盾導官四署罷典農華林二署而以平準京市隸太府
太府寺既分爲少府監而但管京都市五署及平準左右藏等凡八署京師東
市曰都會西市曰利人東都東市曰豐都南市曰大同北市曰通遠及改諸令

爲監唯市署曰令

國子監依舊置祭酒加置司業一人從四品丞三人加爲從六品并置主簿錄事各一人國子學置博士正五品助教從七品員各一人學生無常員太學博士助教各二人學生五百人先是仁壽元年省國子祭酒博士置太學博士員五人爲從五品總知學事至是太學博士降爲從六品

將作監改太監少監爲大匠少匠丞加爲從六品統左右校及甄官署五年又改大匠爲大監正四品少匠爲少監正五品十三年又改監少監爲令少令丞加品至從五品

少府監置監從三品少監從四品各一人丞從五品二人統左尚右尚內尚司織司染鎧甲弓弩掌冶等署復改監少監爲令少令併司織司染爲織染署廢鎧甲弓弩二署

都水監改爲使者增爲正五品丞爲從七品統舟檝河渠二署舟檝署每津置尉一人五年又改使者爲監四品加置少監爲五品後又改監少監爲令從三

品少令從四品
長秋監置令一人正四品少令一人從五品丞二人正七品並用士人改內常侍爲內承奉置二人正五品給事爲內承直置四人從五品並用宦者罷內謁者官領掖庭宮闈奚官等三署並參用士人後又置內謁者員十二衞各置大將軍一人將軍二人總府事幷統諸鷹揚府改驃騎爲鷹揚郎將正五品車騎爲鷹揚副郎將從五品大都督爲校尉帥都督爲旅帥都督爲隊正增置隊副以貳之改三衞爲三侍其直閤將軍直寢奉車都尉駙馬都尉直齋別將統軍軍主幢主之屬並廢以武候府司辰師員隸爲太史局官其軍士左右衞所領名爲驍騎左右驍衞所領名豹騎左右武衞所領名熊渠左右屯衞所領名羽林左右禦衞所領名射聲左右候衞所領名佽飛而總號衞士每衞置護軍四人掌副貳將軍將軍無則一人攝尋改護軍爲武賁郎將正四品而置武牙郎將六人副焉從四品諸衞皆置長史從五品又有錄事參軍司倉兵騎鎧等員翊衞又加有親侍鷹揚府每府置鷹揚郎將一人正五品副鷹揚郎將一人從

五品各有司馬及兵倉兩司其府領親勳武三侍非翊衞府皆無三侍鷹揚每府置越騎校尉二人掌騎士步兵校尉二人領步兵並正六品外軍鷹揚官並同左右候衞增置察非掾二人專糾彈之事五年又改副郎將並爲鷹擊郎將左右領左右府改爲左右備身府各置備身郎將一人又各置直齋二人以貳之並正四品掌侍衞左右統千牛左右司射左右各十六人並正六品千牛掌執千牛刀宿衞司射掌供御弓箭置長史正六品錄事司兵倉騎參軍等員並正八品有折衝郎將各三人正四品掌領驍果又各置果毅郎將以領之以貳之從四品其驍果置左右雄武府雄武郎將以領之以武勇郎將爲副員同鷹揚鷹擊有司兵司騎二局並置參軍事左右監門府改將軍爲郎將各置一人正四品直閤各六人正五品置官屬並同備身府又增左右門尉員一百二十人正六品置門候員二百四十人正七品並分掌門禁守衞

門下坊減內舍人洗馬員各置二人減侍醫置二人改門大夫爲宮門監正字爲正書

典書坊改太子舍人爲管記舍人減置四人改通事舍人爲宣令舍人爲八員

家令改爲司府令內坊承直改爲典直

左右衞率改爲左右侍率正四品改親衞爲功曹勳衞爲義曹翊衞爲良曹罷

直齋直閣員

左右宗衞率改爲左右武侍率正四品

左右虞候開府改爲左右虞候率正四品幷置副率

左右內率降爲正五品千牛備身改爲司仗左右備身左右改爲主射左右各

員八人

左右監門率改爲宮門將降爲正五品監門直長改爲直事置六十人

開皇中置國王郡王國公郡公縣公侯伯子男爲九等者至是唯留王公侯三

等餘並廢之

王府諸司參事更名諸司屬參軍則直以屬爲名改國令爲家令自餘以國爲

名者皆去之

行宮所在皆立總監以司之上宮正五品中宮從五品下宮正七品隴右諸牧置左右牧監各一人以司統之罷州置郡郡置太守上郡從三品中郡正四品下郡從四品京兆河南則俱爲尹並正三品罷長史司馬置贊務一人以貳之京兆河南從四品上郡正五品中郡從五品下郡正六品次置東西曹掾京兆河南從五品上郡正六品中郡從六品下郡正七品主簿司功倉戶兵法士曹等書佐各因郡之大小而爲增減改行參軍爲行書佐舊有兵處則刺史帶諸軍事以統之至是別置都尉副都尉都尉正四品領兵與郡不相知副都尉正五品又置京輔都尉從三品立府於潼關主兵領遏幷置副都尉從四品又置諸防主副官掌同諸鎮大興長安河南洛陽四縣令並增爲正五品諸縣皆以所管閑劇及衝要以爲等級丞主簿如故其後諸郡各加置通守一人位次太守京兆河南則謂之內史又改郡贊務爲丞位在通守下縣尉爲縣正尋改正爲戶曹法曹分司以丞郡之六司河南洛陽長安大興則加置功曹而爲三司司各二人郡縣佛寺改爲道場道觀改爲玄壇各置監丞京都諸坊改爲里皆省除里司官以主其事帝自三年定令之後驟有制置制

置未久隨復改易其餘不可備知者蓋史之闕文云

隋書卷二十八

隋書卷二十九

唐太尉揚州都督監修國史上柱國趙國公臣長孫無忌等撰

志第二十四

地理上

自古聖王之受命也莫不體國經野以爲人極上應躔次下裂山河分疆畫界建都錫社是以放勛御曆修職貢者九州文命會同執玉帛者萬國洎乎殷遷夏鼎周黜殷命雖質文之用不同損益之途或革而封建之制率由舊章於是分土惟三列爵惟五千里以制幾甸九服以別要荒十國爲連連有帥倍連爲卒卒有正皆所以式固鴻基蕃屏王室興邦致化康俗庇人者歟周德既衰諸侯力政干戈日用戎馬生郊彊陵弱衆暴寡魯滅於楚鄭滅於韓田氏篡齊六卿分晉其餘弑君亡國不得守其社稷者不可勝數逮于七雄競逐二帝爭彊疆埸之事一彼一此秦始皇據百二之嚴險奮六世之餘烈力爭天下蠶食諸侯在位二十餘年遂乃削平寓內懲周氏之微弱恃狙詐以爲彊蔑棄經典罷

侯置守子弟無立錐之地功臣無尺土之賞身沒而區宇幅裂及子而社稷淪胥漢高祖挺神武之宏圖掃清禍亂矯秦皇之失策封建王侯並跨州連邑有踰古典而郡縣之制無改於秦逮于孝武務勤遠略南兼兩越東定三韓通邛筰之險塗斷匈奴之右臂雖聲教遠洎而人亦勞止昭宣之後罷戰務農戶口既其滋多郡縣亦有增置至于平帝郡國一百有三戶一千二十三萬光武中興承王莽之餘弊兵戈不戢饑疫荐臻率土遺黎十纔一二乃併省郡縣四百餘所明章之後漸至滋繁郡縣之數有加曩日逮炎靈數盡三國爭彊兵革屢興戶口減半有晉太康之後文軌方同大抵編戶二百六十餘萬尋而五胡逆亂二帝播遷東晉洎于宋齊僻陋江左苻姚之與劉石竊據中原事跡糾紛難可具紀梁武帝除暴寧亂奄有舊吳天監十年有州二十三郡三百五十縣千二十二其後務恢境宇頻事經略開拓閩越克復淮浦平俚洞破牂柯又以舊州遐闊多有析置大同年中州一百七郡縣亦稱於此既而侯景構禍臺城淪陷墳籍散逸注記無遺郡縣戶口不能詳究逮于陳氏土宇彌蹙西亡蜀漢北

喪淮肥威力所加不出荆揚之域州有四十二郡唯一百九縣四百三十八戶六十萬後齊承魏末喪亂與周人抗衡雖開拓淮南而郡縣僻小天保之末總加併省洎乎國滅州九十有七郡一百六十縣三百六十五戶三百三萬周氏初有關中百度草創遂乃訓兵教戰務穀勸農南清江漢西兼巴蜀卒能以寡擊衆戡定彊鄰及于東夏剗平多有省廢大象二年通計州二百一十一郡五百八縣一千一百二十四高祖受終惟新朝政開皇三年遂廢諸郡洎于九載廓定江表尋以戶口滋多析置州縣煬帝嗣位又平林邑更置三州既而併省諸州尋即改州爲郡乃置司隸刺史分部巡察五年平定吐谷渾更置四郡大凡郡一百九十縣一千二百五十五戶八百九十萬七千五百四十六口四千六百一萬九千九百五十六墾田五千五百八十五萬四千四十一頃其邑居道路山河溝洫沙磧鹹鹵丘陵阡陌皆不預焉東西九千三百里南北萬四千八百一十五里東南皆至於海西至且末北至五原隋氏之盛極於此也

京兆郡開皇三年置雍州城東西十八里一百一十五步南北十五里一百七十五步東面通化春明延興三門南面啓夏明德安化三門西面延平

金光開遠三門北面光化一門里一百六市二大業三年改州爲郡故名焉置尹統縣二十二戶三十萬八千四百九

十九〇大興開皇三年置後周舊郡置縣曰萬年高祖龍潛封號大興故至是改焉有長樂宮有後魏杜城縣西霸城縣西魏山北縣並後周廢

長安帶郡有仙都福陽太平等宮有關官有舊長安城始平故置扶風郡開皇三年郡廢武功後周置武功郡建德中郡廢有永豐渠普

濟渠盩厔後周置周南郡及恆州又有倉城溫湯二縣尋並廢有司竹園有宮壽仙遊文山鳳皇等宮有關官有太一山有溫湯醴泉後魏曰寧

夷西魏置寧夷郡後周改爲秦郡後廢又以新時甘泉二縣入焉開皇十八年改縣名醴泉有甘泉水波水浪水有九嵕山溫秀嶺上宜開皇十七年置

有舊莫西縣十八年改名好時大業三年廢入焉鄠有甘泉宮有終南山有澇水藍田後周置藍田郡尋廢郡及白鹿玉山二縣入焉有關官有

滋水新豐有溫湯華原後魏置北雍州西魏改爲宜州又置北地郡尋改爲通川郡開皇初郡廢大業初州廢及土門縣入焉有沮水頻山宜

君舊置宜君郡開皇初郡廢有清水同官鄭後魏置東雍州并華山郡西魏改曰華州開皇初郡廢大業初州廢有少華山渭南後魏

置渭南郡西魏分置靈源中源二縣後周郡及二縣並廢入焉有步壽宮萬年高陵後魏曰高陸大業初改焉三原後周置建忠郡建德

初郡廢涇陽舊置咸陽縣開皇初廢有茂農渠雲陽舊置後周置雲陽郡開皇初郡廢有涇水五龍水甘水走馬水富平舊置北地郡後

周改曰中華郡尋罷有荊山華陰有興德宮有關官有京輔都尉有白渠有華山

馮翊郡後魏置華州西魏改曰同州統縣八戶九萬一千五百七十二〇馮翊後魏曰華陰西魏改爲武

鄉置武鄉郡開皇初郡廢大業初改名馮翊置馮翊郡有沙苑韓城開皇十八年置有關官有梁山有鬼谷郃陽朝邑後魏曰南五泉

西魏改爲有長春宮有關官有朝坂澄城後魏置澄城郡後周併五泉縣入焉開皇初郡廢蒲城舊置南北二白水西魏改爲蒲城置白水郡開皇初郡廢下邽舊置延壽郡開皇初郡廢大業初併蓮勺縣入焉有金氏陂白水有五龍山馬蘭山

扶風郡舊置岐州統縣九戶九萬二千二百二十三〇雍後魏置秦平郡西魏改爲岐山郡開皇三年郡廢大業初置扶風郡有岐陽宮岐山後周曰三龍縣開皇十六年改名焉又有後魏周城縣後周廢有岐山陳倉後魏曰宛川西魏改曰陳倉後周置顯州尋州縣俱廢開皇十八年置曰陳倉有陳倉山有關官虢後魏置武都郡西魏改縣曰洛邑後周置朔州州尋廢郡開皇初廢大業初改縣爲虢郿舊曰平陽縣西魏改曰郿城後周廢入周城縣開皇十八年改周城爲渭濱大業二年改爲郿又後周置雲州建德中廢有安仁宮鳳泉宮有太白山五丈原普閏大業初置有仁壽宮有漆水岐水杜水汧源西魏置隴東郡及汧陰縣後改縣曰杜陽後周又曰汧陰開皇三年郡廢五年縣改曰汧源又有西魏東秦州後改爲隴州大業三年州廢有關官有隴山汧山汧水汧陽舊置汧陽郡後周罷南由後魏置西魏改爲鎮後周復置縣又有舊長蛇縣開皇末廢有關官有盤龍山

安定郡舊置涇州統縣七戶七萬六千二百八十一〇安定帶郡鶉觚舊置趙平郡後周廢郡并以宜祿縣入焉大業初分置靈臺縣二年廢陰盤後魏置平涼郡西魏置安武郡及析置安武皇初郡廢有盧水朝那縣開皇三年郡縣並廢入焉良原大業初置臨涇大業初置初曰湫谷尋改焉華亭大業初置有隴水芮水

北地郡後魏置豳州西魏改爲寧州大業初復曰豳州統縣六戶七萬六百九十〇定安舊置趙興郡開皇初郡廢

大業初置北地郡地羅川舊曰陽周開皇中改焉又西魏置顯州後周廢有橋山彭原舊曰彭陽後魏置西北地郡有洛播城西魏置蔚州有豐
城西魏置雲州後周二州並廢開皇初郡廢十八年改縣曰彭原有珊瑚水襄樂後魏置襄樂郡後周廢又西魏置燕州後周廢又有子午山新
平舊曰白土西魏置豳州開皇四年改縣為新平大業初州廢三水西魏置恆州尋廢
上郡後魏置東秦州後改為北華州西魏改為敷州大業二年改為鄜城郡後改為上郡統縣五戶五萬三千四百八十
九〇洛交開皇三年置大業三年置上郡內部舊置敷州及內部郡開皇三年郡廢大業初州廢三川舊名長城西魏改焉又有利仁
縣尋廢入焉鄜城後魏曰敷城大業初改焉洛川有鄜水
雕陰郡西魏置綏州大業初改為上州統縣十一戶三萬六千一十八〇上縣西魏置安寧郡與安寧綏德安
人三縣同置開皇初郡廢改安人為吉萬大業初置雕陰郡廢安寧吉萬二縣入焉後周置義良縣亦廢入焉大斌西魏置仍立安政郡開皇初廢有平
水延福西魏置曰延陵開皇中改焉儒林後周置銀州開皇三年改名焉大業初州廢真鄉西魏置後周置真鄉郡開皇初郡廢開
光舊置開光郡開皇三年郡廢有圁水銀城後周置曰石城後改名焉城平西魏置開疆西魏置有後魏撫寧郡開皇三年郡廢撫
寧西魏置綏德西魏置
延安郡後魏置東夏州西魏改為延州置總管府開皇中府廢統縣十一戶五萬三千九百三十九〇膚
施大業三年置及置延安郡有豐林山豐林後魏置曰廣武及偏城郡開皇初郡廢十八年改為豐林大業初又併沃野縣入焉魏平後魏置并

立朔方郡後周廢郡併朔方和政二縣入焉金明有治官有清水臨真有西魏神木郡真川縣後周郡廢大業初廢真川入焉延川西魏置曰文安及置文安郡開皇初郡廢改縣為延川延安西魏置又置義鄉縣大業中廢義鄉入焉因城後魏置後周廢尋又置義川西魏置汾州義川郡後改州為丹州後周改縣為丹陽開皇初郡廢改縣曰義川又廢樂川郡入大業初州廢又廢雲巖縣入焉汾川舊曰安平後周改曰汾川大業初廢門山縣入焉咸寧舊曰永寧西魏改為太平開皇中改為咸寧

弘化郡西魏置朔州後周廢開皇十六年置慶州統縣七戶五萬二千四百七十三

合水開皇十六年置大業初置弘化郡馬嶺大業初置華池仁壽初置又西魏置蔚州後周廢歸德西魏置恆州後周廢有雕水洛源大業初置有博水洱水弘化開皇十八年置弘州大業初州廢弘德大業初置

平涼郡舊置原州後周置總管府大業初府廢統縣五戶二萬七千九百九十五

平高後魏置太平郡後改為平高開皇初郡廢大業初置平涼郡有關官有笄頭山百泉後魏置長城郡及黃石縣西魏改黃石為長城開皇初郡廢大業初縣改為百泉平涼後周置有可藍山會寧西魏置會州後周廢開皇十六年置縣默亭

朔方郡後魏置夏州後周置總管府大業初府廢統縣三戶一萬一千六百七十三

巖綠西魏置弘化郡開皇初廢大業初置朔方郡寧朔後周置長澤西魏置闡熙郡又有後魏大安郡及置長州開皇三年郡廢又廢山鹿新囶二縣入焉大業三年州廢

鹽川郡西魏置西安州後改為鹽州統縣一戶三千七百六十三○五原後魏置郡曰大興西魏改為五原後又為大興開皇初郡廢大業初置鹽川郡

靈武郡後魏置靈州後周置總管府大業元年府廢統縣六戶一萬二千三百三十○迴樂後周置帶普樂郡又西魏置臨河郡開皇元年改臨河郡曰新昌三年郡並廢大業初置靈武郡弘靜開皇十一年置有賀蘭山懷遠後周置仍立懷遠郡開皇三年郡廢靈武後周置曰建安後又置歷城郡開皇三年郡廢十八年改建安為廣閏仁壽元年改名焉鳴沙後周置會州尋廢開皇十九年置環州又鳴沙縣大業三年州廢有關官豐安開皇十年置

榆林郡開皇二十年置勝州統縣三戶二千三百三十○榆林開皇六年置大業初置郡富昌開皇十年置金河開皇三年置曰陽壽及置油雲縣又置榆關總管五年改置雲州總管十八年改陽壽曰金河二十年雲州移二縣俱廢仁壽二年又置金河縣帶關

五原郡開皇五年置豐州仁壽元年置總管府大業元年府廢統縣三戶二千三百三十○九原開皇五年置大業初置郡永豐開皇五年置安化開皇十一年置

天水郡舊秦州後周置總管府大業初府廢統縣六戶五萬二千一百三十○上邽故曰上邽帶天水郡開皇初郡廢大業初復置郡縣改名焉有漾水冀城後周曰冀城縣廢入黃瓜縣大業初改曰冀城有石鼓崖清水後魏置及置清水郡開皇初郡廢有

關官有分水嶺。秦嶺後魏置曰伯陽縣開皇中改焉隴城舊曰略陽置略陽郡開皇二年郡廢縣改曰河陽六年改曰隴城成紀舊廢後周置有龍馬城仙人硤

隴西郡舊渭州統縣五戶一萬九千二百四十七○襄武帶郡隴西舊城內陶置南安郡開皇初郡廢改爲武陽十年改名焉渭源有鳥鼠山有渭水障後魏置西魏置廣安郡後周郡廢長川後魏置安陽郡領安陽爲水二縣西魏改曰北秦州後又改曰交州開皇三年郡廢十八年改州曰紀州安陽曰長川大業初州廢又廢爲水入焉

金城郡開皇初置蘭州總管府大業初府廢統縣二戶六千八百一十八○金城舊縣曰子城帶金城郡開皇初郡廢大業初改縣爲金城置金城郡有關官狄道後魏置臨洮郡龍城縣後周皆廢又後魏置武始郡開皇初廢有白石山

枹罕郡舊置河州統縣四戶一萬三千一百五十七○枹罕舊置枹罕郡開皇初郡廢大業初置郡有關官有鳳林山龍支後魏曰北金城西魏改焉有唐述山大夏有金紐山水池後魏曰罩川後周改焉

澆河郡後周武帝逐吐谷渾以置廓州總管府開皇初府廢統縣二戶二千二百四十○河津後周置洮河郡領洮河廣威安戎三縣開皇初郡廢併三縣入焉大業初置澆河郡有濫水達化後周置達化郡開皇初郡廢併綏遠縣入焉有連雲山

西平郡舊置鄯州統縣二戶三千一百一十八○湟水舊曰西都後周置樂都郡開皇初郡廢十八年改縣曰湟水又有舊浩亹縣又西魏置龍居路倉二縣並後周廢大業初置西平郡有土樓山化隆舊魏曰廣威西魏置澆河郡後周廢郡仁壽初改爲化隆有拔

延山湟水盧水

武威郡舊置涼州後周置總管府大業初府廢統縣四戶一萬一千七百五〇姑臧舊置武威郡開皇初郡廢大業初復置武威郡又後魏置武安郡襄武縣並西魏廢又舊有顯美縣後周廢有茅五山昌松後魏置昌松郡後周廢郡以榆次縣入開皇初改縣為永世後改曰昌松又有後魏魏安郡後周改置白山縣尋廢有白山番和後魏置番和郡後周郡廢置鎮開皇中為縣又併力乾安寧廣城障燕支五縣之地入焉有燕支山允吾後魏置曰廣武及置廣武郡開皇初郡廢改縣曰邑次尋改為廣武後又改為邑次大業初改為允吾有青巖山

張掖郡西魏置西涼州尋改曰甘州統縣三戶六千一百二十六〇張掖舊曰永平縣後周置張掖郡開皇初郡廢十七年縣改為酒泉大業初改為張掖置張掖郡又有臨松縣後周廢有甘峻山臨松山合黎山有玉石澗大柳谷刪丹後魏曰山丹又有西郡永寧縣西魏郡廢縣改為弱水後周省入山丹大業改為刪丹又後周置金山縣尋廢入焉有祀山有鹽池有弱水福祿舊置酒泉郡開皇初郡廢仁壽中以置肅州大業初州尋廢又後周置樂涫縣尋廢有祁連山崆峒山崑崙山有石渠

敦煌郡舊置瓜州統縣三戶七千七百七十九〇敦煌舊置敦煌郡後周併效穀壽皇二郡入焉又併敦煌鳴沙平康效穀東鄉龍勒六縣為鳴沙縣開皇初郡廢大業置敦煌郡改鳴沙為敦煌有神沙山三危山有流沙常樂後魏置常樂郡後周併涼興大至冥安閭泉合為涼興縣開皇初郡廢縣改為常樂有關官玉門後魏置會稽郡後周廢郡併會稽新鄉延興為會稽縣開皇中改為玉門併得後魏玉門郡地

鄯善郡大業五年平吐谷渾置置在鄯善城即古樓蘭城也并置且末西海河源總四郡有蒲昌海鄯善水統縣二

顯武 濟遠

且末郡置在古且末城有且末水薩毗澤統縣二

肅寧 伏戎

西海郡置在古伏俟城即吐谷渾國都有西王母石窟青海鹽池統縣二

宣德 威定

河源郡置在古赤水城有曼頭城積石山河所出有七烏海統縣二

遠化 赤水

周禮職方氏正西曰雍州上當天文自東井十度至柳八度為鶉首於辰在未得秦之分野考其舊俗前史言之詳矣化於姬德則閑田而興讓習於嬴敝則相稽而反脣斯豈土壤之殊乎亦政教之移人也京兆王都所在俗具五方人物混淆華戎雜錯去農從商爭朝夕之利游手為事競錐刀之末貴者崇侈靡賤者薄仁義豪彊者縱橫貧窶者窘蹙桴鼓屢驚盜賊不禁此乃古今之所同焉自京城至於外郡得馮翊扶風是漢之三輔其風大抵與京師不異安定北地上郡隴西天水金城於古為六郡之地其人性猶質直然尚儉約習仁義勤於稼穡多畜牧無復寇盜矣雕陰延安弘化連接山胡性多木彊皆女淫而婦

貞蓋俗然也平涼朔方鹽川靈武榆林五原地接邊荒多尚武節亦習俗然焉

河西諸郡其風頗同並有金方之氣矣

漢川郡舊置梁州統縣八戶一萬一千九百一十○南鄭舊置漢川郡開皇初郡廢大業初置郡又西魏置白雲縣至是併入焉有黃牛山龍岡山西舊曰嶓冢大業初改焉有關官有定寧山百牢山街亭山嶓冢山有漢水褒城開皇初曰褒內仁壽九年因失印更給改名焉有關官有女郎山城固興勢舊置儻成郡開皇初郡廢西鄉舊曰豐寧置洋州及洋川郡開皇初廢郡大業初廢州改縣曰西鄉又舊有懷昌郡後周廢爲懷昌縣至是入焉有洋水黃金難江後周置集州及平桑郡開皇初郡廢大業初州廢

西城郡梁置梁州尋改曰南梁州西魏改置東梁州尋改爲金州置總管府開皇初府廢統縣六戶一萬四千三百四十一○金川梁初曰上廉後曰吉陽西魏改曰吉安後周以西城入焉舊有金城吉安二郡開皇初並廢十八年改縣爲吉安大業三年改曰金川置西城郡又後周置洵州尋廢有焦陵山石泉舊曰永樂置晉昌郡西魏改郡曰魏昌尋改永樂曰石泉析置魏寧縣後周省魏昌郡入中城郡又省魏寧縣入石泉縣洵陽舊置洵陽郡開皇初郡廢有洵水安康舊曰寧都齊置安康郡後魏置東梁州後蕭詧改直州開皇初郡廢大業初州廢縣改曰安康黃土西魏置涓陽郡後周改郡置縣曰長岡後郡省入甲郡置縣曰黃土併赤石甲臨江三縣入焉開皇初郡廢豐利梁置南上洛郡西魏改郡曰豐利後周省郡入上津郡以熊川陽川二縣入豐利後又廢上津郡入甲郡有天心水

房陵郡西魏置光遷國後周國廢置遷州大業初改名房州統縣四戶七千一百六○光遷舊曰房陵置新城郡梁末

置岐州，後周郡縣並改爲光遷。又有舊綏州，開皇初與郡並廢。大業初置房陵郡。有房山、霍水。永清舊曰大洪，後周改焉。有照珠山、百武山、沮水、汎水。竹山梁曰安城，西魏改焉，置羅州。開皇十八年改曰房州，大業初州廢。有花林山、懸鼓山。上庸梁曰新豐，西魏改焉。後周改曰孔陽，開皇十八年復曰上庸。

清化郡舊置巴州。統縣十四，戶一萬六千五百三十九。

○化成梁曰梁廣，仍置歸化郡。後周改縣曰化成。開皇初郡廢，大業初置清化郡。曾口梁置。清化梁置曰伏疆，有木門郡。開皇三年郡廢，七年縣改曰清化。有伏疆山、清水。盤道梁置曰難江，西魏改焉。有龍腹山。永穆梁置曰永康，又有萬榮郡。開皇初郡廢，十八年縣改名焉。歸仁梁置曰平州縣，後周改曰同昌，開皇中改名焉。始寧梁置，并置遂寧郡。開皇初郡廢。有始寧山。其章梁置。恩陽梁置曰義陽，開皇末改。長池後周置曰曲細，開皇末改焉。符陽舊置其章郡，開皇初廢。白石有文山。安固梁置，後周置蓬州，大業初州廢。有大蓬山。伏虞梁置曰宣漢，及置伏虞郡。開皇初郡廢，十八年改焉。

通川郡梁置萬州，西魏曰通川。統縣七，戶一萬二千六百二十四。

○通川梁曰石城，置東關郡。開皇初郡廢，大業初置通川郡。三岡梁置，屬新安郡，西魏改郡曰新寧。開皇初郡廢。石鼓西魏置遷州，後周廢州，置臨清郡，開皇初廢郡。東鄉西魏置石州，後周廢州，置三巴郡，開皇初郡廢。宣漢西魏置并州及永昌郡，開皇三年郡廢，五年州廢。西流後魏曰漢興，西魏改焉，又置開州及周安、萬安、江會三郡。後周省江會入周安。開皇初郡並廢，大業初州廢。萬世後周置，及置萬世郡，開皇初郡廢。

宕渠郡梁置渠州。統縣六，戶一萬四千三十五。

○流江後魏置縣，及置流江郡。開皇初郡廢，大業初置宕渠郡。

賓城舊曰始安開皇十八年改焉 鄰水梁置縣幷置鄰州後魏改鄰山郡開皇初郡廢 宕渠梁置幷置境陽郡開皇初郡廢 咸安梁置曰綏安開皇末改名焉 墊江西魏置縣及容川容山郡後周改為魏安縣開皇初郡廢十八年縣改名焉

漢陽郡後魏曰南秦州西魏曰成州 統縣三戶一萬九百八十五〇

上祿舊置仇池郡後魏置倉泉縣後周廢階陵豐川建平城階四縣入焉開皇初郡廢大業初置漢陽郡改縣曰上祿有百頃堆 潭水西魏置潭水郡後周郡廢幷廢甘若相山武定三縣入焉 長道後魏置漢陽郡後周郡廢又省水南縣入焉開皇初郡廢十八年改曰長道

臨洮郡後周武帝逐吐谷渾以置洮陽郡尋立洮州開皇初郡廢 統縣十一戶二萬八千九百七十一〇

美相後周置縣及置洮陽郡開皇初郡廢併洮陽縣入焉大業初置臨洮郡 疊川後周置疊州疊川縣開皇四年置總管府大業元年府廢有洮水流水 合川後周置仍立西疆郡開皇初郡廢有白嶺山 樂川後周置 歸政開皇二年置仍立疆澤郡三年廢又後周立弘州及開遠河濱二郡開皇初州郡並廢 洮源後周置曰金城幷立旭州又置通義郡開皇初郡廢十八年縣改為美俗大業初州廢縣改名焉 洮陽後周置曰廣恩幷置廣恩郡開皇初郡廢仁壽元年改縣為洮河大業初改曰洮陽 臨潭後周曰汎潭開皇十一年改名焉 臨洮西魏置曰溢樂幷置岷州及同和郡開皇初郡廢大業初州廢更名縣曰臨洮又後周置祐川郡基城縣尋郡縣俱廢有岷山崆峒山 當夷後周置又立洪和郡郡尋廢又置博陵郡及博陵寧人二縣開皇初併入 利政後周置洮城郡尋廢

宕昌郡後周置宕昌國天和元年置宕州總管府開皇四年府廢 統縣三戶六千九百九十六〇

良恭後周置初

曰陽宕置宕昌郡開皇初郡廢十八年改名焉大業初置宕昌郡和戎後周置有良恭山懷道後周置甘松郡開皇初郡廢

武都郡西魏置武州統縣七戶一萬七百八十〇將利舊曰石門西魏改曰安育後周改曰將利置武都郡郡後改

曰承都郡開皇初郡廢大業初置武都郡郡又有東平縣後周併入焉有河池水建威後魏置白水郡後廢改爲白水縣西魏復立郡改爲綏戎後周郡廢

改爲建威縣幷廢洪化縣入焉又西魏有孔堤郡及縣後周並廢覆津後魏初曰甑當置武階郡西魏又置覆津縣及置萬郡統赤方接難五部三縣

後周一郡三縣幷甑當並廢入焉開皇初武階郡又廢盤堤西魏置曰南五部縣後改名焉幷入武陽郡及茄蘆縣後周郡廢縣幷入焉長松

西魏置初曰建昌置文州及盧北郡開皇初郡廢十八年縣改曰長松大業初州廢曲水西魏置正西西魏置

同昌郡西魏逐吐谷渾置鄧州開皇七年改曰扶州統縣八戶一萬二千二百四十八〇尚安西魏置縣

及鄧寧郡開皇初郡廢大業初置同昌郡有黑水鉗川西魏置有鉗川山有白水怗夷西魏置又置昌寧郡開皇三年郡廢同昌西魏置有

鄧至山云鄧艾所至故名焉嘉誠後周置縣幷龍涸郡及扶州總管府開皇初府廢三年郡廢七年州廢有雪山封德後魏置又立芳州有深泉

郡開皇初郡廢又省理定縣入焉大業初州廢常芬後周置及立恆香郡開皇初郡廢有弱水金崖後周置

河池郡後魏置南岐州後周改曰鳳州統縣四戶一萬一千二百二〇梁泉舊曰故道後魏置郡曰固道縣曰涼

泉尋改曰梁泉西魏改郡曰歸真後周廢郡又廢龍安商樂二縣入大業初置郡兩當後魏置及立兩當郡開皇初郡廢河池後魏曰廣化幷

置廣化郡開皇初郡廢仁壽初縣改名焉又後魏置思安縣大業初省入有河池水同谷舊曰白石置廣業郡西魏改曰同谷後周置康州開皇初郡廢

大業初州廢又有泥陽縣西魏廢

順政郡後魏置東益州梁爲武興蕃王國西魏改爲興州統縣四戶四千二百六十一〇順政舊曰略陽西魏置郡曰順政縣曰漢曲又置仇池縣後改曰靈道開皇初郡廢十八年縣改名焉大業初置郡又省靈道縣併入鳴水西魏置曰落叢幷置落叢郡開皇初郡廢六年縣改爲廚北八年改曰鳴水長舉西魏置又立盤頭郡後周廢郡有鳳溪水修城舊置修城郡縣曰廣長後周郡廢又廢下辨縣入仁壽初縣改名焉又西魏置柏樹縣後周廢

義城郡後魏立益州世號小益州梁曰黎州西魏復曰益州又改曰利州置總管府大業初府廢統縣七戶一萬五千九百五十〇綿谷舊曰興安置晉壽郡開皇初郡廢十八年縣改名焉大業初置郡又有華陽郡梁置華州西魏並廢有龍門山益昌　義城西魏置葭萌後魏曰晉安置新巴郡開皇初郡廢十八年縣改名焉大業初又併恩金縣入焉岐坪　景谷舊曰白水置平興郡後周省東洛郡入開皇初郡廢縣改名平興十八年改曰景谷大業初又省魚盤縣入焉有關官有木馬山艮珠山有凍水嘉川舊置宋熙郡開皇初廢

平武郡西魏置龍州統縣四戶五千四百二十〇江油後魏置江油郡開皇三年郡廢大業初置郡有關官馬盤後魏置馬盤郡開皇三年郡廢平武梁末李文智自立爲藩王西魏廢爲縣有涪水潺水方維舊曰秦興置建陽郡開皇初郡廢縣改名焉

汶山郡後周置汶州開皇初改曰蜀州尋爲會州置總管府大業初府廢統縣十一戶二萬四千一百五十九

○汶山舊曰廣陽梁改爲化部都尉置繩州北部郡後周改曰汶州開皇初郡廢仁壽元年改名焉
北川後周置有龍泉水鴈門山襄陽山
汶川後周置汶山郡開皇初郡廢
交川開皇初置有關官
通化開皇初置曰金川仁壽初改名焉
左封後周置曰廣年及置廣年郡左封郡開皇初郡並廢仁壽初縣改名焉又周置翼州大業初廢有汶山
平康後周置有羊腸山
翼水後周置曰龍求及置清江郡開皇初郡廢縣改曰清江十八年又改名焉
翼針後周置及翼針郡開皇初郡廢有石鏡山
江源後周置
通軌後周置縣及覃州并覃川榮鄉二郡開皇初郡廢四年州廢有甘松山

普安郡梁置南梁州後改爲安州西魏改爲始州
統縣七戶三萬一千三百五十一
○普安舊曰南安西魏改曰普安置普安郡開皇初郡廢大業初置郡焉
永歸舊曰白水西魏改焉
黃安舊曰華陽西魏改焉又置黃原郡開皇初郡廢
陰平宋置北陰平郡魏置龍州西魏改郡爲陰平又名縣焉後周從江油郡改曰靜龍縣曰陰平開皇初郡廢
梓潼舊曰安壽西魏置潼州郡開皇初郡廢大業初縣改名焉有五婦山
武連舊曰武功置輔劒郡西魏改郡曰安都縣曰武連開皇初郡廢
臨津舊曰胡原開皇七年改焉

金山郡西魏置潼州開皇五年改曰緜州
統縣七戶三萬六千九百六十三
○巴西舊曰涪置巴西郡西魏改縣曰巴西開皇初郡廢大業初置金山郡有鹽井
昌隆有雲臺山
涪城舊置始平郡西魏改郡爲涪城後周又改曰安城開皇初郡廢改縣曰安城十六年改爲涪城
魏城西魏置
萬安舊曰孱亭西魏改名焉置萬安郡開皇初郡廢
神泉舊曰西充國開皇六年改名焉
金山舊置益昌晉興二縣西魏省晉興入益昌後周別置金山開皇四年省益昌入金山

新城郡梁末置新州開皇末改曰梓州統縣五戶三萬七百二十七○郪舊曰伍城西魏改曰昌城仍置昌城郡開皇初郡廢大業初置新城郡改縣名焉射洪西魏置曰射江後周改名焉鹽亭西魏置鹽亭郡開皇初郡廢有高渠縣大業初併入焉通泉舊曰通泉置西宕渠郡西魏改郡縣俱曰湧泉開皇初郡廢縣改名又併光漢縣入焉飛烏開皇中置

巴西郡梁置南梁北巴州西魏置隆州統縣十戶四萬一千六百四○閬內梁置北巴郡後魏平蜀置盤龍郡開皇初郡廢大業初置巴西郡有盤龍山天柱山靈山南部舊曰南充國梁曰南部魏置新安郡後周郡廢西蒼溪舊曰漢昌開皇末改名焉南充舊曰安漢置宕渠郡開皇初郡廢十八年縣改名焉相如梁置梓潼郡後魏郡廢西水梁置掌天郡西魏改曰金遷開皇初郡廢晉城舊曰西充國梁置木蘭郡西魏廢郡改縣名焉有閬水奉國梁置白馬義陽二郡開皇初郡廢幷廢義陽縣入焉儀隴梁置幷置隆城郡開皇初郡廢大寅梁置

遂寧郡後周置遂州仁壽二年置總管府大業初府廢統縣三戶一萬二千六百二十二○方義梁曰小溪置東遂寧郡西魏改縣名焉後周改郡曰石山開皇初郡廢大業初置遂寧郡青石舊曰晉興西魏改名焉置懷化郡開皇初郡廢又長江舊曰巴興西魏改名焉又置懷化郡開皇初郡廢

涪陵郡西魏置合州開皇末改曰涪州統縣三戶九千九百二十一○石鏡舊曰墊江置宕渠郡西魏改郡爲墊江縣爲石鏡開皇初郡廢大業初置涪陵郡漢初梁置新興郡西魏改郡曰清居名縣曰漢初開皇初郡廢赤水開皇八年置

巴郡梁置楚州開皇初改曰渝州統縣三戶一萬四千四百二十三〇巴舊置巴郡後周廢枳墊江二縣入焉開皇初郡廢大業初置巴郡江津舊曰江州縣西魏改爲江陽置七門郡開皇初郡廢十八年縣改名焉涪陵舊曰漢平置涪陵郡開皇初郡廢十三年縣改名焉

巴東郡梁置信州後周置總管府大業元年府廢統縣十四戶二萬一千三百七十〇人復舊置巴東郡縣曰魚復西魏改曰人復開皇初郡廢大業初置巴東郡有鹽井白鹽山雲安舊曰朐䏰後周改焉南浦後周置安鄉郡後改縣曰安鄉改郡曰萬川開皇初郡廢十八年縣改名焉梁山西魏置有高梁山有紆溪大昌後周置永昌郡尋廢又廢北井縣入焉巫山舊置建平郡開皇初郡廢有巫山秭歸後周曰長寧置秭歸郡開皇初郡廢改縣曰秭歸巴東舊曰歸鄉梁置信陵郡後周郡廢縣改曰樂鄉開皇末又改名焉有巫峽新浦後周置周安郡開皇初郡廢盛山梁曰漢豐西魏改爲永寧開皇末曰盛山臨江梁置臨江郡後周置臨州開皇初郡廢大業初州廢有平都山有彭溪武寧後周置南州南都郡源陽縣後改郡曰懷德縣曰武寧開皇初州郡並廢入焉石城開皇初置庸州大業初州廢務川開皇末置

蜀郡舊置益州開皇初廢後周置總管府開皇三年置西南道行臺省三年復置總管府大業元年府廢統縣十三戶十萬五千五百八十六〇成都舊置蜀郡又有新都縣梁置始康郡西魏廢始康郡開皇初廢蜀郡幷廢新繁入焉十八年改新都曰興樂大業初置蜀郡省興樂入焉舊置懷寧晉熙宋興宋寧四郡至後周並廢有武擔山雙流舊曰廣都置寧蜀郡後周郡廢仁壽元年改縣曰雙流有女伎山

新津後周置并置犍為郡開皇初郡廢大業初又廢僰道縣入焉晉原舊曰江原及置江原郡後周廢郡縣改名焉清城舊置齊基郡後周廢為清城縣有鳴鵠山清城山九隴舊曰晉壽梁置東益州後周州廢置九隴郡并改縣曰九隴仁壽初置濛州開皇初郡廢并龍泉興固青陽三縣入焉大業初州廢有大山道場山緜竹舊置晉熙郡及長楊南武都二縣後周併二縣為晉熙後又廢晉熙入陽泉開皇初郡廢十八年改為孝水大業二年改曰緜竹有治官有緜水有鹿堂山郫西魏分置溫江縣開皇初省入仁壽初復置萬春縣大業初又廢入焉有金山平樂山天彭門玄武舊曰伍城後周置玄武郡開皇初郡廢改縣名焉仁壽初置凱州大業初廢有三堆山郪江雒舊曰廣漢又置廣漢郡開皇初郡廢十八年改曰緜竹大業初改名雒焉又有西遂寧郡南陰平郡後周廢西遂寧改為懷中南陰平郡曰南陰平平縣尋並廢陽安舊曰牛鞞西魏改名焉并置武康郡開皇初郡廢仁壽初置簡州大業初州廢有鹽井平泉西魏置曰婆閏開皇十八年改名焉金泉西魏置縣及金泉郡後周廢郡并廢白牟縣入焉有昌利山銅官山石城山

臨邛郡舊置雅州統縣九戶二萬三千三百四十八○嚴道西魏置曰始陽縣置蒙山郡開皇初郡廢十三年改曰蒙山尋置雅州大業置臨邛郡縣改名焉有邛來山名山舊曰蒙山開皇十三年改始陽曰蒙山開蒙山曰名山盧山仁壽末置依政西魏置及置邛州大業初廢臨邛舊置臨邛郡開皇初廢有火井蒲江西魏置曰廣定及置蒲原郡開皇初郡廢仁壽初縣改名焉蒲溪西魏置沈黎後周置黎州尋并縣廢開皇中置縣仁壽末置登州大業初州廢漢源大業初置

眉山郡西魏曰眉州後周曰青州後又曰嘉州大業二年又改曰眉州統縣八戶二萬三千七百九十九○龍

遊後周置曰峨眉及置平羌郡開皇初郡廢九年改縣爲青衣平陳日龍見水隨軍而進十年改名焉大業初置眉山郡 平羌後周置仍置平羌郡

開皇初郡廢 夾江開皇三年置 峨眉開皇十三年置有峨眉山綏山 通義舊置齊通郡及青州西魏改州曰眉州開皇初郡廢改齊通曰

廣通仁壽元年改爲通義大業初州廢 青神後周置并置青神郡開皇初郡廢 丹陵後周置曰齊樂開皇中改名焉 洪雅開皇十三年置

隆山郡西魏置陵州 統縣五 戶一萬一千四十二○ 仁壽梁置懷仁郡西魏改縣曰普寧開皇初郡廢十八年

縣改名焉又西魏置犍縣大業初置隆山郡犍縣併入焉有鹽井 貴平西魏置又立和仁郡後周又廢可疊平井二縣入焉開皇初郡廢大業初又廢

籍縣入焉 井研 始建開皇十一年置有鐵山 隆山舊曰犍爲置江州西魏改縣曰隆山後周省州置隆山郡開皇初郡廢又併江陽縣

入焉有治官有鼎鼻山

資陽郡西魏置資州 統縣九 戶二萬五千七百二十五○ 盤石後周置縣及資中郡開皇初郡廢大業初

置資陽郡 內江後周置 威遠開皇初置 大牢開皇十三年置 安岳後周置并置普州大業初州廢 普慈後周置郡曰普慈縣曰多

業開皇初郡廢三年縣改名焉 安居後周置曰柔剛及置安居郡開皇初郡廢十三年縣改名焉 隆康後周置曰永康開皇十八年改焉

資陽後周置

瀘川郡梁置瀘州仁壽中置總管府大業初府廢 統縣五 戶一千八百二十○ 瀘川舊曰江陽并置江陽郡開皇初郡廢

大業初置瀘川郡縣改名焉 富世後周置及置洛源郡開皇初郡廢 江安舊曰漢安開皇十八年改名焉 合江後周置 緜水梁置

有縣溪

犍爲郡梁置戎州統縣四戶四千八百五十九〇僰道後周置曰外江大業初改曰僰道置犍爲郡犍爲後周置曰武陽開皇初改焉南溪梁置曰南廣及置六同郡開皇初郡廢仁壽初縣改名焉開邊開皇六年置七年廢訓州入焉大業初廢恭州協州入焉

越巂郡後周置嚴州開皇六年改曰西寧州十八年又改曰巂州統縣六戶七千四百四十八〇越巂帶郡邛都蘇祇舊置亮善郡開皇初郡廢有孫水可泉舊宣化郡開皇初廢臺登舊置曰沙郡開皇初郡廢邛部舊置邛部郡又有平樂郡開皇初並廢有巂山

牂柯郡開皇初置牂州統縣三〇牂柯帶郡賓化

黔安郡後周置黔州不帶郡統縣二戶一千四百六十〇彭水開皇十三年置有伏牛山出鹽井涪川開皇五年置

梁州於天官上應參之宿周時梁州以併雍部及漢又析置益州在禹貢自漢川以下諸郡皆其封域漢中之人質朴無文不甚趨利性嗜口腹多事田漁雖蓬室柴門食必兼肉好祀鬼神尤多忌諱家人有死輒離其故宅崇重道教猶

有張魯之風焉每至五月十五日必以酒食相饋賓旅聚會有甚於三元傍南山雜有獠戶富室者頗參夏人爲婚衣服居處言語殆與華不別西城房陵清化通川宕渠地皆連接風俗頗同漢陽臨洮宕昌武都同昌河池順政義城平武汶山皆連雜氏羌人尤勁悍性多質直皆務於農事工習獵射於書計非其長矣蜀郡臨邛眉山隆山資陽瀘川巴東遂寧巴西新城金山普安犍爲越嶲牂柯黔安得蜀之舊域其地四塞山川重阻水陸所湊貨殖所萃蓋一都之會也昔劉備資之以成三分之業自金行喪亂四海沸騰李氏據之於前譙氏依之於後當梁氏將亡武陵憑險而取敗後周之末王謙負固而速禍故孟門不祀古人所以誡焉其風俗大抵與漢中不別其人敏慧輕急貌多蕞陋頗慕文學時有斐然多溺於逸樂少從宦之士或至耆年白首不離鄉邑人多工巧綾錦雕鏤之妙殆侔於上國貧家不務儲蓄富室專於趨利其處家室則女勤作業而士多自閑聚會宴飲尤足意錢之戲小人薄於情禮父子率多異居其邊野富人多規固山澤以財物雄使夷獠故輕爲姦藏權傾州縣此亦其舊俗乎

又有獽狿蠻賨其居處風俗衣冠飲食頗同於獠而亦與蜀人相類

隋書卷二十九

隋書卷二十九考證

地理志上南由注西魏改爲鎭後周復置縣○監本鎭字闕復置訛改爲從宋本補改

水池注後魏曰覃州○宋本作蕈川當是

新津注大業初又廢僰道縣入焉○監本僰訛僰 臣宗萬按禮記王制屏之遠方西曰僰說文犍爲蠻夷從人在棘中作僰或作僰今作僰從人不從火也下同

隋書卷二十九考證

隋書卷三十

唐太尉揚州都督監修國史上柱國趙國公臣長孫無忌等撰

志第二十五

地理中

河南郡舊置洛州大業元年移都改曰豫州東面三門北曰上春中曰建陽南曰永通南面二門東曰長夏正南曰建國里一百三市三三年改爲郡置尹統縣十八戶二十萬二千二百三十〇河南帶郡有關官有郟山有瀍水洛陽有漢已來舊都後魏置司州東魏改曰洛州後周置東京六府洛州總管開皇元年改六府置東京尙書省其年廢東京尙書省二年廢總管置河南道行臺省三年廢行臺以洛州刺史領總監十四年於金墉城別置總監煬帝即位廢省置河南縣東魏遷鄴改爲宜遷縣後周復曰河南大業元年徙入新都又東魏置洛陽郡河陰縣開皇初郡並廢又析置伊川縣大業初河陰伊川二縣併入焉閿鄉舊曰湖城開皇十六年改焉有玉澗金鳩澗秦山桃林開皇十六年置有上陽宮有淄水陝後魏置及置陝州弘農郡後周又置崤郡開皇初郡並廢大業初州廢置弘農宮有常平倉溫湯有砥柱熊耳後周置及同軌郡開皇初郡廢又有後魏崤縣大業初廢入有二崤有天柱山大頭山硤石山穀水澠池後周置河南郡大象中廢新安後周置中州及東垣縣州尋廢開皇十六年置穀州仁壽四年州廢又廢新安入東垣大業初改名新安有治官有魏山強山缺門山孝水澗水金谷水偃師舊廢開皇十六年置有關官有河陽倉有都尉府有首陽山酈山乾脯山鞏後齊廢開皇十六年復有興洛倉有九山有天陵山緱山東首陽山宜陽後魏置宜陽郡東魏置陽

州後周改曰熊州又復後魏置南澠池縣後周改曰昌洛開皇初郡廢十八年改昌洛曰洛水大業初廢熊州省洛水入宜陽又東魏置金門郡後周廢有福
昌宮金門山女几山太陰山嶕嶢山壽安後魏置縣曰甘棠仁壽四年改焉有顯仁宮有慈澗陸渾東魏置伊川郡領南陸渾縣開皇初廢郡改縣
曰伏流大業初改曰陸渾又有東魏北荊州後周改曰和州開皇初又改曰伊州大業初州廢又有東魏東亭縣尋廢有方山三塗山孤山陽山王母澗伊
闕舊曰新城東魏置新城郡開皇初郡廢十八年縣改名焉有伊闕山興泰大業初置有鹿蹄山石墨山鍾山緱氏舊廢東魏置開皇十六年
廢大業初又置有緱氏山軒轅山景山嵩陽後魏置曰潁陽東魏分置堙陽後周廢潁陽入開皇六年改曰武林十八年改曰輪氏大業元年改曰嵩
陽又有東魏中川郡後周廢有嵩高山少室山潁水陽城後魏置陽城郡開皇初廢十六年置嵩州仁壽四年廢又後魏置康城縣仁壽四年廢入焉有
箕山偃月山荊山禹山嵴山
滎陽郡舊鄭州開皇十六年置管州大業初復曰鄭州統縣十一戶十六萬九百六十四〇管城舊曰中牟
東魏置廣武郡開皇初郡廢改中牟曰內牟十六年析置管城十八年改內牟曰圃田入焉後魏置曲梁縣後齊廢有鄭水汜水舊曰成皋卽武牢也
後魏置東中府東魏置北豫州後周置滎州開皇初曰鄭州十八年改成皋曰汜水大業初置武牢都尉府有周山天陵山滎澤開皇四年置曰廣武
仁壽元年改名焉原武開皇十六年置陽武圃田開皇十六年置曰邺城大業初改焉浚儀東魏置梁州陳留郡後齊廢開封郡
入後周改曰汴州開皇初郡廢大業初州廢有關官有通濟渠蔡水酸棗後齊廢開皇六年復有關官新鄭後魏廢開皇十六年復大業初併宛
陵縣入焉有關官有大騩山滎陽舊置滎陽郡後齊省卷京二縣入改曰成皋郡開皇初郡廢有京索水梧桐澗開封東魏置郡後齊廢

梁郡開皇十六年置宋州統縣十三戶十五萬五千四百七十七○宋城舊曰睢陽置梁郡開皇初郡廢十八年縣改名焉大業初又置郡又梁置北新安郡尋廢雍丘後魏置陽夏郡開皇初郡廢十六年置杞州大業初州廢襄邑後齊廢開皇十六年復寧陵後齊廢開皇六年復虞城後魏曰蕭後齊廢開皇十六年置改名焉又後魏置沛郡後齊廢穀熟後魏廢開皇十六年復陳留後魏廢開皇六年復十六年析置新里縣大業初廢入焉又有小黃縣後齊廢入有睢水渙水下邑後齊廢已吾縣入焉考城後魏曰考陽置北梁郡後齊郡縣並廢為城安縣開皇十八年以重名改曰考城楚丘後魏曰己氏置北譙郡後齊郡縣並廢開皇四年又置己氏六年改曰楚丘碭山後魏置曰安陽開皇十八年改名焉有碭山魚山圉城舊曰圉後齊廢開皇六年復置曰圉城有谷水柘城舊曰柘久廢開皇十六年置曰柘城

譙郡後魏置南兗州後周置總管府後改曰亳州開皇元年府廢統縣六戶七萬四千八百一十七○譙舊曰小黃置陳留郡開皇初郡廢十六年分置梅城縣大業三年改小黃為譙縣併梅城入焉酇舊廢開皇十六年復舊有馬頭郡後魏又置下邑縣後齊並廢城父宋置曰浚儀開皇十八年改焉谷陽後齊省開皇六年復山桑後魏置渦州渦陽縣又置譙郡梁改渦州曰西徐州東魏改曰譙州開皇初郡廢十六年改渦陽為肥水大業初州廢改縣曰山桑又梁置北新安郡東魏改置蒙郡後齊廢郡置蒙縣後又置郡開皇初郡廢又梁置陽夏郡東魏廢臨渙後魏置臨渙郡又別置丹城縣東魏析置白櫸縣後齊郡廢開皇元年丹城省大業初白櫸又省並入焉有稽山龍岡

濟陰郡後魏置西兗州後周改曰曹州統縣九戶十四萬九百四十八○濟陰後魏置沛郡後齊廢又開皇六

年分置黃縣十八年改爲蒙澤大業初廢入焉外黃後齊廢成安縣入又開皇十八年置首城縣大業初廢入焉濟陽成武後齊置永
昌郡開皇初郡廢十六年置戴州大業初州廢冤句乘氏定陶單父後魏曰離狐置北濟陰郡後齊郡縣並廢開皇六年
更置名單父金鄉開皇十六年分置昌邑縣大業初併入
襄城郡東魏置北荊州後周改曰和州開皇初改爲伊州大業初改曰汝州統縣八戶十萬五千九百一十七〇
承休舊曰汝原置汝北郡後改曰汝陰郡後周郡廢大業初改縣曰承休置襄城郡有黃水梁舊置汝北郡後齊廢有濫泉郟城舊曰龍山
東魏置順陽郡及南陽郡南陽縣開皇初改龍山曰汝南三年二郡並廢十八年改汝南曰輔城南陽曰期城大業初改輔城曰郟城廢期城入焉有關官有
大留山陽翟東魏置陽翟郡開皇初郡廢有鈞臺有九山祠汝源汝南有後魏汝南郡及符壘縣並後齊廢魯後魏置荊州尋廢立
魯陽郡後置魯州開皇初郡廢大業初州廢有關官有和山大義山犨城舊曰雉陽開皇十八年改曰湛水大業初改名焉又有後周置武山郡開皇初
廢後魏置南陽縣河山縣大業初並廢入焉有應山
潁川郡舊置潁州東魏改曰鄭州後周改曰許州統縣十四戶十九萬五千六百四十〇潁川舊曰長社
置潁川郡後齊廢潁陰縣入開皇初廢郡改縣焉又東魏置黃臺縣大業初廢入焉置郡襄城舊置襄城郡後周置汝州開皇初郡廢大業初州廢有澂
水汝墳後齊置漢廣郡尋廢有首山葉後齊置襄州後周廢襄州置南襄城郡開皇初郡廢又東魏置定南郡後周廢爲定南縣大業初省入
北舞舊置定陵郡開皇初廢有百尺溝郾城開皇初置十六年置道州大業初州廢又後魏置潁川郡後齊改爲臨潁郡開皇初郡廢又有邵陵

縣，大業初廢。有瀙水。
繁昌
臨潁
尉氏後齊廢，開皇六年復。
長葛開皇六年置。
許昌
㶏強開皇十六年置，曰陶城，大業初改焉。
扶溝
鄢陵東魏置許昌郡，後齊廢縣，開皇初郡廢，七年復鄢陵縣，十六年置洧州，大業初州廢。又開皇十六年置蔡陂縣，至是省入焉。

汝南郡後魏置豫州，東魏置行臺，後周置總管府，後改曰舒州，尋復曰豫州，及改洛州為豫州，此為溱州，又改曰蔡州。統縣十一，戶十五萬二千七百八十五。

汝陽舊曰上蔡，置汝南郡。開皇初郡廢，大業初置郡，改縣曰汝陽，並廢保城縣入焉。有鴻郄陂。
城陽舊廢，梁置。又有義興縣，後魏置城陽郡，梁置楚州，東魏置西楚州，後齊曰永州。開皇九年廢入純州，十八年改義興為純義，大業初州縣並廢入焉。又梁置伍城郡，後齊廢。有十丈山、大木山。
真陽舊置郢州，東魏廢州，置義陽郡，後齊廢郡入保城縣。開皇十一年廢縣，十六年置縣曰真丘，大業初改曰真陽。又有白狗縣，梁置淮州，後齊廢州，以置齊興郡，郡尋廢。開皇初改縣曰淮川，至是亦省入焉。又有後魏安陽縣，後廢。有汝水。
新息後魏置東豫州，梁改曰西豫州，又改曰淮州，東魏復曰東豫州，後周改曰息州，大業初州廢。又後魏置汝南郡，開皇初郡廢。又梁置滇州，尋廢。又梁置北光城郡，東魏廢。又有北新息縣，後齊廢。
褒信宋改曰包信，大業初改復舊焉。又梁置梁安郡，開皇初廢。又有長陵郡，後齊廢為縣，大業初又省縣焉。
上蔡後魏置曰臨汝，後齊廢，開皇中置曰武津，大業初改名焉。
平輿舊廢，大業初改新蔡置焉。有葛陂。
新蔡齊置北新蔡郡，魏曰新蔡郡，東魏置終蔡州，後齊廢州，置廣寧郡。開皇初郡廢，十六年置舒州及舒縣、廣寧縣，仁壽元年改廣寧曰汝北，大業初州廢，改汝北曰新蔡。又後齊置永康縣，後改名曰濾水，至是及舒縣並廢入焉。
朗山舊曰安昌，置初安郡，廢。十八年縣改名焉。又梁置陳州，後魏廢。又齊置荊州，尋廢。後周又置威州，後又廢。
吳房故曰遂寧，後齊省綏

義縣入焉大業初改曰吳房西平後魏置襄城郡後齊改郡曰文城開皇初郡廢又有故武陽縣十八年改曰吳房大業初省又有故洧州灈州並後

齊置開皇初皆廢

淮陽郡開皇十六年置陳州統縣十戶十二萬七千一百四〇宛丘後魏曰項置陳郡開皇初縣改名宛丘尋

廢郡後析置臨蔡縣大業初置淮陽郡幷臨蔡縣入焉又後魏置南陽郡東魏廢西華舊曰長平開皇十八年改曰鴻溝大業初改焉有舊長平縣後

齊廢溵水開皇十六年置又有後魏汝陽郡及縣後齊郡廢大業初縣廢扶樂開皇十六年置有渦水太康舊曰陽夏幷置淮陽郡開皇初

郡廢七年更名太康有洼水鹿邑舊曰武平開皇十八年改名焉項城東魏置揚州及丹陽郡秣陵縣梁改曰殷州東魏又改曰北揚州後齊改

曰信州後周改曰陳州開皇初改秣陵爲項縣十六年分置沈州大業初州廢又有項城郡開皇初分立陳郡三年並廢南頓舊置南頓郡後齊廢郡及

平鄉縣入改曰和城大業初又改爲南頓鄲開皇六年置鮦陽後齊廢開皇十一年復又東魏置財州後齊廢以置包信縣開皇初廢

汝陰郡舊置潁州統縣五戶六萬五千九百二十六〇汝陰舊置汝陰郡開皇初郡廢大業初復置潁

陽梁曰陳留幷置陳留郡及陳州東魏廢州開皇初廢郡十八年縣改名焉有鄭縣後齊廢清丘梁曰許昌及置潁川郡開皇初廢郡十八年縣改名

焉潁上梁置下蔡郡後齊廢郡大業初縣改名焉下蔡梁置汴郡後齊郡廢大業初縣改名焉又梁置淮陽郡後齊改曰潁川郡開皇初郡廢

上洛郡舊置洛州後周改爲商州統縣五戶一萬五百一十六〇上洛舊置上洛郡開皇初郡廢大業初復置有

秦嶺山熊耳山洛水丹水商洛有關官洛南舊曰拒陽置拒陽郡開皇初郡廢縣改名焉有玄扈山陽靈山豐陽後周置開皇初併南陽縣

入有洵水申水上津舊置北上洛郡梁改為南洛州西魏又改為上州後周併漫川開化二縣入大業初廢州有天柱山詔及山女思山

弘農郡大業三年置統縣四戶二萬七千四百六十六〇弘農舊置西弘農郡後周廢大業初置弘農郡又有石城郡王城縣西魏並廢有石隄山盧氏後魏置漢安郡西魏置義川郡開皇初郡廢州改為虢州大業初州廢有關官有石扇山長泉後魏曰南陝西魏改焉有松楊山檀山朱陽舊置朱陽郡後周郡廢有邑陽縣開皇末改為邑川大業初併入有肺山有湖水

淅陽郡西魏置淅州統縣七戶三萬七千二百五十〇南鄉舊置南鄉郡後周併龍泉湖里白亭三縣入又有左南鄉縣并置左鄉郡西魏改郡為秀山改縣為安山後周秀山郡廢開皇初南鄉郡廢大業初置淅陽郡併安山縣入焉有石墨山內鄉舊曰西淅陽郡西魏改為內鄉後周廢併淅川石人二縣入焉有淅水丹水舊置丹川郡後周郡廢併茅城倉陵許昌三縣入有胡保山武當舊置武當郡又為置始平郡後改為齊興郡梁置興州後周改為豐州開皇初二郡並廢改為均州大業初州廢有石階山武當山均陽梁置安福梁置曰廣福併為郡開皇初郡廢仁壽初改焉順鄉有防山

南陽郡舊置荊州開皇初改為鄧州統縣八戶七萬七千五百二十〇穰帶郡有白水新野舊曰棘陽置新野郡又有漢廣郡西魏改為黃岡郡又有南棘陽縣改為百寧縣後周二郡並廢併南棘縣入焉開皇初更名新野南陽舊曰上陌置南陽郡後周併宛縣入更名上苑開皇初郡廢又改為南陽課陽舊曰湟陽開皇初改焉有課水湟水順陽舊置順陽郡西魏析置鄭縣尋改為清鄉後周又併順陽入清鄉開皇初又改為順陽冠軍菊潭舊曰酈開皇初改焉有東弘農郡西魏改為武關至是廢入有梅溪湍水新城西魏改為

臨淄開皇初復名焉有朝水

淯陽郡西魏置蒙州仁壽中改曰淯州統縣三戶一萬七千九百〇武川帶郡有雉衡山有淯水瀙水澧水向城西魏置又立雉陽郡開皇初郡廢方城西魏置及置襄邑郡開皇初廢東魏又置建城郡及建城縣後齊郡縣並廢又有業縣開皇末改爲澧水大業併入有西唐山

淮安郡後魏置東荊州西魏改爲淮州開皇五年又改爲顯州統縣七戶四萬六千八百四十〇比陽帶郡後魏曰陽平開皇七年改爲饒良大業初又改焉又有後魏城陽縣置殷州城陽郡開皇初郡並廢其縣尋省又有昭越縣大業初改爲同光尋廢又有東南陽郡西魏改爲南郢郡後周廢又有比陽故縣置西郢州西魏改爲鴻州後周廢爲真昌郡開皇初郡廢大業初縣廢平氏舊置漢廣郡開皇初郡廢有淮水真昌舊曰北平開皇九年改焉顯岡舊置舞陰郡開皇初郡廢臨舞東魏置及置期城郡開皇初郡廢又有東舞陽縣開皇十八年改爲昆水大業初廢慈丘後魏曰江夏併置江夏郡開皇初郡廢更置慈丘於其北境後魏有鄭州潘州漆州及襄城周康二郡上蔡青山震山三縣並開皇初廢有比水桐柏梁置曰淮安并立華州又立上川郡西魏改州爲淮州後改爲純州尋廢開皇初郡廢更名縣曰桐柏又梁置西義陽郡西魏置淮陽郡及輔州後周州郡並廢又置淮南縣開皇末改爲油水大業初廢又有大義郡後周置開皇初廢有桐柏山

豫州於禹貢爲荊州之地其在天官自氐五度至尾九度爲大火於辰在卯宋之分野屬豫州自柳九度至張十六度爲鶉火於辰在午周之分野屬三河則

河南淮之星次亦豫州之域豫之言舒也言稟平和之氣性理安舒也洛陽得土之中賦貢所均故周公作洛此焉攸在其俗尚商賈機巧成俗故漢志云周人之失巧僞趨利賤義貴財此亦自古然矣滎陽古之鄭地梁郡梁孝故都邪僻傲蕩舊傳其俗今則好尚稼穡重於禮文其風皆變於古譙郡濟陰襄城潁川汝南淮陽汝陰其風頗同南陽古帝鄉搢紳所出自三方鼎立地處邊疆戎馬所萃失其舊俗上洛弘農本與三輔同俗自漢高發巴蜀之人定三秦遷巴之渠率七姓居於商洛之地由是風俗不改其壤其人自巴來者風俗猶同巴郡淅陽淯陽亦頗同其俗云

東郡開皇九年置杞州十六年改爲滑州大業二年爲兗州 統縣九戶十二萬一千九百五〇白馬舊置東郡後齊併涼城縣入焉大業初復置郡 靈昌開皇十六年置 衛南開皇十六年置大業初廢西濮陽入焉又有後魏平昌長樂二縣後齊並廢 濮陽開皇十六年分置昆吾縣大業初入焉 封丘後齊廢開皇十六年復 匡城後齊曰長垣開皇十六年改焉 胙城舊曰東燕開皇十八年改焉 韋城開皇十六年置十六年分置長垣縣大業初省入焉 離狐

東平郡後周置魯州尋廢開皇十年置鄆州 統縣六戶八萬六千九十〇鄆城後周置曰清澤又置高平郡開皇初

郡廢改縣曰萬安十八年改曰鄆城大業初置郡併廩丘入焉鄄城舊置濮陽郡開皇初郡廢十六年置濮州大業初州廢有關官須昌開皇十六
年置有梁山宿城後齊曰須昌開皇十六年改焉舊置東平郡後齊並廢雷澤舊曰城陽後齊廢開皇十六年置曰雷澤又分置臨濮縣大業
初併入焉有歷山雷澤鉅野舊廢開皇十六年復又置乘丘縣大業初廢入焉
濟北郡舊置濟州統縣九戶十萬五千六百六十〇盧舊置郡開皇初廢六年分置濟北縣大業初省入焉壽
郡有關官有成迴倉有魚山遊仙山范後齊廢開皇十六年置陽穀開皇十六年置東阿有浮山盬山狠水平陰開皇十四年置曰榆
山大業初改焉長清開皇十四年置又有東太原郡後齊廢濟北開皇十四年置曰時平大業初改焉壽張肥城宋置濟北郡後
齊廢後周置肥城郡尋廢又復開皇初又廢
武陽郡後周置魏州統縣十四戶二十一萬三千三十五〇貴鄉東魏置又有平邑縣後齊廢開皇十
六年又置大業初置武陽郡并省玄邑縣入焉有悑山元城後齊廢開皇六年復又置馬陵縣大業初廢入焉有沙麓山繁水舊曰昌樂置昌
樂郡東魏郡廢後周又置舊有魏城縣後齊廢開皇初廢郡六年置縣曰繁水大業初廢昌樂縣入焉魏後齊廢開皇六年復十六年析置漳陰縣大業
初省入焉莘舊曰陽平後齊改曰樂平開皇六年復曰陽平八年改曰清邑十六年置莘州大業初州廢改縣名莘又廢莘亭縣入焉後周置武陽郡焉開
皇初廢頓丘後齊省開皇六年置又有舊陰安縣後齊廢觀城舊曰衞國開皇六年改臨黃後魏置後齊省開皇六年復十六年分置
河上縣大業初省入焉武陽後齊省後周置武水開皇十六年置館陶舊置毛州大業初州廢又有舊陽平郡開皇初廢堂邑開皇

六年置冠氏開皇六年置聊城舊置南冀州及平原郡末幾州廢開皇初郡廢十六年置博州大業初州廢

渤海郡開皇六年置棣州大業二年為滄州統縣十戶十二萬二千九百九〇陽信帶郡樂陵舊置樂陵郡開皇初郡廢十六年分置南津縣大業初廢入焉滴河開皇十六年置又有後魏濕沃縣後齊廢有關官猒次後齊廢開皇十六年復蒲臺開皇十六年置饒安舊置滄州浮陽郡開皇初郡廢大業初州廢無棣開皇六年置鹽山舊曰高成開皇十六年又置浮水縣十八年改高成曰鹽山大業初省浮水入焉有鹽山峽山南皮淸地舊曰浮陽開皇十八年改

平原郡開皇九年置德州統縣九戶十三萬五千八百二十二〇安樂舊置平原郡開皇初郡廢大業初復又開皇十六年置繹幕縣至是廢入焉又有後魏鬲縣後齊廢有關官平原後齊併鄃縣入焉有關官又後魏置東青州置末久而廢將陵開皇十六年置平昌後魏置東安郡後齊廢并以重平縣入焉般後齊省開皇十六年復長河舊曰廣川後齊省開皇六年復置仁壽初改名焉弓高舊廢開皇十六年置東光舊置勃海郡開皇初郡廢九年置觀州大業初州廢又併安陵入焉有天胎山胡蘇舊廢開皇十六年置

兗州於禹貢為濟河之地其於天官自軫十二度至氐四度為壽星於辰在鄭之分野兗州蓋取沇水為名亦曰兗兗之為言端也言陽精端端故其氣纖殺也東郡東平濟北武陽平原等郡得其地焉兼得鄒魯齊衛之交舊傳太公唐叔之教亦有周孔遺風今此數郡其人尚多好儒學性質直懷義有古之風烈

矣

信都郡舊置冀州統縣十二戶十六萬八千七百一十八〇長樂舊曰信都帶長樂郡後齊廢扶柳縣

入焉開皇初郡廢分信都置長樂縣十六年又分長樂置澤城縣大業初廢信都及澤城入焉置信都郡堂陽舊縣後齊廢開皇十六年復衡水

開皇十六年置棗彊舊縣後齊廢索盧廣川二縣入焉武邑舊縣後齊廢開皇六年置弁得後齊觀津縣地十六年分武彊置昌亭縣大業初廢

入焉武彊舊置武邑郡後齊郡廢又廢武遂縣入焉南宮舊縣後齊廢開皇六年復斌彊鹿城舊曰郡後齊改曰安國開皇六年改

為安定十八年改開皇十六年又置晏城大業初廢入下博蓨舊曰修開皇五年改十六年分置觀津縣大業初廢阜城

清河郡後周置貝州統縣十四戶三十萬六千五百四十四〇清河舊曰武城置清河郡開皇初郡

廢改名焉仍別置武城縣十六年置夏津縣大業初廢入置清河郡清陽舊曰清河縣後齊省貝丘入焉改為貝丘開皇六年改為清陽又有後魏侯城

縣後齊省以入武城亦入焉武城舊曰東武城開皇初改武城為清河縣於此置武城歷亭開皇十六年分武城置焉漳南開皇六年置曰

東陽十八年改為漳南有後魏故素盧城後齊以入棗彊至是入鄃舊廢開皇十六年置臨清後齊廢開皇六年復又十六年置沙丘縣大業初廢

入焉清泉後齊廢千童縣入開皇十六年置貝丘縣大業二年廢入清平開皇六年置曰貝丘十六年改曰清平高唐後魏置南清河郡後

齊郡廢經城後齊廢開皇六年置十六年分置府城縣大業初省入焉宗城舊曰廣宗仁壽元年改博平開皇六年置靈縣大業初省入

茌平後齊廢開皇初復

魏郡後魏置相州，東魏改曰司州牧，後周又改曰相州，置六府。宣政初，府移洛，以置總管府，未幾府廢。統縣十一，戶十二萬二百二十七〇

安陽周大象初置相州及魏郡，因改名鄴。開皇初郡廢，十年復名安陽，分置相縣。鄴還復舊。大業初廢相入焉。置魏郡。有韓陵山。

鄴東魏都，後齊同。平齊置相州。大象初，縣隨州徙安陽，此改為靈芝縣。開皇十年又改焉。

臨漳東魏置。

成安後齊置。

靈泉後周置。有龍山。

堯城開皇十年置，名長樂，十八年改焉。

洹水後周置。

滏陽後周置。開皇十年置慈州，大業初州廢。

臨水有慈石山、鼓山、滏山。

林慮後魏置林慮郡，後齊郡廢，後又置。開皇初郡廢，又分置淇陽縣。十六年置巖州，大業初州廢，又廢淇陽入焉。有林慮、鐵仙人臺、洹水。

臨淇東魏置，尋廢。開皇十六年復。有淇水。

汲郡東魏置義州，後周為衛州。統縣八，戶十一萬一千七百二十一〇

衛舊曰朝歌，置汲郡。後周又分置修武郡。開皇初郡並廢。十六年又置清淇縣。大業初置汲郡，改朝歌縣曰衛，廢清淇入焉。有朝陽山、同山。有紂朝歌城、比干墓。

汲東魏僑置七郡十八縣，後齊省以置伍城郡，後周廢為伍城縣。開皇六年改焉。

隋興開皇六年置。後析置陽源縣，大業初併入焉。有倉巖山。

黎陽後魏置黎陽郡，後置黎州。開皇初州郡並廢。十六年又置黎州，大業初罷。有倉。有關官。有大伾山、枉人山。

內黃舊廢，開皇六年置。十六年分置繁陽縣，大業初廢入。

湯陰舊廢，開皇六年又置。有博望岡。

臨河開皇六年置。

澶水開皇十六年置。

河內郡舊置懷州。統縣十，戶十三萬三千六百六〇

河內舊曰野王，置河內郡。開皇初郡廢，十六年縣改焉。有軹縣，大業初廢入焉。有大行。有丹水。有絺城。

溫舊廢，開皇十六年置。古溫城。

濟源開皇十六年置。舊有沁水縣，後齊廢入。有孔山、母山。有濟

水淇水古原城河陽舊廢開皇十六年置有盟津有古河陽城治安昌舊曰州縣置武德郡開皇初郡廢十八年縣改爲邢丘大業初改名安昌
又廢懷縣入焉舊有平高縣後齊廢王屋舊曰長平後周改焉後又置懷州及平齊廢州置王屋郡開皇初郡廢有王屋山齊子嶺有軹關獲嘉
後周置修武郡開皇初郡廢十六年置殷州大業初州廢新鄉開皇初年置有關官舊有獲嘉縣後齊廢修武後魏置修武後齊併入焉開皇十六
年析置武陟大業初併入焉又有東魏廣寧郡後周廢共城舊曰共後齊廢開皇六年復置曰共城有共山白鹿山
長平郡舊曰建州開皇初改爲澤州統縣六戶五萬四千九百一十三〇丹川舊曰高都後齊置長平高
都二郡後周併爲高平郡開皇初郡廢十八年改爲丹川大業初置長平郡有太行山沁水舊置廣寧郡後齊郡廢縣改爲永寧開皇十八年改焉有
輔山端氏後魏置安平郡開皇初郡廢有巨峻山秦川水濩澤有嶕嶢山濩澤山高平舊曰平高齊末改焉又併泫氏縣入焉有關官陵
川開皇十六年置
上黨郡後周置潞州統縣十戶十二萬五千五十七〇上黨舊置上黨郡開皇初郡廢有壺關縣大業初復
置郡廢壺關入焉有羊頭山抱犢山長子後齊廢開皇九年置曰寄氏縣十八年改爲長子舊有屯留樂陽二縣後齊廢有濁漳水堯水潞城開皇
十六年置有黃阜山屯留後齊廢開皇十六年復襄垣舊置襄垣郡後齊郡廢後周置韓州大業初州廢有鹿臺山黎城後魏以潞縣被
誅遺人置十八年改名黎城有積布山松門嶺涉後魏廢開皇十八年復有崇山鄉石勒置武鄉郡後魏去武字開皇初郡廢十六年分置榆社縣大業
初廢又有後魏南垣州尋改豐州後周廢銅鞮有舊涅縣後魏改爲陽城開皇十八年改爲甲水大業初省入有銅鞮水沁源後魏置縣及義寧郡

開皇初廢十六年置沁州又義寧縣十八年改爲和川大業初州廢又廢和川縣入

河東郡後魏曰秦州後周改曰蒲州統縣十戶十五萬七千七十八

○河東舊曰蒲坂縣置河東郡開皇初郡廢十六年析置河東縣大業初置河東郡併蒲坂入有酒官有首山有嬀汭水桑泉開皇十六年置有三疑山汾陰舊置汾陰郡開皇初郡廢有龍門山龍門後魏置龍門郡開皇初郡廢芮城舊置曰安戎後周改焉又置永樂郡後省入焉有關官安邑開皇十六年置虞州大業初州廢有鹽池銀冶夏舊置安邑郡開皇初郡廢有巫咸山稷山虞坂河北舊置河北郡開皇初郡廢有關官有砥柱山有傅巖猗氏西魏改曰桑泉後周復焉虞鄉後魏曰安定西魏改曰南解又改曰綏化又曰虞鄉有石錐山百梯山百徑山

絳郡後魏置東雍州後周改曰絳州統縣八戶七萬一千八百七十六

○正平舊曰臨汾置正平郡開皇初郡廢十八年縣改名焉大業初置絳州又有後魏南絳郡後周廢郡又併南絳縣入小鄉縣開皇十八年改曰汾東大業初省入焉翼城後魏置曰北絳縣幷置北絳郡後齊廢新安縣幷南絳郡入焉開皇初郡廢十八年改爲翼城有烏嶺山東涇山有澮山絳舊置絳郡開皇初郡廢後周置晉州建德五年廢曲沃後周置建德六年廢有絳山橋山稷山後魏曰高涼開皇十八年改焉有後魏龍門郡開皇初廢又有後周勳州置總管後改曰絳州開皇初移聞喜有景山有董澤陂垣後魏置邵郡及白水縣後周置邵州改白水爲亳城開皇初郡廢大業初州廢縣改爲垣縣又省後魏所置清廉縣及後周所置蒲原縣入焉有黑山太平後魏置後齊省臨分縣入焉有關官

文城郡東魏置南汾州後周改爲汾州後齊爲西汾州後周平齊置總管府開皇四年府廢十六年改爲耿州後復爲汾州統縣四戶二

萬二千三百〇吉昌後魏曰定陽縣幷置定陽郡開皇初郡廢十八年縣改名焉大業初置文城郡有風山文城後魏置有石門山伍城後魏置曰刑軍縣後改為伍城後又置伍城郡開皇初郡廢又廢後魏平昌縣入焉大業初又廢大寧縣入焉昌寧後魏置幷內陽郡開皇初郡廢有壺口山崿山

臨汾郡後魏置唐州改曰晉州後周置總管府開皇初府廢統縣七戶七萬一千八百七十四〇臨汾後魏曰平陽幷置平陽郡開皇初改郡為平河改縣為臨汾尋郡廢又有東魏西河敷城伍城北伍城定陽等五郡後周廢為西河定陽二郡開皇初郡並廢又有後魏永安縣開皇初改為西河大業初省又有舊襄城縣後齊省有姑射山襄陵後魏大武禽赫連昌乃分置禽昌縣齊併襄陵入禽昌縣大業初又改為襄陵冀氏後魏置冀氏郡領冀氏合陽二縣後齊郡廢又廢合陽入焉楊霍邑後魏曰永安幷置永安郡開皇初郡廢十六年置汾州十八年改為呂州縣曰霍邑大業初州廢有霍山有彘水汾西後魏曰臨汾幷置汾西郡開皇初郡廢十八年縣改為汾西又有後周新城縣開皇十年省入岳陽後魏置曰安澤大業初改焉

龍泉郡後周置汾州開皇四年置西汾州總管五年改為隰州總管大業初府廢統縣五戶二萬五千八百三十〇隰川後周置縣初曰長壽又置龍泉郡開皇初郡廢縣改曰隰川大業初置郡永和後周置曰臨河縣及臨河郡開皇初郡廢十八年縣改名焉有關官樓山後周置曰歸化開皇十八年改名焉有北石樓山有孔山石樓舊置吐京郡及吐京縣開皇初郡廢十八年縣改名蒲後周置有伍城郡及石城郡及石城縣周末並廢又有後魏平昌縣開皇中改曰蒲川大業初廢入焉

西河郡後魏置汾州後齊置南朔州後周改曰介州 統縣六戶六萬七千三百五十一〇隰城舊置西河郡開皇初郡廢大業初復有隱泉山 介休後魏置定陽郡平昌縣後周改郡曰介休以介休縣入焉開皇初郡廢十八年縣改曰介休 永安有雀鼠谷 平遙開皇十六年析置清世縣大業初廢入焉又後魏置蔚州後周廢有鹿臺山 靈石開皇十年置有介山有靖巖山 綿上開皇十六年置有沁水

離石郡後齊置西汾州後周改為石州 統縣五戶二萬四千八十一〇離石後齊曰昌化縣置懷政郡後周改曰離石郡及縣又置寧鄉縣開皇初郡廢大業初置郡併寧鄉入焉 修化後周置曰窟胡幷置窟胡郡開皇初郡廢後縣改為修化又後周置盧山縣大業初併入焉有伏盧山 定胡後周置及置定胡郡開皇初郡廢有關官 平夷後周置 太和後周置曰烏突及置烏突郡開皇初郡廢縣尋改焉有湫水

鴈門郡後周置肆州開皇五年改為代州置總管府大業初府廢 統縣五戶四萬二千五百二〇鴈門舊曰廣武置鴈門郡開皇初郡廢十八年改曰鴈門大業初置鴈門郡有關官有長城有纍頭山有夏屋山 繁時後魏置幷置繁時郡後周郡縣幷廢開皇十八年復置縣有東魏武州及吐京齊新安三郡寄在城中後齊改為北靈州尋廢有長城滹沱水泒水唐山 崞後魏置曰石城縣東魏置廓州有廣安永定建安三郡寄山城後齊廢郡改為北顯州後周廢開皇十年改縣曰平寇大業初改為崞縣又有雲中城東魏僑置恆州尋廢有無京山崞山有土城 五臺舊曰慮虒久廢後魏置曰驢夷大業初改焉有五臺山 靈丘後魏置靈丘郡後齊省莎泉縣入焉後周置蔚州又立大昌縣開皇初郡廢縣併入焉大

業初州廢

馬邑郡舊置朔州開皇初置總管府大業初府廢 統縣四 戶四千六百七十四

○善陽後齊置縣曰招遠郡曰廣安開皇初郡廢大業初縣改曰善陽置代郡尋曰馬邑又有後魏桑乾郡後齊以置朔州及廣寧郡後周郡廢大業初州廢 神武後魏置神武郡後齊改曰太平後周罷郡有桑乾山 雲內後魏立平齊郡尋廢後齊改曰太平縣後周改曰雲中開皇初改曰雲內有後魏都置司州又有後齊安遠臨塞威遠臨陽等郡屬北恆州後周並廢有純真山白登山武周山有濕水 開陽舊曰長寧後齊置齊德長寧二郡後周廢齊德郡開皇初郡廢十九年二縣改曰開陽

定襄郡開皇五年置雲州總管府大業元年府廢 統縣一 戶三百七十四

○大利大業初置帶郡有長城有陰山有紫河

樓煩郡大業四年置 統縣三 戶二萬四千四百二十七

○靜樂舊曰岢嵐開皇十八年改為汾源大業四年改焉有長城有汾陽官有關官有管涔山天池汾水 臨泉後齊置曰蔚汾大業四年改焉 秀容舊置泗州後齊又置平寇縣後周州徙鴈門開皇初置新興郡銅川縣郡尋廢十年廢平寇縣十八年置忻州大業初州廢又廢銅川有程侯山繫舟山有嵐水

太原郡後齊并州置省立別宮後周置并州六府後置總管廢六府開皇二年置河北道行臺九年改為總管府大業初府廢 統縣十五

戶十七萬五千三

○晉陽後齊置曰龍山帶太原郡開皇初郡廢十年改縣曰晉陽十六年又置清源縣大業初省入焉有龍山蒙

山

太原 舊曰晉陽，帶郡。開皇十年分置陽真縣，大業初省入焉。有晉陽宮。有晉水。交城 開皇十六年置。汾陽 舊曰陽曲。開皇六年改為陽直，十六年又改名焉。復分置孟縣，大業初廢。有摩笄山。文水 舊曰受陽。開皇十年改焉。有文水、沁水。祈 後齊廢，開皇中復。壽陽 開皇十年改州南受陽縣為文水，分州東故壽陽置壽陽。有[illegible]巖。榆次 後齊曰中都，開皇中改焉。太谷 舊曰陽邑，開皇十八年改焉。樂平 舊置樂平郡。開皇初廢郡。十六年分置遼州及東山縣。大業初廢州及東山縣。有皋洛山。有清漳水。和順 舊曰梁榆。開皇十年改。有九京山。遼山 後魏曰遼陽。後齊省。開皇十年置，改名焉。十六年屬遼州，并置交漳縣。大業初廢州，并罷交漳入焉。有萁轑水。平城 開皇十六年置。有徐水。石艾 有蒙山。孟 開皇十六年置，曰原仇，大業初改焉。有白鹿山。

襄國郡 開皇十六年置邢州。統縣七，戶十萬五千八百七十三〇龍岡 舊曰襄國。開皇九年改名焉。十六年又置青山縣，大業初省入焉。有黑山。有澧水。南和 舊置北廣平郡。後齊省入廣平郡。後周分置南和郡。開皇初郡廢。十六年置任縣，大業初廢入。平鄉 沙河 開皇十六年置。有馨山。鉅鹿 後齊廢。開皇六年置。南蠻縣後廢入焉。內丘 有千言山。栢仁 有鵲山。

武安郡 後周置洺州。統縣八，戶十一萬八千五百九十五〇永年 舊曰廣平，置廣平郡。後齊廢北廣平郡及曲梁、廣平二縣入。開皇初郡廢，復置廣平，後改曰雞澤。仁壽元年改廣平為永年。大業初置武安郡，又併雞澤縣入。肥鄉 東魏省，開皇十年復。清漳 開皇十六年置。平恩 洛水 舊曰斥漳。後齊省入平恩。開皇六年分置曲周，大業初廢入焉。武安 開皇十年分置陽邑縣，大業初廢入焉。有榆溪。有闕與山。有寖水。邯鄲 東魏廢。開皇十六年復置陟鄉，大業初省入焉。臨洛 舊曰易陽。後齊廢入襄國縣，置襄國郡。後周改為易陽縣。

別置襄國縣開皇六年改易陽爲邯鄲十年改邯鄲爲臨洺開皇初郡廢有紫山狗山塔山

趙郡開皇十六年置欒州大業三年改爲趙州統縣十一戶十四萬八千一百五十六

〇平棘舊置趙郡開皇初省有宋子縣後齊廢大業初置趙郡廢宋子縣入焉

高邑

贊皇開皇十六年置有孔子嶺有白溝

元氏舊縣後齊廢開皇六年置十六年分置靈山縣大業初廢入焉有靈山

廮陶舊曰廮遙開皇六年改爲陶

欒城舊縣後齊廢開皇十六年復

大陸舊曰廣阿置欒州及南鉅鹿郡後改爲南趙郡改州爲趙州開皇十六年分置欒州仁壽元年改爲象城大業初州廢縣改爲大陸又開皇十六年所置大陸縣亦廢入焉

栢鄉開皇十六年置有嵈嵍山

房子舊縣後齊省開皇六年復有贊皇山有彭水

槀城後齊廢下曲陽入焉改爲槀城縣置鉅鹿郡開皇初郡廢十年置廉州十八年改爲槀城縣大業初州廢又開皇十六年置栢鄉縣亦廢入焉

鼓城舊曰曲陽後齊廢開皇十六年分置晉陽縣十八年改爲鼓城十六年又置廉平縣大業初併入

恆山郡後周置恆州統縣八戶十七萬七千五百七十一

〇真定舊置常山郡開皇初郡廢十六年分置常山縣大業初置恆山郡省常山入焉

滋陽開皇六年置十六年又置王亭縣大業初省入焉有大茂山歲山

行唐

石邑舊縣後齊改曰井陘開皇六年改焉十六年析置鹿泉縣大業初併入有封龍山抱犢山

九門後齊廢開皇六年復大業初又併新市縣入焉有許春壘

井陘後齊廢石邑以置井陘開皇六年復石邑縣分置井陘十六年於井陘置井州及置葦澤縣大業初廢州幷廢葦澤縣及蒲吾縣入焉

房山開皇十六年置

靈壽後周置蒲吾郡開皇初郡廢

博陵郡舊置定州後周置總管府尋罷統縣十戶十萬二千八百一十七〇鮮虞舊曰盧奴置鮮虞郡後齊廢盧奴入安喜開皇初廢郡以置鮮虞縣大業初置博陵郡又廢安喜入焉有盧水北平舊置北平郡後齊郡廢又併望都蒲陰二縣來入開皇六年又置望都大業初又廢有都山伊祈山有漂水唐舊縣後齊廢開皇十六年復有堯山郎山中山恆陽舊曰上曲陽後齊去上字開皇六年改爲石邑七年改曰恆陽有恆山有恆陽溪有范水新樂開皇十六年置有黃山隋昌後魏曰魏昌後齊廢開皇十六年復仍改焉毋極義豐開皇六年置舊有安國縣後齊廢深澤後齊廢開皇六年復安平後齊置博陵郡開皇初廢十六年置深州大業初州廢

河間郡舊置瀛州統縣十三戶十七萬三千八百八十三〇河間舊置河間郡開皇初郡廢大業初復置郡併武垣縣入焉文安有狐狸淀樂壽舊曰樂城開皇十八年改爲廣城仁壽初改焉束城舊曰束州後齊廢開皇十六年置後改名焉景城舊曰成平開皇十八年改焉高陽舊置高陽郡開皇初郡廢十六年置蒲州大業初州廢并任丘縣入焉鄚有易城縣後齊廢開皇中置永寧縣大業初廢入焉博野舊曰博陸後魏改爲博野後齊廢蠡吾縣入焉有君子淀清苑舊曰樂鄉後齊省樊與北新城清苑樂鄉入永寧改名焉開皇十八年改爲清苑長蘆開皇初置并立漳河郡郡尋廢十六年置景州大業初州廢平舒舊置章武郡開皇初廢魯城開皇十六年置饒陽開皇十六年分置安平蕪蔞二縣大業初省入焉

涿郡舊置幽州後齊置東北道行臺後周平齊改置總管府大業初府廢統縣九戶八萬四千五十九〇薊舊置燕郡開皇初廢大業初置涿郡良鄉安次涿舊置范陽郡開皇初郡廢固安舊曰故安開皇六年改焉雍奴昌平舊置

東燕州及平昌郡後周州郡並廢後又置平昌郡開皇初郡廢又省萬年縣入焉有關官有長城

懷戎後齊置北燕州領長寧永豐二郡後周去北字開皇初郡廢大業初州廢有喬山歷陽山大小翮山有灅水溼水涿水阪泉水

潞舊置漁陽郡開皇初廢

上谷郡開皇元年置易州 統縣六戶三萬八千七百〇

易開皇初置黎郡尋廢十六年置縣大業初置上谷郡舊有故安縣後齊廢有駮牛山五迴嶺有易水徐水

淶水舊曰遒縣後周廢開皇元年以范陽爲遒更置范陽於此六年改爲固安八年廢十年又置爲永陽十八年改爲淶水

遒舊范陽居此俗號小范陽開皇初改爲遒

遂城舊曰武遂後魏置南營州准營州置五郡十都屬建德郡襄平新昌屬遼東郡永樂屬樂浪郡富平帶方永安屬營丘郡後齊唯留黎一郡領永樂新昌二縣餘並省開皇元年州移三年郡廢十八年改爲遂城有龍山

永樂舊曰北平後周改名焉有郎山

飛狐後周置曰廣昌仁壽初改焉有栗山有巨馬河

漁陽郡開皇六年徙玄州於此幷立總管府大業初府廢 統縣一戶三千九百二十五〇

無終後齊置後周又廢徐無縣入焉大業初置漁陽郡有長城有燕山無終山有泃河如河庚水灅水濫水有海

北平郡舊置平州 統縣一戶二千二百六十九〇

盧龍舊置北平郡領新昌朝鮮二縣後齊省朝鮮入新昌又省遼西郡幷所領海陽縣入肥如開皇六年又省肥如入新昌十八年改名盧龍大業初置北平郡有長城有關官有臨渝宮有覆舟山有碣石有玄水盧水溫水閏水龍鮮水巨梁水有海

安樂郡舊置安州後周改爲玄州開皇十六年州徙尋置檀州 統縣二戶七千五百九十九〇

燕樂後魏置廣

陽郡領大興方城燕樂三縣後齊廢郡以大興方城入焉大業初置安樂郡有長城有沽河

密雲後魏置密雲郡領白檀要陽密雲三縣後齊廢郡及二縣入密雲又有舊安樂郡領安市土垠二縣後齊廢土垠入安市後周廢安市入密雲縣開皇初郡廢有長城有桃花山螺山有漁水

遼西郡舊置營州開皇初置總管府大業初府廢統縣一戶七百五十一

○柳城後魏置營州於和龍城領建德冀陽昌黎遼東樂浪營丘等郡龍城大興永樂帶方定荒石城廣都陽武襄平親昌平剛柳城富平等縣後齊唯留建德冀陽二郡永樂帶方龍城大興等縣其餘並廢開皇元年唯留建德一郡龍城一縣其餘並廢尋又廢郡改縣為龍山十八年改為柳城大業初置遼西郡有帶方山禿黎山雞鳴山松山有渝水白狼水

冀州於古堯之都也舜分州為十二冀州析置幽幷其於天文自胃七度至畢十一度為大梁屬冀州自尾十度至南斗十一度為析木屬幽州自危十六度至奎四度為娵訾屬幷州自柳九度至張十六度為鶉火屬三河則河內河東也準之星次本皆冀州之域帝居所在故其界尤大至夏廢幽幷入焉得唐之舊矣信都清河河間博陵恆山趙郡武安襄國其俗頗同人性多敦厚務在農桑好尚儒學而傷於遲重前代稱冀幽之士鈍如椎蓋取此焉俗重氣俠好結朋黨其相赴死生亦出於仁義故班志述其土風悲歌忼慨椎剽掘冢亦自古

之所患焉前諺云仕官不偶遇冀部實弊此也魏郡鄴都所在浮巧成俗彫刻
之工特云精妙士女被服咸以奢麗相高其性所尚習得京洛之風矣語曰魏
郡清河天公無奈何斯皆輕狡所致汲郡河內得殷之故壤考之舊說有紂之
餘教汲又衛地習仲由之勇故漢之官人得以便宜從事其多行殺戮本以此
焉今風俗頗移皆向於禮矣長平上黨人多重農桑性尤朴直蓋少輕詐河東
絳郡文城臨汾龍泉西河土地沃少塉多以是傷於儉嗇其俗剛強亦風氣然
乎太原山川重複實一都之會本雖後齊別都人物殷阜然不甚機巧俗與上
黨頗同人性勁悍習於戎馬離石鴈門馬邑定襄樓煩涿郡上谷漁陽北平安
樂遼西皆連接邊郡習尚與太原同俗故自古言勇俠者皆推幽并云然涿郡
太原自前代以來皆多文雅之士雖俱曰邊郡然風教不爲比也

北海郡舊置青州後周置總管府開皇十四年府廢 統縣十戸十四萬七千八百四十五〇益都舊置
齊郡開皇初廢大業初置北海郡有堯山貂山 臨淄及東安平西安並後齊廢開皇十六年又置臨淄及時水縣大業初廢高陽時水二縣入焉有社山
葵丘牛山稷山 千乘舊置樂安郡開皇初郡廢 博昌舊曰樂安開皇十六年改焉又十八年析置新河縣大業初廢入焉 壽光開皇十六年置

閭丘縣大業初廢入焉臨朐舊曰昌國開皇六年改爲逢山又置般陽縣大業初改曰臨朐并廢般陽入焉有逢山沂山穆陵山大峴山有汶水浯水
都昌有箕山阜山白狼山北海舊曰下密置北海郡後齊改郡曰高陽開皇初郡廢十六年分置維州大業初州廢縣改名焉營丘後齊廢開皇十六年復有叢角山女節山下密後魏曰膠東後齊廢開皇六年復改爲濰水大業初改名焉有鐵山有溉水

齊郡舊曰齊州統縣十戶十五萬二千三百二十三〇

歷城舊置濟南郡開皇初廢大業初置齊郡廢山茌縣入焉有舜山雞山盧山鵲山華山鮑山祝阿臨邑臨濟開皇六年置曰朝陽十六年改曰臨濟別置朝陽大業初廢入焉鄒平舊曰平原開皇十八年改名焉章丘舊曰高唐開皇十六年改焉又置營城縣大業初廢入焉又宋置東魏郡後齊廢有東陵山長白山龍盤山長山舊曰武彊置廣川郡併東清河平原二郡入改曰東平原郡開皇初郡廢又十六年置濟南縣十八年改武彊曰長山大業初省濟南縣入焉高苑後齊曰長樂開皇十八年改爲會城大業初改焉亭山舊曰衞國後齊併土鼓肥鄉入焉開皇六年改名亭山有龍舟山儒山淄川舊曰貝丘置東清河郡後齊郡廢開皇十六年置淄州十八年縣改名焉大業初州廢

東萊郡舊置光州開皇五年改曰萊州統縣九戶九萬三百五十一〇

掖舊置東萊郡後齊併曲城當利二縣入焉開皇初廢郡大業初復置郡有缶山有掖水光水膠水舊曰長廣仁壽元年改名焉有明堂山盧鄉後齊盧鄉及挺城並廢開皇十六年復置盧鄉并廢挺城入焉卽墨後齊及不其縣並廢開皇十六年復并廢不其入焉有大勞山馬山有田橫島觀陽後周廢開皇十六年復又分置牟州大業初州廢昌陽有巨神山黃舊置東牟長廣二郡後齊廢東牟郡入長廣郡開皇初郡廢牟平有牟山龍山金山九目山文登後齊

置有石橋有文登山斥山之罘山

高密郡舊置膠州開皇五年改爲密州統縣七戶七萬一千九百二十○

諸城舊曰東武置高密郡開皇初郡廢十八年縣改名焉大業初復置郡有烽火山　東莞後齊併姑幕縣入焉有箕山濰水　郚城舊置平昌郡後齊廢郡置琅邪縣廢朱虛入焉大業初改名郚城　安丘開皇十六年置曰牟山大業初改名幷省安昌入焉　高密後齊廢淳于縣入焉　膠西舊曰黔陬置平昌郡開皇初郡廢十六年置縣曰膠西大業初又以黔陬入焉　琅邪開皇十六年置曰豐泉大業初改焉有徐山盧山鄣日山膠水

周禮職方氏正東曰青州其在天官自須女八度至危十五度爲玄枵於辰在子齊之分野吳札觀樂聞齊之歌曰泱泱乎大風也哉國未可量也在漢之時俗彌侈泰織作冰紈綺繡純麗之物號爲冠帶衣履天下始太公以尊賢尚智爲教故士庶傳習其風莫不矜于功名依於經術闊達多智志度舒緩其爲失也夸奢朋黨言與行謬齊郡舊曰濟南其俗好教飾子女淫哇之音能使骨騰肉飛傾詭人目俗云齊倡本出此也祝阿縣俗賓婚大會餚饌雖豐至於蒸膾嘗之而已多則謂之不敬共相誚責此其異也大抵數郡風俗與古不殊男子多務農桑崇尚學業其歸于儉約則頗變舊風東萊人尤朴魯故特少文義

隋書卷三十

隋書卷三十考證

地理志中陳留以下注○監本闕復十六年析置新里縣大業十一字又闕黃縣後齊廢入有睢水渙水十一字下邑闕下字考城注闕考陽置北梁郡後齊郡縣並廢十二字又闕縣開皇十八年以重名改曰考城十三字楚丘注闕譙郡後齊郡縣並廢八字又闕氏六年改曰楚丘七字又闕碭山二字注又闕後魏置曰安陽開皇十八年改十二字俱從閣本補

滳河○監本滳訛滴 臣映斗按滳音商水名从商與涓滴之滴从商音的者異滳河卽今山東武定府之商河縣也注濕沃縣漢書濕作溼一本作隰

茌平○一本茌作茬

和順注有九京山○按禮記檀弓趙文子曰是全要領以從先大夫于九京也注九京山名在今絳州晉大夫墓地在九京京卽原字古作京又文子與叔譽觀于九原

毋極○監本毋訛母按毋極卽今無極縣唐書地理志無極注無本作毋萬歲

通天二年更

隋書卷三十考證

隋書卷三十一

唐太尉揚州都督監修國史上柱國趙國公臣長孫無忌等撰

志第二十六

地理下

彭城郡舊置徐州後齊置東南道行臺後周立總管府開皇七年行臺廢大業四年府廢統縣十一戶一十三萬二百三十二○

彭城舊置郡後周併沛及南陽平二郡入開皇初郡廢大業初後置郡有呂梁山徐山

蘄梁置蘄郡後齊置仁州又析置龍亢郡開皇初郡廢大業初州廢

穀陽後齊置穀陽郡開皇初郡廢又有已吾義城二縣後齊併以爲臨淮縣大業初併入焉

沛

留後齊廢開皇十六年復有徵山黃山

豐

蕭舊置沛郡後齊廢爲承高縣開皇六年改爲龍城十八年改爲臨沛大業初改曰蕭有相山

滕舊曰蕃置蕃郡後齊廢開皇十六年改曰滕郡

蘭陵舊曰承置蘭陵郡開皇初郡廢十六年分承置鄫州及蘭陵縣大業初州廢又併蘭陵鄫城二縣入焉尋改承爲蘭陵有抱犢山

符離後齊置睢南郡開皇初郡廢有竹邑縣梁置睢州開皇三年州廢又廢竹邑入焉有女山定陶山

方與後齊廢開皇十六年復

魯郡舊兗州大業二年改爲魯郡統縣十戶十二萬四千一十九○

瑕丘舊廢開皇十三年復帶郡

任城舊置高平郡開皇初廢

鄒有鄒山承匡山

曲阜舊曰魯郡後齊改郡爲任城開皇三年郡廢四年改縣曰汶陽十六年改名曲阜

泗水開皇十六年置有陪尾山尼丘山防山有洙泗水

平陸後齊曰樂平開皇十六年改焉

龔丘後齊曰平原縣開皇十六年改焉

梁父有龜山

博城舊曰博置泰山郡後齊改郡曰東平又併博陵牟入焉開皇初郡廢十六年改縣曰汶陽尋改曰博城有奉高縣開皇六年改曰岱山大業初州廢又廢岱山縣入焉有岱山玉符山
嬴開皇十六年分置牟城縣大業初併入焉有艾山有淄水

琅邪郡舊置北徐州後周改曰沂州統縣七戶六萬三千四百二十三○臨沂舊曰即丘帶郡開皇初郡廢十六年分置臨沂大業初併即丘入焉有大祠山
費
顓臾舊曰南武陽開皇十八年改名焉又有南城縣後齊廢有開明山
新泰後齊廢蒙陰縣入焉
沂水舊置南青州及東安郡後周改州為莒州開皇初郡廢改縣曰東安十六年又改曰沂水大業初州廢
東安後齊廢開皇十六年復有松山
莒舊置東莞郡後齊廢後置義唐郡開皇初廢

東海郡梁置南北二青州東魏改為海州統縣五戶二萬七千八百五十八○朐山舊曰朐置琅邪郡後周改縣曰朐山郡曰朐山開皇初郡廢大業初復帶郡有朐山羽山
東海舊置廣饒縣及東海郡後齊分廣饒置東海縣開皇初廢郡及東海縣仁壽元年改廣饒曰東海有謝祿山鬱林山
漣水舊曰襄賁置東海郡東魏改曰海安開皇初郡廢縣又改焉
沭陽梁置潼陽郡東魏改曰沭陽郡置縣曰懷文後周改縣曰沭陽開皇初郡廢
懷仁梁置南北二青州東魏廢州立義唐郡及懷仁縣開皇初郡廢

下邳郡後魏置南徐州梁改為東徐州東魏又改曰東楚州陳改為安州後周改為泗州統縣七戶五萬二千七十○
宿豫舊置宿豫郡開皇初郡廢大業初置下邳郡又梁置朝陽臨沭二郡後齊置晉寧郡尋並廢
夏丘後齊置幷置夏丘郡尋立潼州後周改州為宋州縣曰晉陵開皇初郡廢十八年州廢縣復曰夏丘又東魏置臨潼郡睢陵縣後齊改郡為潼郡又梁置潼州後齊改曰睢州尋廢亦入潼郡開皇初郡

縣並廢 徐城梁置高平郡東魏又併梁東平陽平清河歸義四郡為高平縣又併梁朱沛循儀安豐三郡置朱沛縣又有安遠郡後齊廢後周又併朱沛入高平開皇初郡廢十八年更名徐城 淮陽梁置淮陽郡東魏併綏化呂梁二郡置綏化縣後周改縣為淮陽開皇初郡廢又有梁臨清天水浮陽三郡東魏併為甬城縣後齊改曰文城縣後周又改為臨清開皇三年省入焉 下邳梁曰歸政置武州下邳郡東魏改縣為下邳置郡不改改州曰東徐後周改州為邳州開皇初郡廢大業初州廢有嶧山磬石山 良城梁置武安郡開皇初郡廢十一年縣更名曰良城有徐山 郯舊置郡開皇初廢

禹貢海岱及淮惟徐州彭城魯郡琅邪東海下邳得其地焉在於天文自奎五度至胃六度為降婁於辰在戌其在列國則楚宋及魯之交考其舊俗人頗勁悍輕剽其士子則挾任節氣好尚賓遊此蓋楚之風焉大抵徐兗同俗故其餘諸郡皆得齊魯之所尚莫不賤商賈務稼穡尊儒慕學得洙泗之俗焉

江都郡梁置南兗州後齊改為東廣州陳復曰南兗後周改為吳州開皇九年改為揚州置總管府大業初府廢統縣十六戶十一萬五千五百二十四○

江陽舊曰廣陵後齊置廣陵江陽二郡開皇初郡廢十八年改縣為邗江大業初更名江陽有江都宮揚子宮有陵湖 江都自梁及隋或廢或置 海陵梁置海陵郡開皇初郡廢又併建陵縣入尋析置江浦縣大業初省入 寧海開皇初併如皋縣入 高郵梁析置竹塘三歸二縣及置廣業郡尋以有嘉禾為神農郡開皇初郡廢又併竹塘三歸臨澤三縣入焉 安宜梁置莞平郡及東陽郡開皇初郡廢又廢石鱉縣入焉有白馬湖 山陽舊置山陽郡開皇初郡廢十二年置楚州大業初州廢有後魏淮陰郡東魏改為淮州後齊併魯富陵立

懷恩縣後周改曰壽張又僑立東平郡開皇元年改郡爲淮陰并立楚州尋廢郡更改縣曰淮陰大業初州廢縣併入焉

盱眙舊魏置盱眙郡陳置北譙州尋省開皇初郡廢又併考城直瀆陽城三縣入有都梁山

鹽城後齊置射陽郡陳改曰鹽城開皇初郡廢

清流舊曰頓丘置新昌郡及南譙州開皇初改爲滁州郡廢又廢樂鉅高塘二縣入頓丘改曰新昌十八年又改爲清流大業初州廢有白禪山曲亭山

全椒梁曰北譙置北譙郡後齊改郡爲臨滁後周又曰北譙開皇初郡廢改縣爲滁水大業初改名焉有銅官山九鬬山

六合舊曰尉氏置秦州後周改州曰方州改郡曰六合開皇初郡廢四年改尉氏曰六合省堂邑方山二縣入焉大業初州廢又後齊置瓦梁郡陳廢有瓜步山六合山

永福舊曰沛梁置涇城東陽二郡陳廢州併二郡爲沛郡後周改沛郡爲石梁郡改沛縣曰石梁縣省橫山縣入焉開皇初郡廢大業初改縣曰永福有香山永福山

句容有茅山浮山四平山

延陵舊置南徐州南東海郡梁改曰蘭陵郡陳又改爲東海開皇九年州郡並廢又廢丹徒縣入焉十五年置潤州大業初州廢有句驪山黃鵠山蒜山長塘湖

曲阿有武進縣梁改爲蘭陵開皇九年併入

鍾離郡後齊曰西楚州開皇二年改曰豪州統縣四戶三萬五千一十五○

鍾離舊置郡開皇初郡廢大業中復置郡

定遠舊曰東城梁改曰定遠置臨濠郡後齊改曰廣安開皇初郡廢又有舊九江郡後齊廢爲曲陽縣縣尋廢又有梁置安州侯景亂廢

化明故曰睢陵置濟陰郡後齊改縣曰池南陳復曰睢陵後周改爲昭義開皇初郡廢大業初縣改名焉

塗山舊曰當塗後齊改白馬頭置郡曰荊山開皇初改縣曰塗山廢郡有當塗山

淮南郡舊曰豫州後魏曰揚州梁曰南豫州東魏曰揚州陳又曰豫州後周曰揚州開皇九年曰壽州置總管府大業元年府廢統縣四戶

三萬四千二百七十八〇壽春舊有淮南梁郡北譙汝陰等郡開皇初並廢幷廢蒙縣入焉大業初置南郡有八公山門溪

安豐梁置陳留安豐二郡開皇初並廢有芍陂 霍丘梁置安豐郡東魏廢開皇十九年置縣名焉 長平梁置北陳郡開皇初廢又併西華縣入

弋陽郡梁置光州統縣六戶四萬一千四百三十三〇光山舊置光城郡開皇初郡廢十八年置縣焉大業初置光陽郡又有舊黃川郡梁廢 樂安梁置宋安郡及宋安光城二縣又有豐安郡開皇三年並廢入焉有弋陽山浮光山金山錫山 定城後齊置南郢州後廢入南北二弋陽縣後又省北弋陽入南弋陽改為定遠焉又後魏置弋陽郡及有梁東新蔡縣後周改為淮南郡又後齊置齊安新蔡二郡及廢舊義州立東光城郡至開皇初五郡及郢州並廢 殷城舊曰包信開皇初改名焉梁置義城郡及建州幷所領平高新蔡新城三郡開皇初並廢有太蘇山南松山 固始梁曰蓼縣後齊改名焉置北建州尋廢州置新蔡郡後周改置澮州開皇初州郡並廢入又改縣為固始有安陽郡 期思陳置邊城郡開皇初郡廢改縣名焉有後齊光化郡亦廢入焉有大別山

蘄春郡後齊置羅州後周改曰蘄州開皇初置總管府九年府廢統縣五戶三萬四千六百九十〇蘄春舊曰蘄陽梁改曰蘄水後齊改曰齊昌置齊昌郡開皇十八年改為蘄春開皇初郡廢有安山 浠水舊置永安郡開皇初郡廢有石鼓山 蘄水舊曰蘄春梁改名焉有鼓吹山有蘄水 黃梅舊曰永興開皇初改曰新蔡十八年改名焉有黃梅山 羅田梁置義州義城郡開皇初並廢

廬江郡梁置南豫州又改為合州開皇初改為廬州統縣七戶四萬一千六百三十二〇合肥梁曰汝陰

置汝陰郡後齊分置北陳郡開皇初郡廢縣改名焉廬江齊置廬江郡梁置相州後齊州廢開皇初郡廢有冶甫山上薄山三公山聖山監家山襄安梁曰斷開皇初改焉有龜山紫微山亞父山半陽山白石山四鼎山慎東魏置平梁郡陳曰梁郡開皇初郡廢有浮闍山霍山梁置霍州及岳安郡岳安縣後齊州廢開皇初郡廢縣改名焉渒水梁置北沛郡及新蔡縣開皇初郡廢又廢新蔡入焉有隧星山開化梁置有衡山九公山蹋鼓山天山多智山

同安郡梁置豫州後改曰晉州後齊改曰江州陳又曰晉州開皇初曰熙州統縣五戶二萬一千七百六十六○

懷寧舊置晉熙郡開皇初郡廢大業三年置同安郡宿松梁置高塘郡開皇初郡廢改縣曰高塘十八年又改名焉有雷水太湖開皇初改為晉熙十八年復改名焉望江陳置大雷郡開皇十一年改曰義鄉十八年改名焉同安舊曰樅陽幷置樅陽郡開皇初郡廢十八年縣改名焉有浮度山

歷陽郡後齊立和州統縣二戶八千二百五十四○

歷陽舊置歷陽郡開皇初郡廢大業初復置郡烏江梁置江都郡後齊改為齊江郡陳又改為臨江郡周改為同江郡開皇初郡廢大業初置歷陽郡有六合山

丹陽郡自東晉已後置郡曰揚州平陳詔並平蕩耕墾更於石頭城置蔣州統縣三戶二萬四千一百二十五○

江寧梁置丹陽郡及南丹陽郡陳省南丹陽郡平陳又廢丹陽郡幷以秣陵建康同夏三縣入焉大業初置丹陽郡有蔣山當塗舊置淮南郡平陳廢郡幷襄垣平湖樊昌西鄉入焉有天開山楚山溧水舊曰溧陽開皇九年廢丹陽郡入十八年改焉有楮山盧山楚山

宣城郡舊置南豫州平陳改爲宣州統縣六戶一萬九千九百七十九

○宣城舊曰宛陵置宣城郡平陳郡廢仍併懷安寧國當塗涇遒四縣入焉大業初置郡有敬亭山 涇平陳省安吳南陽二縣入焉有蓋山陵陽山 南陵梁置併置南陵郡陳置北江州平陳州郡並廢并所管石城臨城定陵故治南陵五縣入焉 秋浦舊曰石城平陳廢開皇十九年置改名焉 永世平陳廢開皇十二年又置有靈光山 綏安舊曰石封改名焉梁末立大梁郡又改爲陳留平陳郡廢省大德故鄣安吉原鄉四縣入焉

毗陵郡平陳置常州統縣四戶一萬七千五百九十九

○晉陵舊置晉陵郡平陳郡廢大業初置郡有橫山 江陰梁置及置江陰郡平陳廢郡及利城梁豐縣入焉有毗陵山 無錫有九龍山 義興舊曰陽羨置義興郡平陳郡廢改縣名焉又廢義鄉國山臨澤三縣入焉有計山洞庭山

吳郡陳置吳州平陳改曰蘇州大業初復曰吳州統縣五戶一萬八千三百七十七

○吳舊置吳郡平陳郡廢大業初復置有首山橫山華山黃山姑蘇山太湖 崑山梁置平陳廢開皇十八年復 常熟舊曰南沙梁置信義郡平陳廢并所領海陽前京信義海虞興國南沙入焉有虞山 烏程舊置吳興郡平陳郡廢并東遷縣入焉仁壽中置湖州大業初州廢有雉山 長城平陳廢仁壽二年復有卞山

會稽郡梁置東揚州陳初省尋復平陳改曰吳州置總管府大業初府廢置越州統縣四戶二萬二百七十一

○會稽舊置會稽郡平陳郡廢又廢山陰永興上虞始寧四縣入大業初置郡有稷山重山會稽山 句章平陳併餘姚鄞鄮三縣入有太白山方山 剡

有桐柏山 諸暨有泄溪太農湖

餘杭郡平陳置杭州仁壽中置總管府大業初府廢 統縣六戶一萬五千三百八十〇

錢唐舊置錢唐郡平陳廢郡幷所領新城縣入大業三年置餘杭郡有粟山石甑山臨平湖 富陽有石頭山雞籠山 餘杭有由拳山金鵝山 於潛有天目山石鏡山有桐溪 鹽官有蜀山 武康平陳廢仁壽二年復有封嵎山青山白鵠山

新安郡平陳置歙州 統縣三戶六千一百六十四〇

休寧舊曰海寧開皇十八年改名焉大業初置郡 歙平陳廢十一年復 黟平陳廢十一年復

東陽郡平陳置婺州 統縣四戶一萬九千八百五〇

金華舊曰長山置金華郡平陳郡廢又廢建德太末豐安三縣入改為吳寧縣十二年改曰東陽十八年改名焉大業初置東陽郡有長山龍山樓山丘山有赤松澗 永康 烏傷有香山歌山 信安有江山悲思嶺有定陽溪

永嘉郡開皇九年置處州十二年改曰括州 統縣四戶一萬五百四十二〇

括倉平陳置縣大業初置永嘉郡有縉雲山括倉山 永嘉舊曰永寧置永嘉郡平陳郡廢縣改名焉有芙蓉山 松楊 臨海舊曰章安置臨海郡平陳郡廢縣改名焉有赤山天台山

建安郡陳置閩州仍廢後又置豐州平陳改曰泉州大業初改曰閩州 統縣四戶一萬二千四百二十〇

閩舊曰

東候官置晉安郡平陳郡廢縣改曰原豐十二年改曰閩大業初置建安郡有岱山飛山建安舊置建安郡平陳廢南安舊曰晉安置南安郡平陳郡廢縣改名焉又置莆田縣尋廢入焉龍溪梁置開皇十二年併蘭水綏安二縣入焉

遂安郡仁壽三年置睦州統縣三戶七千三百四十三○雉山舊置新安郡平陳廢爲新安縣大業初縣改名焉置遂安郡有仙壇山遂安平陳廢仁壽中復桐廬平陳廢仁壽中復有白石山

鄱陽郡梁置吳州陳廢平陳置饒州統縣三戶一萬一百二○鄱陽舊置鄱陽郡平陳廢又有陳銀城縣廢入焉大業初復置郡餘干弋陽舊曰葛陽開皇十二年改有弋水

臨川郡平陳置撫州統縣四戶一萬九百○臨川舊置臨川郡平陳郡廢大業三年復置郡有銅山黃山有蒙水南城有五章山崇仁梁置巴山郡領大豐新安巴山新建興平豐城西寧七縣平陳郡縣並廢以置縣焉邵武開皇十二年置

廬陵郡平陳置吉州統縣四戶二萬三千七百一十四○廬陵舊置廬陵郡平陳廢大業初復置泰和平陳置曰西昌十一年省東昌入更名焉安復舊置安成郡平陳郡廢縣改曰安成十八年又曰安復有更生山長嶺新淦有玉笥山

南康郡開皇九年置虔州統縣四戶一萬一千一百六十八○贛舊曰南康置南康郡平陳郡廢大業初縣改名焉尋置郡有儲山有贛水虔化舊曰寧都開皇十八年改名焉有石鼓山雩都舊廢平陳置有金雞山君山南康舊曰贛大業初改名焉有虞山上洛山贛山

宜春郡平陳置袁州統縣三戶一萬一百一十六○宜春舊曰宜陽開皇十一年廢吳平縣入十八年改名焉
大業初置郡有廬溪渝水萍鄉有宜春江新喻
豫章郡平陳置洪州總管府大業初府廢統縣四戶一萬二千二十一○豫章舊置豫章郡平陳郡廢大業初
復置豐城平陳廢十二年置曰廣豐仁壽初改名焉建昌開皇九年省并永修豫章新吳四縣入焉建城有然石
南海郡舊置廣州梁陳並置督府平陳置總管府仁壽元年置番州大業初府廢統縣十五戶三萬七千四百八十
二○南海舊置南海郡平陳郡廢又分置番禺縣尋廢入焉大業初置郡曲江舊置始興郡平陳廢十六年又須陽縣入焉有玉山銀山
始興齊曰正階梁改名焉又置安遠郡置東衡州平陳改郡置大庾縣又於此置廣州總管開皇末移向南海又十六年廢大庾入焉翁源梁置
陳又置清遠郡平陳郡廢增城舊置東官郡平陳廢有羅浮山寶安樂昌梁置曰梁化又分置平石縣開皇十二年省平石入十八年改
名焉四會舊置綏建郡又有樂昌郡平陳二郡並廢大業初又併始昌縣入焉化蒙大業初廢威城縣入焉清遠舊置清遠郡又分置威正
廉平恩洽浮護等四縣平陳並廢以置清遠縣又齊置齊康郡至是亦廢入焉含洭梁置衡州陽山郡平陳州改曰洭州廢郡二十年州廢有堯山政
賓舊置東官郡平陳郡廢懷集新會舊置新會郡平陳郡廢又併盆允永昌新建熙潭化召懷集六縣入為封州十一年改為允州後又
改為岡州大業初州廢并廢封樂縣入有社山義寧開皇十年廢新夷初賓二縣入又有始康縣廢入封平大業初又廢封平入焉有茂山
龍川郡平陳置循州總管府大業初府廢統縣五戶六千四百二十○歸善帶郡有歸化河源山懷安山

開皇十一年省龍川縣入焉又有新豐縣十八年改曰休吉大業初省入焉有龍山亢山有修江 博羅 興寧 海豐有黑龍山有漲海

義安郡梁置東揚州後改曰瀛州及陳州廢平陳置潮州 統縣五戶二千六十六〇海陽舊置義安郡平陳郡廢大業初置郡有鳳皇山 程鄉 潮陽 海寧有龍溪山 萬川舊曰昭義大業初改名焉

高涼郡梁置高州 統縣九戶九千九百一十七〇高涼舊置高涼郡平陳廢大業初復置 連江梁置連江郡平陳郡廢梁又置梁封縣開皇十八年改為義封梁又置南巴郡平陳郡廢為南巴縣大業初二縣並廢入 電白梁置電白郡平陳郡廢又有海昌郡廢入焉 杜原舊曰杜陵梁置杜陵郡又有永寧宋康二郡平陳並廢為縣十八年改杜陵曰杜原宋康曰義康大業二年二縣並廢入杜原 海安舊曰齊安置齊安郡平陳郡廢開皇十八年改縣名焉 陽春梁置陽春郡平陳郡廢 石龍舊置羅州高興郡平陳郡廢大業初州廢 吳川

茂名

信安郡平陳置端州 統縣七戶一萬七千七百八十七〇高要舊置高要郡平陳郡廢大業初置信安郡有定山 端溪舊置晉康郡平陳郡廢有端水 樂城開皇十二年廢文招悅成二縣入 平興舊置宋隆郡領初寧建寧熙穆崇德召興崇化南安等縣平陳郡廢幷所領縣入焉又梁置梁泰郡及縣平陳郡廢縣改曰清泰大業初廢入焉 新興梁置新州新寧郡平陳郡廢大業初州廢又廢索盧縣入焉 博林大業初廢撫納縣入 銅陵有流南縣開皇十八年改曰南流又有西城縣大業初廢入

永熙郡梁置瀧州 統縣六戶一萬四千三百一十九○瀧水舊置開陽縣置開陽平原羅陽等郡平陳郡並廢以名縣開皇十八年改平原曰瀧水維陽縣為正義大業初廢永熙郡開陽正義俱廢入焉 懷德舊曰梁德置梁德郡平陳廢郡十八年改名懷德 良德陳置曰務德後改名焉 安遂梁置建州廣熙郡尋廢州大業初廢 永業梁置永業郡尋改為縣後省開皇十六年又置 永熙大業初併安南縣入

蒼梧郡梁置成州開皇初改為封州 統縣四戶四千五百七十八○封川梁曰梁信置梁信郡平陳郡廢十八年改為封川大業初又廢封興縣入焉 都城開皇十二年省威成晉化二縣入焉 蒼梧舊置蒼梧郡平陳郡廢 封陽

始安郡梁置桂州平陳置總管府大業元年府廢 統縣十五戶五萬四千五百一十七○始安舊置始安梁化二郡平陳郡並廢大業初廢與安縣入焉 平樂有目 荔浦 建陵 陽朔 象 隋化 義熙舊曰齊熙置齊熙黃水二郡及東寧州平陳郡並廢十八年改州曰融州縣曰義熙大業初州廢幷廢臨牂黃水二縣入焉 龍城梁置 馬平開皇十二年置象州大業初州廢 桂林大業初併西寧縣入 陽壽有馬平桂林象韶陽等四郡平陳並廢又有淮陽縣開皇十八年改曰陽寧大業初省入焉 富川舊置臨賀樂梁二郡平陳並廢置賀州大業初州廢又置臨賀綏越蕩山三縣入焉 龍平梁置靜州梁壽靜慰二郡平陳並廢又置歸化縣大業初州廢又廢歸化安樂博勞三縣入焉 豪靜梁置開江武城二郡陳置逍遙郡平陳郡並廢又有猛陵開江二縣大業初並廢入焉

永平郡平陳置藤州 統縣十一戶三萬四千四百四十九○永平舊置永平郡平陳郡廢大業置郡 武林

有燕石山隋建開皇十九年置安基梁置建陵郡平陳郡廢隋安開皇十九年置普寧舊曰陰石梁置陰石郡平陳郡廢改縣爲奉化

開皇十九年又改名焉戎成梁置曰遂成開皇十一年改名焉有農山寧人開皇十五年置曰安人十八年改名焉有壽原山淳人開皇

十九年置大賓開皇十五年置賀川開皇十九年置又陳置建陵綏越蒼梧永建等四郡平陳並廢

鬱林郡梁置定州後改爲南定州平陳改爲尹州大業初改爲鬱州統縣十二戶五萬九千二百〇鬱林舊置

鬱林郡平陳郡廢大業初又置郡又廢武平龍山懷澤布山四縣入鬱平領方梁置領方郡平陳郡廢阿林石南陳置石南

郡平陳郡廢桂平梁置桂平郡平陳郡廢大業初又廢皇化縣入馬度安成梁置安成郡平陳郡廢寧浦舊置寧浦郡梁分立

簡陽郡平陳郡廢置簡州十八年改爲緣州大業二年州廢樂山梁置樂陽郡平陳改爲樂陽縣十八年改名焉嶺山梁置嶺山郡平陳改爲嶺

縣十八年改爲嶺山大業初併武緣縣入有武緣山宣化舊置晉興郡平陳廢爲縣開皇十八年改名焉

合浦郡舊置越州大業初改爲祿州尋改爲合州統縣十一戶二萬八千六百九十〇合浦舊置合浦郡平

陳郡廢大業初置郡南昌北流大業初廢陸川縣入封山大業初廢廉昌縣入定川舊立定川郡平陳郡廢龍蘇舊置龍蘇

郡平陳郡廢大業初又併大廉縣入海康梁大通中劃番州合浦立高州尋又分立合州大同末以合肥爲合州此置南合州平陳以此爲合州置海康

縣大業初州廢又廢摸落羅阿雷川三縣入抱成舊曰抱幷置郡平陳郡廢十八年改曰抱成隋康舊曰齊康置齊康郡平陳郡廢縣改名焉

扇沙舊有椹縣開皇十八年改爲椹川大業初廢入鐵杷開皇十年置

珠崖郡梁置崖州統縣十戶一萬九千五百〇義倫帶郡感恩　顏盧　毗善　昌化有藤山吉安　延德　寧遠　澄邁　武德有扶山

寧越郡梁置安州開皇十八年改曰欽州統縣六戶一萬二千六百七十〇欽江舊置宋壽郡平陳郡廢開皇十八年改曰欽江大業初置寧越郡安京舊置安京郡平陳郡廢有羅浮山有武郎江內亭舊置宋廣郡平陳郡廢十七年改曰新化縣十八年改名焉南賓開皇十八年置遵化開皇二十年置海安梁置曰安平置黃州及寧海郡平陳郡廢十八年改州曰玉州大業初州廢其年又省海平玉山二縣入

交趾郡舊曰交州統縣九戶三萬五十六〇宋平舊置宋平郡平陳郡廢大業初置交趾郡龍編舊置交趾郡平陳郡廢朱鳶舊置武平郡平陳郡廢隆平舊曰武定置武平郡平陳郡廢開皇十八年縣改名焉平道舊曰國昌開皇十二年改名焉

交趾　嘉寧舊置興州新昌郡平陳郡廢十八年改曰峰州大業初州廢新昌　安人舊曰臨西開皇十八年改名焉

九真郡梁置愛州統縣七戶一萬六千一百三十五〇九真帶郡有陽山堯山移風舊置九真郡平陳郡廢胥浦　隆安舊曰高安開皇十八年改名焉軍安　安順舊曰常樂開皇十六年改名焉日南

日南郡梁置德州開皇十八年改曰驩州統縣八戶九千九百一十五〇九德帶郡咸驩　浦陽

越常　金寧梁置利州開皇十八年改為智州大業初州廢交谷梁置明州大業初州廢安遠　光安舊曰西安開皇

十八年改名焉

比景郡大業元年平林邑置蕩州尋改爲郡統縣四戶一千八百一十五〇

比景　朱吾　壽泠　西捲

海陰郡大業元年平林邑置農州尋改爲郡統縣四戶一千一百〇

新容　眞龍　多農　安樂

林邑郡大業元年平林邑置冲州尋改爲郡統縣四戶一千二百二十〇

象浦　金山　交江　南極

揚州於禹貢爲淮海之地在天官自斗十二度至須女七度爲星紀於辰在丑吳越得其分野江南之俗火耕水耨食魚與稻以漁獵爲業雖無蓄積之資然而亦無饑餧其俗信鬼神好淫祀父子或異居此大抵然也江都弋陽淮南鍾離蘄春同安廬江歷陽人性並躁勁風氣果決包藏禍害視死如歸戰而貴詐此則其舊風也自平陳之後其俗頗變尚淳質好儉約喪紀婚姻率漸於禮其俗之敝者稍愈於古焉丹陽舊京所在人物本盛小人率多商販君子資於官祿市廛列肆埒於二京人雜五方故俗頗相類京口東通吳會南接江湖西連

都邑亦一都會也其人本並習戰號為天下精兵俗以五月五日為鬬力之戲各料彊弱相敵事類講武宣城毗陵吳郡會稽餘杭東陽其俗亦同然數郡川澤沃衍有海陸之饒珍異所聚故商賈並湊其人君子尚禮庸庶敦龐故風俗澄清而道教隆洽亦其風氣所尚也豫章之俗頗同吳中其君子善居室小人勤耕稼衣冠之人多有數婦暴面市廛競分銖以給其夫及舉孝廉更要富者前妻雖有積年之勤子女盈室猶見放逐以避後人俗少爭訟而尚歌舞一年蠶四五熟勤於紡績亦有夜浣紗而旦成布者俗呼為雞鳴布新安永嘉建安遂安鄱陽九江臨川廬陵南康宜春其俗又頗同豫章而廬陵人龐淳率多壽考然此數郡往往畜蠱而宜春偏甚其法以五月五日聚百種蟲大者至蛇小者至蝨合置器中令自相啖餘一種存者留之蛇則曰蛇蠱蝨則曰蝨蠱行以殺人因食入人腹內食其五藏死則其產移入蠱主之家三年不殺他人則畜者自鍾其弊累世子孫相傳不絕亦有隨女子嫁焉干寶謂之為鬼其實非也自侯景亂後蠱家多絕既無主人故飛遊道路之中則殞焉自嶺已南二十餘

郡大率土地下濕皆多瘴癘人尤夭折南海交趾各一都會也並所處近海多犀象瑇瑁珠璣奇異珍瑋故商賈至者多取富焉其人性並輕悍易興逆節椎結箕踞乃其舊風其俚人則質直尚信諸蠻則勇敢自立皆重賄輕死唯富為雄巢居崖處盡力農事刻木以為符契言誓則至死不改父子別業父貧乃有質身於子諸獠皆然並鑄銅為大鼓初成懸於庭中置酒以招同類來者有豪富子女則以金銀為大釵執以叩鼓竟乃留遺主人名為銅鼓釵俗好相殺多搆讎怨欲相攻則鳴此鼓到者如雲有鼓者號為都老群情推服本之舊事尉陀於漢自稱蠻夷大酋長老夫臣故俚人猶呼其所尊為倒老也言訛故又稱都老云

南郡舊置荊州西魏以封梁為蕃國又置江陵總管府開皇初府廢七年併梁又置江陵總管二十年改為荊州總管大業初廢統縣一十

戶五萬八千八百三十六○江陵帶南郡開皇初郡廢大業初復置郡長楊開皇八年置并立睦州十七年州廢有宜陽山宜昌開皇九年置松州又省歸化受陵二縣入十一年州廢又省宜都縣入有丹山黃牛山枝江當陽後周置平州領漳川安遠二郡屬梁蕃開皇七年改為玉州九年州郡並廢梁又置安居縣開皇十八年改曰昭丘大業初改曰荊臺尋廢入有清溪山松滋江左舊置河東郡平

陳郡廢有涔水長林舊曰長寧縣開皇十一年省長林縣入十八年改曰長林公安陳置荊州開皇九年省孱陵永安二縣入有黃山有靈溪水

安興舊置廣牧縣開皇十一年省安興縣入仁壽初改曰安興又有定襄縣大業初廢入紫陵西魏置華陵縣後周改名焉其城南面梁置郡州又

置雲澤縣大業初州縣俱廢入焉有硤石山

夷陵郡梁置宜州西魏改曰拓州後周改曰硤州統縣三戶五千一百七十九○夷陵帶郡有馬穴夷道

舊置宜都郡開皇七年廢有女觀山遠安舊曰高安置汶陽郡又周改縣曰安遠開皇七年郡廢

竟陵郡舊置郢州統縣八戶五萬三千三百八十五○長壽後周置石城郡開皇初郡廢大業初置竟陵郡

又梁置北新州及梁寧等八郡後周保定中州及八郡總管廢入焉有敖山藍水宋僑立馮翊郡蓮勺縣西魏改郡為漢東縣為藍水又宋置高陸縣

西魏改曰漵水開皇初郡廢大業初省漵水入焉有唐水汾川後周置及置漵川郡又置清縣西魏改曰漵陂開皇初郡廢大業初省漵陂入焉漢

東齊置曰上蔡及置齊興郡後周郡廢開皇十八年縣改名焉有東溫州清騰梁置曰梁安又立崇義郡後周廢郡後周又有遂安郡開皇初廢七

年改名焉有清騰山樂鄉舊置武寧郡西魏置鄀州又梁置旌陽縣後改名惠懷西魏又改曰武山開皇七年郡廢大業初州廢又廢武山入焉有武陵

山豐鄉西魏置又置復州及章山郡開皇七年郡廢大業初州廢章山西魏置曰祿麻及立上黃郡開皇七年郡廢大業初縣改名焉

沔陽郡後周置基州大業初改曰沔州統縣五戶四萬一千七百一十四○沔陽梁置沔陽營陽州城三郡

西魏省州陵惠懷二縣置縣曰建興後周置復州後又省營陽州城二郡入建興開皇初州移郡廢仁壽三年復置州大業初改建興曰沔陽州廢復置沔陽

郡焉監利竟陵舊曰霄城置竟陵郡後周改曰竟陵開皇初置復州仁壽三年州復徙建興又有京山縣齊置建安郡西魏改曰光川後周郡廢大業初京山縣又廢入焉甑山梁置梁安郡西魏改曰魏安郡置江州尋改郡曰汶川後周置甑山縣建德二年州廢開皇初郡廢有陽臺山漢陽開皇十七年置曰漢津大業初改焉有沌水

沅陵郡開皇九年置辰州統縣五戶四千一百四十〇沅陵舊置沅陵郡平陳郡廢大業初復大鄉梁置鹽泉梁置龍標梁置有武山辰溪舊曰辰陽平陳改名幷廢故夜郎郡置靜人縣尋廢又梁置南陽郡建昌縣陳廢縣開皇初廢郡置壽州十八年改爲充州大業初州廢有郎溪

武陵郡梁置武州後改曰沅州平陳爲朗州統縣二戶三千四百一十六〇武陵舊置武陵郡平陳郡廢幷臨沅沅南漢壽三縣置武陵縣大業初復置武陵郡有望夷山龍山龍陽有白查湖

清江郡後周置亭州大業初改爲庸州統縣五戶二千六百五十八〇鹽水後周置縣幷置資田郡開皇初郡廢大業初置清江郡巴山梁置宜都郡宜昌縣後周置江州開皇初置清江縣十八年改江州爲津州大業初廢州省清江入焉清江後周置施州及清江郡開皇初郡廢五年置清江縣大業初州廢有陽翟水開夷後周置曰烏飛開皇初改焉建始後周置業州及軍屯郡開皇初郡廢五年置縣大業初州廢

襄陽郡江左並僑置雍州西魏改曰襄州置總管府大業初府廢統縣十一戶九萬九千五百七十七〇襄

陽帶襄陽郡開皇初郡廢大業初復置有鍾山峴山鳳林山

安養西魏置河南郡後周廢樊城山都二縣入開皇初郡廢焉

穀城舊曰義城置義城郡後周廢郡開皇十八年改縣名焉又梁有筑陽開皇初廢又梁有興國義城二郡並西魏廢有穀城山鬭林山

上洪宋僑立略陽縣梁又立德廣郡西魏改縣曰上洪開皇初郡廢又梁置新野郡西魏改曰威寧後周廢有亞山

率道梁置

漢南宋曰華山置華山郡西魏改縣爲漢南屬宜城郡後周廢武建郡及惠懷石梁歸仁鄀等四縣入後省宜城郡入武泉又梁置奉南郡後周幷武泉縣俱廢有石梁山

陰城西魏置酇城郡後周廢又梁置南陽郡西魏改爲山都郡後周省

義清梁置曰穰縣西魏改爲義清屬歸義郡後周廢郡及左安開南歸仁三縣入焉又有武泉郡開皇初廢有祖山靈山有檀溪水襄水

南漳西魏併新安武昌平武安武建五縣置初曰重陽又立南襄陽郡後周置沮州尋廢復改重陽縣曰思安開皇初郡廢十八年改縣曰南漳有荊山

常平西魏置曰義安置長湖郡後改縣曰常平開皇初郡廢又後魏置旱停縣大業初廢郡

舂陵郡後魏置南荊州西魏改曰昌州統縣六戶四萬二千八百四十七

○棗陽舊曰廣昌幷置廣昌郡開皇初郡廢仁壽元年縣改名焉大業初置舂陵郡又西魏置東荊州尋廢有霸山有溲水

舂陵舊置安昌郡開皇初郡廢又後魏置豐良縣大業初廢有石鼓山有四望水

清潭有大洪山有滍水

湖陽後魏置西淮安郡及南襄州後郡廢州改爲南平州西魏改曰昇州後又改曰湖州後周改置昇平郡開皇初郡廢仁壽初改縣曰昇州大業初州廢又後魏置順陽郡西魏改爲柘林郡後周省郡改縣曰柘林大業初縣廢入焉有蓼山

上馬後魏置曰石馬後訛爲上馬因改焉有鍾離縣置洞州洞川郡後周州廢開皇初郡廢十八年改鍾離曰洞川縣大業初廢入焉

蔡陽梁置蔡陽郡後魏置南雍州西魏改曰蔡州分置南陽縣後改曰雙泉又置千金郡灄源縣開皇初郡並廢大業初州廢雙泉灄源二縣並廢入焉有唐子山大鼓山有灄水

漢東郡西魏置并州後改曰隋州統縣八戶四萬七千一百九十二〇

隋舊置隋郡西魏又析置溳西郡及溳西縣梁又置曲陵郡開皇初郡並廢大業初廢溳西縣尋置漢東郡 土山梁曰龍巢置土州東西二永寧真陽三郡及置石武縣後周廢三郡爲齊郡改龍巢曰左陽又有阜陵縣改爲漳川縣開皇初郡廢十八年改左陽爲真陽石武爲宜人大業初又改真陽爲土山州及宜人漳川並廢入焉 唐城後魏曰溳西置義陽郡西魏改溳西爲下溠又立肆州尋曰唐州後周省均款溳歸四州入改曰唐州又有東魏南豫州至是改爲溳川郡又置清嘉縣開皇初郡並廢十六年改下溠曰唐城大業初州及諸縣並廢入焉有清臺山有溳水 安貴梁置曰定陽又置北郢州西魏改定陽曰安貴改北郢州爲款州又尋廢爲溳水郡別置戟城郡及戟城縣後廢戟城郡改戟城縣曰橫山開皇初溳水郡廢大業初又廢橫山縣入焉 順義梁置北隋郡西魏改爲南陽析置淮南郡屬城順義二縣立冀州尋改爲順州又置安化縣開皇初郡並廢十八年改安化曰寧化大業初州廢改屬城爲順義其舊順義及寧化並廢入焉有浮山 平林梁置上明郡開皇初廢有漂水 上明西魏置曰洛平縣開皇十八年改名焉有鸚鵡山 光化舊曰安化西魏改爲新化後周又改爲

安陸郡梁置南司州尋罷西魏置安州總管府開皇十四年府廢統縣八戶六萬八千四十二〇

安陸舊置安陸郡開皇初郡廢大業初復置郡有舊永陽縣西魏改曰吉陽至是廢入 孝昌西魏置岳州及岳山郡後周州郡並廢又有澴岳郡開皇初廢有鳳皇岡 吉陽梁置曰平陽及立汝南郡西魏改郡爲重城改縣曰京池後周置澴州尋州郡並廢大業初改縣曰吉陽又梁置義陽郡西魏改爲南司州尋廢 應陽西魏置曰應城又置城陽郡開皇初郡廢大業初縣改名焉有潼水溫水 雲夢西魏置 京山舊曰新陽梁置新州梁寧郡西魏改州爲

溫州改縣爲角陵又置盤陂縣開皇初郡廢大業初州廢改角陵曰京山廢盤陂入焉有角陵山京山富水舊曰南新市西魏改爲富水又置富人郡
開皇初郡廢應山梁置曰永陽仍置應州又有平靖郡西魏又置平靖縣開皇初郡廢大業初州廢又省平靖縣入焉有大龜山安居山
永安郡後齊置衡州陳廢後周又置開皇五年改曰黃州統縣四戶二萬八千三百九十八〇黃岡齊曰
南安又置齊安郡開皇初郡廢十八年改縣曰黃岡又後齊置巴州陳廢後周置曰弋州統西陽弋陽邊城三郡開皇初州郡並廢大業初置永安郡黃
陂後齊置南司州後周改曰黃州置總管府又有安昌郡開皇初府廢又後齊置產州陳廢之木蘭梁曰梁安置梁安郡又有永安義陽二郡後齊
置湘州後改爲北江州開皇初別置廉城縣尋及州二郡相次並廢十八年改縣曰木蘭麻城梁置信安又有北西陽縣陳廢北西陽置定州後周改州
曰亭州又有建寧陰平定城三郡開皇初州郡並廢十八年縣改名焉有陰山
義陽郡齊置司州梁曰北司州後復曰司州後魏改曰郢州後周改曰申州大業二年爲義州統縣五戶四萬五千九百
三十〇義陽舊曰平陽置宋安郡開皇初郡廢縣改名焉大業初置義陽郡有大龜山金山鍾山舊曰鄳後齊改曰齊安仍置郡開皇初郡
廢縣改曰鍾山有鍾山羅山後齊置曰高安開皇初廢十六年置曰羅山禮山舊曰東隨開皇九年改焉有關官有禮山淮源後齊置曰
慕化置淮安郡開皇初郡廢大業初縣改名焉有油水
九江郡舊置江州統縣二戶七千六百一十七〇湓城舊曰柴桑置尋陽郡梁又立汝南縣平陳郡廢又廢汝南
柴桑二縣立尋陽縣十八年改曰彭蠡大業初置郡縣改名焉有巢湖彭蠡湖有廬山望夫山彭澤梁置太原郡領彭澤晉陽和城天水平陳郡縣並廢

置龍城縣開皇十八年改名焉有釣磯

江夏郡舊置郢州梁分置北新州尋又分北新立土富洄泉豪五州平陳改置鄂州統縣四戶一萬三千七百七十

一〇江夏舊置江夏郡平陳郡廢大業初復置有烽火山塗水武昌舊置武昌郡平陳郡廢又廢西陵鄂二縣入焉有樊山白紵山永興陳曰陽新平陳改曰富川開皇十一年廢永興縣入十八年改名焉有五龍山蒲圻梁置上雋郡又有沙陽縣置沙州尋廢平陳郡廢有石頭山魚嶽山鮑山

澧陽郡平陳置松州尋改為澧州統縣六戶八千九百六〇澧陽平陳置縣大業初置郡有藥山有油山石門舊置石門郡平陳郡廢孱陵舊曰作塘置南平郡平陳郡廢縣改名焉安鄉舊置義陽郡平陳郡廢有皇山崇義後周置衡州開皇中置縣名焉十八年改州曰崇州大業初州廢有澧水慈利開皇中置曰零陵十八年改名焉有始零山

巴陵郡梁置巴州平陳改曰岳州大業初改曰羅州統縣五戶六千九百三十四〇巴陵舊置巴陵郡平陳郡廢大業初復置郡華容舊曰安南梁置南安湘郡尋廢開皇十八年縣改名焉沅江梁置曰藥山仍為郡平陳郡廢縣改曰安樂十八年改曰沅江湘陰梁置岳陽郡及羅州陳廢州平陳廢郡及湘陰入岳陽縣置玉州尋改岳陽為湘陰廢玉山縣入焉十二年廢玉州羅開皇九年廢吳昌湘瀅二縣入有渭水汨水

長沙郡舊置湘州平陳置潭州總管府大業初府廢統縣四戶一萬四千二百七十五〇長沙舊曰臨湘

置長沙郡平陳郡廢縣改名焉有銅山錫山衡山舊置衡陽郡平陳郡廢併衡山湘鄉湘東三縣入焉益陽平陳併新康縣邵入焉有浮梁山
陽舊置邵陵郡平陳郡廢併扶夷都梁二縣入焉
衡山郡平陳置衡州統縣四戶五千六十八○衡山舊置湘東郡平陳郡廢幷省臨烝新城重安三縣入焉有衡山
武水連水洡陰舊曰洡陽平陳改名焉有肥水酃水湘潭平陳廢茶陵攸水陰山建寧四縣入焉有武陽山有歷水新寧有宜溪水春江
桂陽郡平陳置郴州統縣三戶四千六百六十六○郴舊置桂陽郡平陳郡廢大業初復置有萬歲山有溱水
臨武有華陰山盧陽陳置盧陽郡平陳郡廢有潒水
零陵郡平陳初置永州總管府尋廢府統縣五戶六千八百四十五○零陵舊曰泉陽置零陵郡平陳郡廢又廢
應陽永昌初陽三縣入焉大業初復置郡湘源平陳廢洮陽灌陽小零陵三縣置縣有黃華山有觀水湘水洮水永陽舊曰營陽梁改名焉置永
陽郡平陳郡廢併營浦謝沐二縣入焉營道平陳併洽道舂陵二縣入有九疑山營山馮乘有馮水
熙平郡平陳置連州統縣九戶一萬二百六十五○桂陽梁置陽山郡平陳郡廢大業初置熙平郡有貞女山
方山有盧水淮水陽山有斟水連山梁置曰廣德隋改曰廣澤仁壽元年改名焉有黃連山宣樂梁置曰梁樂幷置梁樂郡平陳郡廢
十八年改為宣樂游安熙平舊置齊樂郡平陳郡廢武化梁置桂嶺舊曰興安開皇十八年改名焉開建梁置南靜郡平
陳郡廢

尙書荆及衡陽惟荆州上當天文自張十七度至軫十一度爲鶉首於辰在巳楚之分野其風俗物產頗同揚州其人率多勁悍決烈蓋亦天性然也南郡夷陵竟陵沔陽沅陵淸江襄陽舂陵漢東安陸永安義陽九江江夏諸郡多雜蠻左其與夏人雜居者則與諸華不別其僻處山谷者則言語不通嗜好居處全異頗與巴渝同俗諸蠻本其所出承盤瓠之後故服章多以班布爲飾其相呼以蠻則爲深忌自晉氏南遷之後南郡襄陽皆爲重鎭四方湊會故益多衣冠之緒稍尙禮義經籍焉九江襟帶所在江夏竟陵安陸各置名州爲藩鎭重寄人物乃與諸郡不同大抵荆州率敬鬼尤重祠祀之事昔屈原爲制九歌蓋由此也屈原以五月望日赴汨羅土人追至洞庭不見湖大船小莫得濟者乃歌曰何由得渡湖因爾鼓櫂爭歸競會亭上習以相傳爲競渡之戲其迅檝齊馳櫂歌亂響喧振水陸觀者如雲諸郡率然而南郡襄陽尤甚二郡又有牽鉤之戲云從講武所出楚將伐吳以爲教戰流遷不改習以相傳鉤初發動皆有鼓節羣譟歌謠振驚遠近俗云以此厭勝用致豐穰其事亦傳于他郡梁簡文之

臨雍部發教禁之由是頗息其死喪之紀雖無被髮袒踊亦知號叫哭泣始死即出屍於中庭不留室內斂畢送至山中以十三年爲限先擇吉日改入小棺謂之拾骨拾骨必須女壻蠻重女壻故以委之拾骨者除肉取骨棄小取大當葬之夕女壻或三數十人集會於宗長之宅著芒心接䍦名曰茅綏各執竹竿長一丈許上三四尺許猶帶枝葉其行伍前却皆有節奏歌吟叫呼亦有章曲傳云盤瓠初死置之於樹乃以竹木刺而下之故相承至今以爲風俗隱諱其事謂之刺北斗既葬設祭則親疎咸哭哭畢家人既至但歡飲而歸無復祭哭也其左人則又不同無衰服不復魄始死置屍館舍隣里少年各持弓箭遶屍而歌以箭扣弓爲節其歌詞說平生樂事以至終卒大抵亦猶今之挽歌歌數十闋乃衣衾棺斂送往山林別爲廬舍安置棺柩亦有於村側瘞之待二三十喪總葬石窟長沙郡又雜有夷蜒名曰莫傜自云其先祖有功常免傜役故以爲名其男子但著白布褌衫更無巾袴其女子青布衫班布裙通無鞋屩婚嫁用鐵鈷鉧爲聘財武陵巴陵零陵桂陽澧陽衡山熙平皆同焉其喪葬之節頗

同於諸左云

隋書卷三十一

隋書卷三十一考證

地理志下延陵注蒜山〇監本蒜作菻按文選顏延年侍遊蒜山詩注蒜山在潤州西二里又千祿字書俗亦作菻

丹陽郡注置郡曰揚州〇監本闕郡字又更於石頭城置蔣州元本闕於字從閣本補

句章注平陳倂餘姚鄞鄮三縣入〇監本鄮訛鄮前漢地理志會稽郡鄮注莽曰海治孟康曰音貿後漢郡國志亦有鄮 臣映斗按今浙江寧波府慈谿奉化卽鄮故地

郴注有溱水〇監本溱訛潒 臣映斗按說文溱水出桂陽臨武卽此水也潒音滕波浪也

隋書卷三十一考證

珍倣宋版印

隋書卷三十二

唐太尉揚州都督監修國史上柱國趙國公臣長孫無忌等撰

志第二十七

經籍一 經

夫經籍也者機神之妙旨聖哲之能事所以經天地緯陰陽正紀綱弘道德顯仁足以利物藏用足以獨善學之者將殖焉不學者將落焉大業崇之則成欽明之德匹夫克念則有王公之重其王者之所以樹風聲流顯號美教化移風俗何莫由乎斯道故曰其爲人也温柔敦厚詩教也疏通知遠書教也廣博易良樂教也絜靜精微易教也恭儉莊敬禮教也屬辭比事春秋教也遭時制宜質文迭用應之以通變通變之以中庸中庸則可久通變則可大其教有適其用無窮實仁義之陶鈞誠道德之橐籥也其爲用大矣隨時之義深矣言無得而稱焉故曰不疾而速不行而至今之所以知古後之所以知今其斯之謂也是以大道方行俯龜象而設卦後聖有作仰鳥跡以成文書契已傳繩木棄而

不用史官既立經籍於是興焉夫經籍也者先聖據龍圖握鳳紀南面以君天下者咸有史官以紀言行言則左史書之動則右史書之故曰君舉必書懲勸斯在考之前載則三墳五典八索九丘之類是也下逮殷周史官尤備紀言書事靡有闕遺則周禮所稱太史掌建邦之六典八法八則以詔王治小史掌邦國之志定世繫辨昭穆內史掌王之八柄策命而貳之外史掌王之外令及四方之志三皇五帝之書御史掌邦國都鄙萬民之治令以贊冢宰此則天子之史凡有五焉諸侯亦各有國史分掌其職則春秋傳晉趙穿弒靈公太史董狐書曰趙盾殺其君以示於朝宣子曰不然對曰子爲正卿亡不越境反不討賊非子而誰齊崔杼弒莊公太史書曰崔杼弒其君崔子殺之其弟嗣書死者二人其弟又書乃舍之南史聞太史盡死執簡以往聞既書矣乃還楚靈王與右尹子革語右史倚相趨而過王曰此良史也能讀三墳五典八索九丘然則諸侯史官亦非一人而已皆以記言書事太史總而裁之以成國家之典不虛美不隱惡故得有所懲勸遺文可觀則左傳稱周志國語有鄭書之類是也暨夫

周室道衰紀綱散亂國異政家殊俗褒貶失實隳紊舊章孔丘以大聖之才當傾頹之運歎鳳鳥之不至惜將墜於斯文乃述易道而刪詩書修春秋而正雅頌壞禮崩樂咸得其所自哲人萎而微言絕七十子散而大義乖戰國縱橫眞僞莫辨諸子之言紛然淆亂聖人之至德喪矣先王之要道亡矣陵夷踳駮以至于秦秦政奮豺狼之心劃先代之迹焚詩書坑儒士以刀筆吏爲師制挾書之令學者逃難竄伏山林或失本經口以傳說漢氏誅除秦項未及下車先命叔孫通草綿蕝之儀救擊柱之弊其後張蒼治律曆陸賈撰新語曹參薦蓋公言黃老惠帝除挾書之律儒者始以其業行於民間猶以去聖既遠經籍散逸簡札錯亂傳說紕繆遂使書分爲二詩分爲三論語有齊魯之殊春秋有數家之傳其餘互有踳駮不可勝言此其所以博而寡要勞而少功者也武帝置太史公命天下計書先上太史副上丞相開獻書之路置寫書之官外有太常太史博士之藏內有延閣廣內祕室之府司馬談父子世居太史探采前代斷自軒皇逮于孝武作史記一百三十篇詳其體制蓋史官之舊也至于孝成祕藏

之書頗有亡散乃使謁者陳農求遺書於天下命光祿大夫劉向校經傳諸子詩賦步兵校尉任宏校兵書太史令尹咸校數術太醫監李柱國校方技每一書就向輒撰爲一錄論其指歸辨其訛謬敘而奏之向卒後哀帝使其子歆嗣父之業乃徙温室中書於天祿閣上歆遂總括羣篇撮其指要著爲七略一曰集略二曰六藝略三曰諸子略四曰詩賦略五曰兵書略六曰術數略七曰方技略大凡三萬三千九十卷王莽之末又被焚燒光武中興篤好文雅明章繼軌尤重經術四方鴻生鉅儒負袠自遠而至者不可勝算石室蘭臺彌以充積又於東觀及仁壽閣集新書校書郎班固傅毅等典掌焉並依七略而爲書部固又編之以爲漢書藝文志董卓之亂獻帝西遷圖書縑帛軍人皆取爲帷囊所收而西猶七十餘載兩京大亂掃地皆盡魏氏代漢采掇遺亡藏在祕書中外三閣魏祕書郎鄭默始制中經祕書監荀勗又因中經更著新簿分爲四部總括羣書一曰甲部紀六藝及小學等書二曰乙部有古諸子家近世子家兵書兵家術數三曰丙部有史記舊事皇覽簿雜事四曰丁部有詩賦圖讚汲冢

書大凡四部合二萬九千九百四十五卷但錄題及言盛以縹囊書用緗素至於作者之意無所論辯惠懷之亂京華蕩覆渠閣文籍靡有孑遺東晉之初漸更鳩聚著作郎李充以勗舊簿校之其見存者但有三千一十四卷充遂總沒衆篇之名但以甲乙爲次自爾因循無所變革其後中朝遺書稍流江左宋元嘉八年祕書監謝靈運造四部目錄大凡六萬四千五百八十二卷元徽元年祕書丞王儉又造目錄大凡一萬五千七百四卷儉又別撰七志一曰經典志紀六藝小學史記雜傳二曰諸子志紀今古諸子三曰文翰志紀詩賦四曰軍書志紀兵書五曰陰陽志紀陰陽圖緯六曰術藝志紀方技七曰圖譜志紀地域及圖書其道佛附見合九條然亦不述作者之意但於書名之下每立一傳而又作九篇條例編乎首卷之中文義淺近未爲典則齊永明中祕書丞王亮監謝朏又造四部書目大凡一萬八千一十卷齊末兵火延燒祕閣經籍遺散梁初祕書監任昉躬加部集又於文德殿內列藏衆書華林園中總集釋典大凡二萬三千一百六卷而釋氏不豫焉梁有祕書監任昉殷鈞四部目錄又文

德殿目錄其術數之書更爲一部使奉朝請祖暅撰其名故梁有五部目錄普通中有處士阮孝緒沉靜寡慾篤好墳史博采宋齊已來王公之家凡有書記參校官簿更爲七錄一曰經典錄紀六藝二曰記傳錄紀史傳三曰子兵錄紀子書兵書四曰文集錄紀詩賦五曰技術錄紀數術六曰佛錄七曰道錄其分部題目頗有次序剖析辭義淺薄不經梁武敦悅詩書下化其上四境之內家有文史元帝克平侯景收文德之書及公私經籍歸于江陵大凡七萬餘卷周師入郢咸自焚之陳天嘉中又更鳩集考其篇目遺闕尚多其中原則戰爭相尋干戈是務文教之盛苻姚而已宋武入關收其圖籍府藏所有纔四千卷赤軸青紙文字古拙後魏始都燕代南略中原粗收經史未能全具孝文徙都洛邑借書於齊祕府之中稍以充實暨於爾朱之亂散落人間後齊遷鄴頗更搜聚迄於天統武平校寫不輟後周始基關右外逼彊鄰戎馬生郊日不暇給保定之始書止八千後稍加增方盈萬卷周武平齊先封書府所加舊本纔至五千隋開皇三年祕書監牛弘表請分遺使人搜訪異本每書一卷賞絹一匹校

寫既定本卽歸主於是民間異書往往閒出及平陳已後經籍漸備檢其所得多太建時書紙墨不精書亦拙惡於是總集編次存爲古本召天下工書之士京兆韋霈南陽杜頵等於祕書內補續殘缺爲正副二本藏于宮中其餘以實祕書內外之閣凡三萬餘卷煬帝卽位祕閣之書限寫五十副本分爲三品上品紅瑠璃軸中品紺瑠璃軸下品漆軸於東都觀文殿東西廂構屋以貯之東屋藏甲乙西屋藏丙丁又聚魏已來古跡名畫於殿後起二臺東曰妙楷臺藏古跡西曰寶臺藏古畫又於內道場集道佛經別撰目錄大唐武德五年克平僞鄭盡收其圖書及古跡焉命司農少卿宋遵貴載之以船泝河西上將致京師行經底柱多被漂沒其所存者十不一二其目錄亦爲所漸濡時有殘缺今考見存分爲四部合條爲一萬四千四百六十六部有八萬九千六百六十六卷其舊錄所取文義淺俗無益教理者並刪去之其舊錄所遺辭義可采有所弘益者咸附入之遠覽馬史班書近觀王阮志錄挹其風流體制削其浮雜鄙俚離其疏遠合其近密約文緒義凡五十五篇各列本條之下以備經籍志雖

未能研幾探賾窮極幽隱庶乎弘道設教可以無遺闕焉夫仁義禮智所以治國也方技數術所以治身也諸子爲經籍之鼓吹文章乃政化之黼黻皆爲治之具也故列之於此志云

歸藏十三卷晉太尉參軍薛貞注 周易二卷魏文侯師卜子夏傳殘缺梁六卷 周易十卷漢魏郡太守京房章句 周易八卷漢曲臺長孟喜章句殘缺梁十卷又有漢單父長費直注周易四卷亡 周易九卷後漢大司農鄭玄注梁又有漢南郡太守馬融注周易一卷亡 周易五卷漢荊州牧劉表章句梁有漢荊州五業從事宋忠注周易十卷亡 周易十一卷漢司空荀爽注 周易十卷魏衞將軍王肅注 周易十卷魏尙書郎王弼注六十四卦六卷韓康伯注繫辭以下三卷王弼又撰易略例一卷梁有魏大司農卿董遇注周易十卷魏散騎常侍荀煇注周易十卷亡 周易十卷吳太常姚信注 周易四卷晉儒林從事黃穎注梁有十卷今殘缺 周易九卷吳侍御史虞翻注 周易十五卷吳鬱林太守陸績注 周易十卷晉散騎常侍干寶注 周易三卷晉驃騎將軍王廙注殘缺梁有十卷 周易八卷晉著作郎張璠注殘缺梁有十卷 周易馬鄭二王四家集解十卷○周易荀爽九家注十卷○周易楊氏集二王注五卷梁有集馬鄭二王解十卷亡 周易十卷蜀才注梁有齊安參軍費元珪注周易九卷謝氏注周易八卷尹濤注周易六卷亡 周易十卷後魏司徒崔浩注 周易十卷梁處士何胤注梁有臨海令伏曼容注周易八卷侍中朱异集注周易一百卷又周易集注三十卷亡 周易七卷姚規注 周易十三卷崔覲注

周易十三卷傅氏注　周易一帙十卷盧氏注　周易繫辭二卷晉桓玄注　周易繫辭二卷晉西
中郎將謝萬等注　周易繫辭二卷晉太常韓康伯注　周易繫辭二卷梁太中大夫宋褰注又有宋東陽太守卞伯玉注繫
辭二卷亡　周易繫辭二卷荀柔之注　周易集注繫辭二卷梁有宋太中大夫徐爰注繫辭二卷亡　周易音一
卷東晉太子前率徐邈撰　周易音一卷東晉尚書郎李軌弘範撰　周易音一卷范氏撰　周易幷注音七卷
秘書學士陸德明撰　周易盡神論一卷魏司空鍾會撰梁有周易無互體論三卷鍾會撰亡　周易象論三卷晉尚書郎欒肇
撰　周易卦序論一卷晉司徒右長史楊乂撰　周易統略五卷晉少府卿鄒湛撰　周易論二卷晉馮翊太
守阮渾撰　周易論一卷晉荊州刺史宋岱撰梁有擬周易說八卷范氏撰周易宗塗四卷干寶撰周易問難二卷王氏撰周易問答一卷揚州從
事徐伯珍撰周易難王輔嗣義一卷晉揚州刺史顧夷等撰周易雜論十四卷亡　周易義一卷宋陳令范歆撰　周易玄品二卷
○周易論十卷齊中書郎周顒撰梁有三十卷亡　○周易論四卷范氏撰　周易統例十卷崔覲撰　周
易爻義一卷干寶撰　周易乾坤義一卷齊步兵校尉劉瓛撰梁又有齊臨沂令李玉之梁釋法通等乾坤義各一卷亡　周
易大義二十一卷梁武帝撰　周易幾義一卷梁南平王撰梁有周易疑通五卷宋中散大夫何諲之撰周易四德例一卷劉
瓛撰亡　周易大義一卷梁有周易錯八卷京房撰周易日月變例六卷虞翻陸績撰周易卦象數旨六卷東晉樂安亭侯李顒撰周易爻一
卷馬楷撰亡　周易大義二卷陸德明撰　周易釋序義三卷　○周易開題義十卷梁蕃撰　周易

問二十卷○周易義疏十九卷宋明帝集羣臣講梁又有國子講易義六卷宋明帝集羣臣講易義疏二十卷齊永明國學講周易講疏二十六卷又周易義三卷沈林撰亡周易講疏三十五卷梁武帝撰周易講疏十六卷梁五經博士褚仲都撰周易義疏十四卷梁都官尚書蕭子政撰周易繫辭義疏三卷蕭子政撰周易講疏三十卷陳諮議參軍張譏撰周易文句義二十卷梁有擬周易義疏十三卷周易義疏十六卷陳尚書左僕射周弘正撰周易私記二十卷○周易講疏十三卷國子祭酒何妥撰周易繫辭義疏二卷劉瓛撰周易繫辭義疏一卷梁武帝撰周易繫辭義疏二卷蕭子政撰梁有周易乾坤三象周易新圖各一卷又周易普玄圖八卷薛景和撰周易大演通統一卷顏氏撰周易譜一卷

右六十九部五百五十一卷通計亡書合九十四部八百二十九卷

昔宓羲氏始畫八卦以通神明之德以類萬物之情蓋因而重之爲六十四卦及乎三代實爲三易夏曰連山殷曰歸藏周文王作卦辭謂之周易周公又作爻辭孔子爲彖象繫辭文言序卦說卦雜卦而子夏爲之傳及秦焚書周易獨以卜筮得存唯失說卦三篇後河內女子得之漢初傳易者有田何何授丁寬寬授田王孫王孫授沛人施讎東海孟喜琅邪梁丘賀由是有施孟梁丘之學

又有東郡京房自云受易於梁國焦延壽別爲京氏學嘗立後罷後漢施孟梁丘京氏凡四家並立而傳者甚衆漢初又有東萊費直傳易其本皆古字號曰古文易以授琅邪王璜璜授沛人高相相以授子康及蘭陵毋將永故有費氏之學行於人間而未得立後漢陳元鄭衆皆傳費氏之學馬融又爲其傳以授鄭玄玄作易注荀爽又作易傳魏代王肅王弼並爲之注自是費氏大興高氏遂衰梁丘施氏高氏亡於西晉孟氏京氏有書無師梁陳鄭玄王弼二注列於國學齊代唯傳鄭義至隋王注盛行鄭學浸微今殆絕矣歸藏漢初已亡案晉中經有之唯載卜筮不似聖人之旨以本卦尚存故取貫於周易之首以備殷易之缺

古文尚書十三卷漢臨淮太守孔安國傳　今字尚書十四卷孔安國傳　尚書十一卷馬融注　尚書九卷鄭玄注　尚書十一卷王肅注　尚書十五卷晉祠部郎謝沈撰　集解尚書十一卷李顒注　集釋尚書十一卷宋給事中姜道盛注　古文尚書舜典一卷晉豫章太守范甯注梁有尚書十卷范甯注亡　尚書亡篇序一卷梁五經博士劉叔嗣注梁有尚書二十一卷劉叔嗣注又有尚書新集序一卷亡　尚書逸篇二卷○古文尚

書音一卷（徐邈撰梁有尚書音五卷孔安國鄭玄李軌徐邈等撰）今文尚書音一卷（祕書學士顧彪撰）尚書大傳三卷（鄭玄注）大傳音二卷（顧彪撰）尚書洪範五行傳論十一卷（漢光祿大夫劉向注）尚書駁議五卷（王肅撰梁有尚書義問三卷鄭玄王肅及晉五經博士孔晁撰尚書釋問四卷魏侍中王粲撰尚書王氏傳問二卷尚書義二卷范順問吳大尉劉毅答亡）尚書新釋二卷（李顒撰）尚書百問一卷（齊太學博士顧歡撰）尚書大義二十卷（梁武帝撰）尚書百釋三卷（梁國子助教巢猗撰）尚書義三卷（巢猗撰）尚書義疏十卷（梁國子助教費甝撰梁有尚書義疏四卷晉樂安王友伊說撰亡）尚書義疏三十卷（蕭詧司徒蔡大寶撰）尚書義注三卷（呂文優撰）尚書義疏七卷

○尚書述義二十卷（國子助教劉炫撰）尚書疏二十卷（顧彪撰）尚書閏義一卷○尚書義三卷（劉先生撰）尚書釋問一卷（虞氏撰）尚書文外義一卷（顧彪撰）

右三十二部二百四十七卷（通計亡書合四十一部共二百九十六卷）

書之所興蓋與文字俱起孔子觀書周室得虞夏商周四代之典刪其善者上自虞下至周爲百篇編而序之遭秦滅學至漢唯濟南伏生口傳二十八篇又河內女子得泰誓一篇獻之伏生作尚書傳四十一篇以授同郡張生張生授千乘歐陽生歐陽生授同郡兒寬寬授歐陽生之子世世傳之至曾孫歐陽高

謂之尚書歐陽之學又有夏侯都尉受業於張生以授族子始昌始昌傳族子勝爲大夏侯之學勝傳從子建別爲小夏侯之學故有歐陽大小夏侯三家並立訖漢東京相傳不絕而歐陽最盛初漢武帝時魯恭王壞孔子舊宅得其末孫惠所藏之書字皆古文孔安國以今文校之得二十五篇其泰誓與河內女子所獻不同又濟南伏生所誦有五篇相合安國並依古文開其篇第以隸古字寫之合成五十八篇其餘篇簡錯亂不可復讀並送之官府安國又爲五十八篇作傳會巫蠱事起不得奏上私傳其業於都尉朝朝授膠東庸生謂之尚書古文之學而未得立後漢扶風杜林傳古文尚書同郡賈逵爲之作訓馬融作傳鄭玄亦爲之注然其所傳唯二十九篇又雜以今文非孔舊本自餘絕無師說晉世祕府所存有古文尚書經文今無有傳者及永嘉之亂歐陽大小夏侯尚書並亡濟南伏生之傳唯劉向父子所著五行傳是其本法而又多乖戾至東晉豫章內史梅賾始得安國之傳奏之時又闕舜典一篇齊建武中吳姚興方於大桁市得其書奏上比馬鄭所注多二十八字於是始列國學梁陳所

講有孔鄭二家齊代唯傳鄭義至隋孔鄭並行而鄭氏甚微自餘所存無復師說又有尚書逸篇出於齊梁之間考其篇目似孔壁中書之殘缺者故附尚書之末

韓詩二十二卷漢常山太傅韓嬰薛氏章句　韓詩翼要十卷漢侯苞傳　韓詩外傳十卷梁有韓詩譜二卷詩神泉一卷漢有道徵士趙曄撰亡　毛詩二十卷漢河間太守毛萇傳鄭氏箋梁有毛詩十卷馬融注亡　毛詩二十卷王肅注梁有毛詩二十卷鄭玄王肅合注毛詩二十卷謝沈注毛詩二十卷晉兗州別駕江熙注亡　集注毛詩二十四卷梁桂州刺史崔靈恩注梁有毛詩序一卷梁隱居先生陶弘景注亡　毛詩箋音證十卷後魏太常卿劉芳撰梁有毛詩音十六卷徐邈等撰毛詩音二卷徐邈撰毛詩音隱一卷于氏撰亡　毛詩并注音八卷秘書學士魯世達撰　毛詩譜三卷吳太常卿徐整撰　毛詩譜二卷太叔求及劉炫注　謝氏毛詩譜鈔一卷梁有毛詩雜議難十卷漢侍中賈逵撰亡　毛詩義問十卷魏太子文學劉楨撰　毛詩義駮八卷王肅撰　毛詩奏事一卷王肅撰有毛詩問難二卷王肅撰亡　毛詩駮一卷魏司空王基撰殘缺梁五卷又有毛詩答問駮譜合八卷又毛詩釋義十卷謝沈撰毛詩義四卷毛詩箋傳是非二卷並魏秘書郎劉璠撰毛詩答雜問七卷吳侍中韋昭侍中朱育等撰毛詩義注四卷亡　毛詩異同評十卷晉長沙太守孫毓撰　難孫氏毛詩評四卷晉徐州從事陳統撰梁有毛詩表隱二卷陳統撰亡　毛詩拾遺一卷郭璞撰梁又有毛詩略四卷亡　毛詩辯異三卷晉給事郎楊乂撰梁有毛詩背隱義二卷宋中

散大夫徐廣撰毛詩引辨一卷宋奉朝請孫暢之撰毛詩釋一卷宋金紫光祿大夫何偃撰毛詩檢漏義二卷梁給事郎謝曇濟撰毛詩總集六卷毛詩隱義十卷並梁處士何胤撰亡毛詩異義二卷楊乂撰梁有毛詩雜義五卷楊乂撰毛詩義疏十卷謝沈撰毛詩雜義四卷晉江州刺史殷仲堪撰毛詩義疏五卷張氏撰亡毛詩集解敘義一卷顧歡等撰毛詩序義二卷宋通直郎雷次宗撰梁有毛詩義一卷雷次宗撰毛詩序注一卷宋交州刺史阮珍之撰毛詩序義七卷孫暢之撰亡毛詩集小序一卷劉炫注毛詩序義疏一卷劉瓛等撰殘缺梁三卷梁有毛詩篇次義一卷劉瓛撰毛詩雜義注三卷亡毛詩發題序義一卷梁武帝撰毛詩大義十一卷梁武帝撰梁有毛詩十五國風義二十卷梁簡文撰毛詩大義十三卷○毛詩草木蟲魚疏二卷烏程令吳郡陸璣撰毛詩義疏二十卷舒援撰毛詩誼府三卷後魏安豐王元延明撰毛詩義疏二十八卷蕭歸散騎常侍沈重撰毛詩義疏二十卷○毛詩義疏二十九卷○毛詩義疏十卷○毛詩義疏十一卷○毛詩義疏二十八卷○毛詩述義四十卷國子助教劉炫撰毛詩章句義疏四十卷魯世達撰毛詩釋疑一卷梁有毛詩圖三卷毛詩孔子經圖十二卷毛詩古聖賢圖二卷亡業詩二十卷宋奉朝請業遵注

右三十九部四百四十二卷通計亡書合七十六部六百八十三卷

詩者所以導達心靈歌詠情志者也故曰在心爲志發言爲詩上古人淳俗樸

情志未惑其後君尊於上臣卑於下面稱爲諂目諫爲謗故誦美譏惡以諷刺之初但歌詠而已後之君子因被管絃以存勸戒夏殷已上詩多不存周氏始自后稷而公劉克篤前烈太王肇基王迹文王光昭前緒武王克平殷亂成王周公化至太平誦美盛德踵武相繼幽厲板蕩怨刺並興其後王澤竭而詩亡魯太師摯次而錄之孔子刪詩上采商下取魯凡三百篇至秦獨以爲諷誦不滅漢初有魯人申公受詩於浮丘伯作詁訓是爲魯詩齊人轅固生亦傳詩是爲齊詩燕人韓嬰亦傳詩是爲韓詩終於後漢三家並立漢初又有趙人毛萇善詩自云子夏所傳作詁訓傳是爲毛詩古學而未得立後漢有九江謝曼卿善毛詩又爲之訓東海衞敬仲受學於曼卿先儒相承謂之毛詩序子夏所創毛公及敬仲又加潤益鄭衆賈逵馬融並作毛詩傳鄭玄作毛詩箋齊詩魏代已亡魯詩亡於西晉韓詩雖存無傳之者唯毛詩鄭箋至今獨立又有業詩奉朝請業遵所注立義多異世所不行

周官禮十二卷馬融注 周官禮十二卷鄭玄注 周官禮十二卷王肅注 周官禮十二卷

伊說注周官禮十二卷干寶注梁人有周官寧朔新書八卷晉燕王師王懋約撰亡集注周官禮二十卷崔靈恩注
禮音三卷劉昌宗撰周官禮異同評十二卷晉司空長史陳劭撰周官禮駮難四卷孫略撰梁有周官駮難三卷孫琦問干寶駮晉散騎常侍虞喜撰周官禮義疏四十卷沈重撰周官禮義疏十九卷○周官禮義疏十卷○周官禮義疏九卷周官分職四卷○周官禮圖十四卷梁有郊祀圖二卷亡
儀禮十七卷鄭玄注儀禮十七卷王肅注梁有李軌劉昌宗音各一卷鄭玄音二卷亡儀禮義疏見二卷
○儀禮義疏六卷○喪服經傳一卷馬融注喪服經傳一卷鄭玄注喪服經傳一卷王肅注
喪服經傳一卷晉給事中袁準注集注喪服經傳一卷晉廬陵太守孔倫撰喪服經傳一卷陳銓注
集注喪服經傳一卷宋太中大夫裴松之撰略注喪服經傳一卷雷次宗注集注喪服經傳二卷宋丞相諮議參軍蔡超宗注梁又有喪服經傳一卷宋徵士劉道拔注亡集解喪服經傳二卷齊東平太守田僧紹解
喪服義疏二卷梁步兵校尉五經博士賀瑒撰梁又有喪服經傳義疏五卷齊散騎郎司馬瓛撰喪服經傳義疏二卷齊給事中樓幼瑜撰喪服經傳義疏一卷劉瓛撰喪服經傳義疏一卷齊徵士沈麟士撰
喪服經傳義疏一卷梁尚書左丞何佟之撰亡喪服傳一卷梁通直郎裴子野撰喪服文句義疏十卷陳國子助教皇侃撰喪服義十卷陳國子祭酒謝嶠撰喪服義鈔三卷梁有喪服經傳隱義一卷亡
喪服要記一卷王肅注喪服要記一卷蜀丞相蔣琬撰梁有喪服變除圖五卷吳

齊王傅射慈撰亡喪服要集二卷晉征南將軍杜預撰又有喪服要記二卷晉侍中劉逵撰亡喪服儀一卷晉太保衛瓘撰梁有喪服要六卷晉司空賀循撰喪服要問六卷劉德明撰喪服三十一卷宋員外郎散騎庾蔚之撰喪服要問二卷張耀撰喪服難問六卷崔凱撰喪服雜記二十卷伊氏撰喪服釋疑二十卷孔智撰亡漢荊州刺史劉表新定禮一卷○喪服要略一卷晉太學博士環濟撰喪服要略二卷○喪服制要一卷徐氏撰喪服譜一卷鄭玄注喪服譜一卷晉開府儀同三司蔡謨撰喪服譜一卷賀循撰喪服變除一卷晉散騎常侍葛洪撰凶禮一卷晉廣陵相孔衍撰喪服要記十卷賀循撰梁有喪服要記宋員外常侍庾蔚之注又喪服世要一卷庾蔚之撰喪服集議十卷宋撫軍司馬費沈撰喪服古今集記三卷齊太尉王儉撰喪服世行要記十卷齊光祿大夫王逸撰喪服答要難一卷袁祈撰喪服記十卷王氏撰喪服五要一卷嚴氏撰駁喪服經傳一卷卜氏傳喪服疑問一卷樊氏撰喪服圖一卷王儉撰喪服圖一卷賀遊撰喪服圖一卷崔逸撰梁有喪服祥禫雜議二十九卷喪服雜議故事二十一卷又戴氏喪服五家要記圖譜五卷喪服君臣圖儀一卷亡五服圖一卷○五服圖儀一卷○喪服禮圖一卷○五服略例一卷○喪服要問一卷○喪服問答目十三卷皇侃撰喪服假寧制三卷○喪禮五服七卷大將軍袁憲撰論喪服決一卷○喪禮鈔三卷王隆伯撰大戴禮記十三卷漢信都王太傅戴德撰梁有諡法三卷後漢安南太守劉熙注亡夏小正一卷戴德撰禮記十卷

漢北中郎將盧植注禮記二十卷漢九江太守戴聖撰鄭玄注禮記三十卷王肅注梁有禮記十二卷業遵注亡禮記寧
朔新書八卷王懋約注梁有二十卷月令章句十二卷漢左中郎將蔡邕撰禮記音義隱一卷謝氏撰
禮記音二卷宋中散大夫徐爰撰梁有鄭玄王肅射慈射貞孫毓繆炳音各一卷蔡謨東晉安北諮議參軍曹耽國子助教尹毅李軌員外郎范
宣音各二卷徐邈音三卷劉昌宗音五卷亡禮記音義隱七卷○禮記三十卷魏秘書監孫炎注禮略二卷
○禮記要鈔十卷緱氏撰梁有禮義四卷魏侍中鄭小同撰撫遺別記一卷樓幼瑜撰亡禮記新義疏二十卷賀瑒
撰梁有義疏三卷宋豫章郡丞雷肅之撰亡禮記義疏九十九卷皇侃撰禮記講疏四十八卷皇侃撰禮
記義疏四十卷沈重撰禮記義十卷何氏撰禮記義疏三十八卷○禮記疏十一卷
○禮記大義十卷梁武帝撰禮記文外大義二卷秘書學士褚暉撰禮大義十卷○禮記義
證十卷劉芳撰禮大義章七卷○喪禮雜義三卷○禮記中庸傳二卷宋散騎常侍戴顒撰
中庸講疏一卷梁武帝撰私記制旨中庸義五卷○禮記略解十卷庾氏撰禮記評十
一卷劉儁撰石渠禮論四卷戴聖撰梁有羣儒疑義十二卷戴聖撰禮論三百卷宋御史中丞何承天撰禮論
條牒十卷宋太尉參軍任預撰禮論帖三卷任預撰梁四卷禮論鈔二十卷庾蔚之撰禮論要鈔十卷
王儉撰梁三卷禮論要鈔一百卷賀瑒撰禮論鈔六十九卷○禮論要鈔十卷梁有齊御史中丞荀

萬秋鈔略二卷尚書儀曹郎丘季彬論五十八卷議一百三十卷統六卷亡　禮論答問八卷宋中散大夫徐廣撰　禮論答問十三卷徐廣撰　禮答問二卷徐廣撰殘缺梁十一卷　禮答問六卷庾蔚之撰　禮答問三卷王儉撰梁有晉益壽令吳商禮難十二卷雜義十二卷又禮議雜記故事十三卷喪雜事二十卷宋光祿大夫傳隆議二卷祭法五卷亡　禮答問十二卷〇禮雜問十卷范甯撰　禮答問十卷何佟之撰梁二十卷　禮雜問十卷〇禮雜答問八卷〇禮雜答問六卷〇禮雜問答鈔一卷何佟之撰　問禮俗十卷董勛撰　問禮俗九卷董子弘撰　答問雜儀二卷任預撰　禮義答問八卷王儉撰　禮疑義五十二卷梁護軍周捨撰　制旨革牲大義三卷梁武帝撰　禮樂義十卷〇禮祕義三卷〇三禮目錄一卷鄭玄撰梁有陶弘景注一卷亡　三禮義宗三十卷崔靈恩撰　三禮宗略二十卷元延明撰　三禮大義十三卷〇三禮大義四卷〇三禮雜大義三卷梁有司馬法三卷李氏訓記三卷又郊丘議三卷魏太尉蔣濟撰祭法五卷又明堂議三卷王肅撰雜祭法六卷晉司空中郎盧諶撰祭典三卷晉安北將軍范汪撰七廟議一卷又後養議五卷干寶撰雜鄉射等議三卷晉太尉庾亮撰逆降義三卷宋特進顏延之撰逆降義一卷田僧紹撰分明土制三卷何承天撰釋疑二卷郭鴻撰答問四卷徐廣撰答問五十卷何胤撰又答問十卷亡

漢侍中阮諶等撰　周室王城明堂宗廟圖一卷祁諶撰梁又有冠服圖一卷五宗圖一卷月令圖一卷亡　三禮圖九卷鄭玄及後

右一百三十六部一千六百二十二卷通計亡書合二百一十一部二千一百八十六卷

自大道既隱天下爲家先王制其夫婦父子君臣上下親疏之節至于三代損益不同周衰諸侯僭忒惡其害己多被焚削自孔子時已不能具至秦而頓滅漢初有高堂生傳十七篇又有古經出於淹中而河間獻王好古愛學收集餘燼得而獻之合五十六篇並威儀之事而又得司馬穰苴兵法一百五十五篇及明堂陰陽之記並無敢傳之者唯古經十七篇與高堂生所傳不殊而字多異自高堂生至宣帝時后蒼最明其業乃爲曲臺記蒼授梁人戴德及德從兄子聖沛人慶普於是有大戴小戴慶氏三家並立後漢唯曹元傳慶氏以授其子褒然三家雖存並微相傳不絕漢末鄭玄傳小戴之學後以古經校之取其於義長者作注爲鄭氏學其喪服一篇子夏先傳之諸儒多爲注解今又別行而漢時有李氏得周官周官蓋周公所制官政之法上於河間獻王獨闕冬官一篇獻王購以千金不得遂取考工記以補其處合成六篇奏之至王莽時劉歆始置博士以行於世河南緱氏及杜子春受業於歆因以教授是後馬融作周官傳以授鄭玄玄作周官注漢初河間獻王又得仲尼弟子及後學者所記

一百三十一篇獻之時亦無傳之者至劉向考校經籍檢得一百三十篇向因
第而敘之而又得明堂陰陽記三十三篇孔子三朝記七篇王氏史氏記二十
一篇樂記二十三篇凡五種合二百十四篇戴德刪其煩重合而記之爲八十
五篇謂之大戴記而戴聖又刪大戴之書爲四十六篇謂之小戴記漢末馬融
遂傳小戴之學融又足月令一篇明堂位一篇樂記一篇合四十九篇而鄭玄
受業於融又爲之注今周官六篇古經十七篇小戴記四十九篇凡三種唯鄭
注立於國學其餘並多散亡又無師說

樂社大義十卷梁武帝撰樂論三卷梁武帝撰梁有樂義十一卷武帝集朝臣撰亡樂論一卷衛尉少卿蕭吉撰古
今樂錄十二卷陳沙門智匠撰樂書七卷後魏丞相士曹行參軍信都芳撰樂雜書三卷○樂元一卷
魏僧撰管絃記十卷凌秀撰樂要一卷何妥撰樂部一卷○春官樂部五卷梁有宋元嘉正聲伎
錄一卷張解撰亡樂府聲調六卷岐州刺史沛國公鄭譯撰樂府聲調三卷鄭譯撰樂經四卷○琴操
三卷晉廣陵相孔衍撰琴操鈔二卷○琴操鈔一卷○琴譜四卷戴氏撰琴經一卷○琴
說一卷○琴曆頭簿一卷○新雜漆調絃譜一卷○樂譜四卷○樂譜集二十

卷蕭吉撰樂略四卷○樂律義四卷沈重撰鍾律義一卷○樂簿十卷○齊朝曲簿一卷○大隋總典簿一卷○推七音二卷并尺法樂論事一卷○樂事一卷○正聲伎雜等曲簿一卷○太常寺曲名一卷○太常寺曲簿十一卷○歌曲名五卷○歷代樂名一卷○鍾磬志二卷公孫崇撰樂懸一卷何晏等議撰樂懸圖一卷○鍾律緯辯宗見一卷○當管七聲二卷魏僧撰黃鍾律一卷梁有鍾律緯六卷梁武帝撰亡

右四十二部一百四十二卷通計亡書合四十六部二百六十三卷

樂者先王所以致神祇和邦國諧百姓安賓客悅遠人所從來久矣周人存六代之樂曰雲門咸池大韶大夏大濩大武其後衰微崩壞及秦而頓滅漢初制氏雖紀其鏗鏘鼓儛而不能通其義其後竇公河間獻王常山王張禹咸獻樂書魏晉已後雖加損益去正轉遠事在聲樂志今錄其見書以補樂章之闕

春秋經十三卷吳衞將軍士燮注春秋左氏長經二十卷漢侍中賈逵章句春秋左氏解詁三十卷賈逵撰春秋左氏傳解誼三十一卷漢九江太守服虔注春秋左氏傳三十卷王肅注春秋左氏傳三十卷董遇章句春秋左氏傳義注十八卷孫毓注春秋左氏傳十二卷魏司

徒王朗撰春秋左氏經傳集解三十卷杜預撰春秋杜氏服氏注春秋左傳十卷殘缺春
秋左氏傳音三卷魏中散大夫嵇康撰梁有服虔杜預音三卷魏高貴鄉公春秋左氏傳音三卷曹躭音尚書左人郎荀訥等音四卷亡
春秋左氏傳音三卷李軌撰春秋左氏傳音三卷徐邈撰春秋釋訓一卷賈逵撰春秋
左氏經傳朱墨列一卷賈逵撰春秋釋例十卷漢公車徵士潁容撰梁有春秋左氏傳條例九卷漢大司農鄭衆撰
春秋左氏膏肓釋痾十卷服虔撰梁有春秋漢議駮二卷服虔撰亡駮何氏漢議二卷鄭玄撰春秋成
長說九卷服虔撰梁有春秋左氏達義一卷漢司徒掾王玢撰亡春秋塞難三卷服虔撰梁有春秋雜議難五卷漢少府孔融撰
春秋左氏釋駮一卷王朗撰亡春秋說要十卷魏樂平太守麋信撰春秋釋例十五卷杜預撰梁有春秋釋例引序一卷齊
正員郎杜乾光撰亡春秋左氏傳評二卷杜預撰春秋條例十一卷晉太尉劉寔撰梁有春秋公羊達義三卷劉寔
撰亡春秋經例十二卷晉方範撰梁有春秋釋滯十卷晉尚書左丞殷興撰春秋釋難三卷晉護軍范堅撰亡春秋左氏傳
條例二十五卷○春秋義例十卷○春秋左傳例苑十九卷梁有春秋經傳說例疑隱一卷吳略
撰春秋左氏分野一卷春秋十二公名一卷鄭玄撰亡春秋左氏經傳通解四卷王述之撰春秋左氏傳賈服
異同略五卷孫毓撰春秋左氏函傳義十五卷干寶撰春秋左氏區別三十卷宋尚書功
論郎何賀真撰春秋文苑六卷○春秋叢林十二卷○春秋義林一卷○春秋大夫辭

三卷○春秋嘉語六卷○春秋左氏諸大夫世譜十三卷○春秋五辯二卷（梁五
經博士沈宏撰）春秋辯證六卷○春秋旨通十卷（王述之撰）春秋經傳解六卷（崔靈恩撰）春秋申
先儒傳論十卷（崔靈恩撰）春秋左氏傳立義十卷（崔靈恩撰）劉寔等集解春秋序一卷○
春秋序論二卷（干寶撰）春秋序一卷（賀道養注）春秋序一卷（崔靈恩撰）春秋序一卷（田元休注）春
秋左傳杜預序集解一卷（劉炫注）○春秋左氏經傳義略二十五卷（陳國子博士沈文阿撰）
王元規續沈文阿春秋左氏傳義略十卷○春秋義略三十卷（陳右軍將軍張沖撰）春秋
左氏義略八卷○春秋五十凡義疏二卷○春秋左氏傳述義四十卷（東京太學博士
劉炫撰）春秋序義疏一卷（梁有春秋發題一卷梁簡文帝撰春秋左氏圖十卷漢太子太傅嚴彭祖撰古今春秋盟會地圖一卷亡）春
秋公羊傳十二卷（嚴彭祖撰）春秋公羊解詁十一卷（漢諫議大夫何休注）春秋公羊經傳十三
卷（晉散騎常侍王愆期注梁有春秋公羊傳十二卷晉河南太守高龍注春秋公羊傳十四卷孔衍集解春秋公羊音李軌晉徵士江淳撰各一卷）春
秋繁露十七卷（漢膠西相董仲舒撰）春秋決事十卷（董仲舒撰）春秋決疑論一卷○春秋左氏
膏肓十卷（何休撰）春秋穀梁廢疾三卷（何休撰）春秋漢議十三卷（何休撰）駁何氏漢議
二卷（鄭玄撰梁有漢議駁二卷服虔撰亡）駁何氏漢議序一卷○春秋公羊墨守十四卷（何休撰）春

秋公羊例序五卷刁氏撰春秋公羊諡例一卷何休撰梁有春秋公羊傳條例一卷何休撰春秋公羊傳問答五卷荀爽問魏安平太守徐欽答春秋公羊論二卷晉車騎將軍庾翼問王愆期答亡春秋公羊解序一卷鮮于公撰春秋公羊疏十二卷○春秋穀梁傳十三卷吳僕射唐固注梁有春秋穀梁傳十五卷漢諫議大夫尹更始撰亡春秋穀梁傳十二卷魏平樂太守麋信注穀梁傳十卷晉堂邑太守張靖注梁有春秋穀梁傳十三卷晉給事郎徐乾注春秋穀梁傳十卷胡訥集解亡春秋穀梁傳十六卷程闡撰春秋穀梁傳十四卷孔衍撰春秋穀梁傳十二卷徐邈撰春秋穀梁傳十四卷段肅注疑漢人春秋穀梁傳五卷孔君指訓殘缺梁十四卷春秋穀梁傳十二卷范甯集解梁有穀梁音一卷亡春秋穀梁傳四卷殘缺張程孫劉四家集解麋信理何氏漢議二卷魏人撰春秋穀梁傳義十卷徐邈撰春秋議十卷何休撰徐邈答春秋穀梁義三卷○薄叔玄問穀梁義二卷梁四卷春秋穀梁傳例一卷范甯撰春秋公羊穀梁傳十二卷晉博士劉兆撰春秋穀梁廢疾三卷何休撰鄭玄釋張靖箋春秋公羊穀梁二傳評三卷○春秋三家經本訓詁十二卷賈逵撰宋有三家經二卷亡春秋三傳論十卷魏大長秋韓益撰春秋經合三傳十卷潘叔度撰春秋成奪十卷潘叔度撰春秋二傳評十卷胡訥撰梁有春秋集三師難三卷春秋集三傳經解十卷胡訥撰今亡春秋土地名三卷晉裴秀客京相璠等撰春秋外傳國語二十卷賈逵注春

秋外傳國語二十一卷虞翻注 春秋外傳章句一卷王肅撰梁二十一卷 春秋外傳國語二十二卷韋昭注 春秋外傳國語二十卷晉五經博士孔晁注 春秋外傳國語二十一卷唐固注梁有春秋古今盟會地圖一卷亡

右九十七部九百八十三卷通計亡書合一百三十部一千一百九十卷

春秋者魯史策書之名昔成周微弱典章淪廢魯以周公之故遺制尚存仲尼因其舊史裁而正之或婉而成章以存大順或直書其事以示首惡故有求名而亡欲蓋而彰亂臣賊子於是大懼其所襃貶不可具書皆口授弟子弟子退而異說左丘明恐失其真乃為之傳遭秦滅學口說尚存漢初有公羊穀梁鄒氏夾氏四家並行王莽之亂鄒氏無師夾氏亡初齊人胡毋子都傳公羊春秋授東海嬴公嬴公授東海孟卿孟卿授魯人眭孟眭孟授東海嚴彭祖魯人顏安樂故後漢公羊有嚴氏顏氏之學與穀梁三家並立漢末何休又作公羊解說而左氏漢初出於張蒼之家本無傳者至文帝時梁太傅賈誼為訓詁授趙人貫公其後劉歆典校經籍考而正之欲立於學諸儒莫應至建武中尚書令

韓歆請立而未行時陳元最明左傳又上書訟之於是乃以魏郡李封爲左氏博士後羣儒蔽固者數廷爭之及封卒遂罷然諸儒傳左氏者甚衆永平中能爲左氏者擢高第爲講郎其後賈逵服虔並爲訓解至魏遂行於世晉時杜預又爲經傳集解穀梁范甯注公羊何休注左氏服虔杜預注俱立國學然公羊穀梁但試讀文而不能通其義後學三傳通講而左氏唯傳服義至隋杜氏盛行服義及公羊穀梁浸微今殆無師說

古文孝經一卷 孔安國傳梁末亡逸今疑非古本 孝經一卷 鄭氏注梁有馬融鄭衆注孝經二卷亡 孝經一卷 王肅解梁有魏散騎常侍蘇林吏部尚書何晏光祿大夫劉邵孫氏等注孝經各一卷亡 孝經解讚一卷 韋昭解 孝經嘿注一卷 徐整注 集解孝經一卷 謝萬集 集議孝經一卷 晉中書郎荀勗撰亡 集議孝經一卷 晉東陽太守袁敬仲集梁有孝經皇義一卷宋均撰又存晉給事中楊泓處士虞槃佐孫氏東陽太守殷仲文晉陵太守殷叔道丹陽尹車胤孔光各注孝經一卷荀勗注孝經二卷宋何承天費沈齊光祿大夫王玄載國子博士明僧紹梁五經博士嚴植之尙書功論郎曹思文羽林監江係之江逡等注孝經各一卷釋慧始注孝經一卷陶弘景集注孝經一卷諸葛循孝經序一卷亡 孝經一卷 釋慧琳注梁有晉穆帝時晉孝經一卷武帝時送總明館孝經講議各一卷宋大明中東宮講齊永明三年東宮講齊永明中諸王講及賀瑒講議孝經義疏各一卷齊臨沂令李玄之爲始與王講孝經義疏二卷亡 孝經義疏十

八卷梁武帝撰梁有皇太子講孝經義三卷天監八年皇太子講孝經義一卷梁簡文孝經義疏五卷蕭子顯孝經義疏一卷亡孝經敬愛義一卷梁吏部尚書蕭子顯撰孝經私記四卷無名先生撰孝經義一卷○孝經義疏一卷趙景韶撰孝經義疏三卷皇侃撰孝經私記二卷周弘正撰千文孝經述義五卷劉炫撰孝經講疏六卷徐孝克撰孝經義一卷梁揚州文學從事太史叔明撰梁有孝經玄孝經圖各一卷孝經孔子圖二卷亡國語孝經一卷

右十八部合六十三卷通計亡書合五十九部一百一十四卷

夫孝者天之經地之義人之行自天子達於庶人雖尊卑有差及乎行孝其義一也先王因之以治國家化天下故能不嚴而順不肅而成斯實生靈之至德王者之要道孔子既敘六經題目不同指意差別恐斯道離散故作孝經以總會之明其枝流雖分本萌於孝者也遭秦焚書爲河間人顏芝所藏漢初芝子貞出之凡十八章而長孫氏博士江翁少府后蒼諫議大夫翼奉安昌侯張禹皆名其學又有古文孝經與古文尚書同出而長孫有閨門一章其餘經文大較相似篇簡缺解又有衍出三章幷前合爲二十二章孔安國爲之傳至劉向

典校經籍以顏本比古文除其繁惑以十八章爲定鄭衆馬融並爲之注又有鄭氏注相傳或云鄭玄其立義與玄所注餘書不同故疑之梁代安國及鄭氏二家並立國學而安國之本亡於梁亂陳及周齊唯傳鄭氏至隋祕書監王劭於京師訪得孔傳送至河間劉炫炫因序其得喪述其議疏講於人間漸聞朝廷後遂著令與鄭氏並立儒者諠諠皆云炫自作之非孔舊本而祕府又先無其書又云魏氏遷洛未達華語孝文帝命侯伏侯可悉陵以夷言譯孝經之旨教于國人謂之國語孝經今取以附此篇之末

論語十卷鄭玄注梁有古文論語十卷鄭玄注又王肅虞翻譙周等注論語各十卷亡 論語九卷鄭玄注晉散騎常侍虞喜讚 集解論語十卷何晏集 集注論語六卷晉八卷晉太保衞瓘注梁有論語補闕二卷宋明帝補衞瓘闕亡 論語集義八卷晉尚書左中兵郎崔豹集梁十卷 論語十卷晉著作郎李充注 集解論語十卷晉廷尉孫綽解梁有盈氏及孟釐注論語各十卷亡 集解論語十卷晉兗州別駕江熙解 論語七卷盧氏注梁有晉國子博士梁覬益州刺史袁喬尹毅司徒左長史張憑及陽惠明宋新安太守孔澄之齊員外郎虞遐及許容曹思文注釋僧智略解梁太史叔明集解陶弘景集注論語各十卷又論語音二卷徐邈等撰亡 論語難鄭一卷梁有古論語義注譜一卷徐氏撰論語隱義注三卷論語義注三卷亡 論語難鄭一卷○論語標

指一卷司馬氏撰論語雜問一卷○論語孔子弟子目錄一卷鄭玄撰論語體略二卷晉太傅主簿郭象撰論語旨序三卷晉衞尉繆播撰論語釋疑三卷王弼撰論語釋一卷張憑撰論語釋疑十卷晉尚書郎欒肇撰梁有論語釋駁三卷王肅撰論語駁序二卷欒肇撰論語隱一卷郭象撰論語藏集解一卷應琛撰論語釋一卷曹毗撰論語君子無所爭一卷庾亮撰論語釋一卷李充撰論語釋一卷庾翼撰論語義一卷王濛撰又蔡系論語釋一卷張隱論語釋一卷郄原通鄭一卷王氏修鄭錯一卷姜處道論釋一卷亡論語別義十卷范廙撰梁有論語疏八卷宋司空法曹張略等撰新書對張論十卷虞喜撰論語義疏十卷褚仲都撰論語義疏十卷皇侃撰論語述義十卷劉炫撰論語義疏八卷○論語講疏文句義五卷徐孝克撰殘缺論語義疏二卷張沖撰梁有論語義注圖十二卷亡孔叢七卷陳勝博士孔鮒撰梁有孔志十卷梁太尉參軍劉被撰亡孔子家語二十一卷王肅解梁有當家語二卷魏博士張融撰亡孔子正言二十卷梁武帝撰爾雅三卷漢中散大夫樊光注梁有漢劉歆犍爲文學中黃門李巡爾雅各三卷亡爾雅七卷孫炎注爾雅五卷郭璞注集注爾雅十卷梁黃門郎沈琁注爾雅音八卷祕書學士江灌撰梁有爾雅音二卷孫炎郭璞撰爾雅圖十卷郭璞撰梁有爾雅圖讚二卷郭璞撰亡廣雅三卷魏博士張揖撰梁有四卷廣雅音四卷祕書學士曹憲撰小爾雅一卷李軌略解方言十三卷漢楊雄撰郭璞注釋名八卷劉熙撰辯釋名一卷韋昭撰五經音十卷徐邈撰五經正名十二卷劉炫撰白虎通六卷○五經異義十卷後漢太尉

祭酒許慎撰 五經然否論五卷 晉散騎常侍譙周撰 五經拘沈十卷 晉高涼太守楊方撰 五經大義三卷 戴逵撰梁有通五經五卷王氏撰五經咨疑八卷周楊瑒撰五經異同評一卷賀瑒撰五經秘表要三卷亡 五經大義十卷 後周縣伯中大夫樊文深撰 經典大義十二卷 沈文阿撰 五經大義五卷 何妥撰 五經通義八卷 梁九卷 五經義六卷 梁七卷梁又有五經義略一卷亡 五經要義五卷 梁十七卷雷氏撰 五經析疑二十八卷 邯鄲綽撰 五經宗略二十三卷 元延明撰 五經雜義六卷 孫暢之撰 長春義記一百卷 梁簡文帝撰 大義九卷〇遊玄桂林九卷 張譏撰 六經通數十卷 梁舍人鮑泉撰 七經義綱二十九卷 樊文深撰 七經論三卷 樊文深撰 質疑五卷 樊文深撰 經典玄儒大義序錄二卷 沈文阿撰 玄義問答二卷〇六藝論一卷 鄭玄撰 聖證論十二卷 王肅撰 鄭志十一卷 魏侍中鄭小同撰 鄭記六卷 鄭玄弟子撰 謚法三卷 劉熙撰 謚法十卷 特進中軍將軍沈約撰 謚法五卷 梁太府賀瑒撰 江都集禮一百二十六卷

右七十三部七百八十一卷 通計亡書合一百一十六部一千二百二十七卷

論語者孔子弟子所錄孔子既敘六經講於洙泗之上門徒三千達者七十其與夫子應答及私相講肄言合於道或書之於紳或事之無厭仲尼既沒遂緝

而論之謂之論語漢初有齊魯之說其齊人傳者二十二篇魯人傳者二十篇齊則昌邑中尉王吉少府宗畸御史大夫貢禹尚書令五鹿充宗膠東庸生魯則常山都尉龔奮長信少府夏侯勝韋丞相節侯父子魯扶卿前將軍蕭望之安昌侯張禹並名其學張禹本授魯論晚講齊論後遂合而考之刪其煩惑除去齊論問王知道二篇從魯論二十篇爲定號張侯論當世重之周氏包氏爲之章句馬融又爲之訓又有古論語與古文尚書同出章句煩省與魯論不異唯分子張爲二篇故有二十一篇孔安國爲之傳漢末鄭玄以張侯論爲本參考齊論古論而爲之注魏司空陳羣太常王肅博士周生烈皆爲義說吏部尚書何晏又爲集解是後諸儒多爲之注齊論遂亡古論先無師說梁陳之時唯鄭玄何晏立於國學而鄭氏甚微周齊鄭學獨立至隋何鄭並行鄭氏盛於人間其孔叢家語並孔氏所傳仲尼之旨爾雅諸書解古今之意幷五經總義附于此篇

河圖二十卷梁河圖洛書二十四卷目錄一卷亡河圖龍文一卷○易緯八卷鄭玄注梁有九卷尚書緯

三卷鄭玄注梁六卷尚書中候五卷鄭玄注梁有八卷今殘缺詩緯十八卷魏博士宋均注梁十卷禮緯三卷鄭玄注亡禮記默房二卷宋均注梁有三卷鄭玄注亡樂緯三卷宋均注梁有樂五鳥圖一卷亡春秋災異十五卷郗萌撰梁有春秋緯三十卷宋均注春秋內事四卷春秋包命二卷春秋秘事十一卷書易詩孝經春秋河洛緯秘要一卷五帝鈎命決圖一卷亡孝經勾命決六卷宋均注孝經援神契七卷宋均注孝經內事一卷梁有孝經雜緯十卷宋均注孝經元命包一卷孝經古秘援神二卷孝經古秘圖一卷孝經左右握二卷孝經左右契圖一卷孝經雌雄圖三卷孝經異本雌雄圖二卷孝經分野圖一卷孝經內事圖二卷孝經內事星宿講堂七十二弟子圖一卷又口授圖一卷又論語讖八卷宋均注孔老讖十二卷老子河洛讖一卷尹公讖四卷劉向讖二卷雜讖書二十九卷堯戒舜禹一卷孔子王明鏡一卷郭文金雄記一卷王子年歌一卷嵩高道士歌一卷亡

右十三部合九十二卷通計亡書合三十二部共一百三十二卷

易曰河出圖洛出書然則聖人之受命也必因積德累業豐功厚利誠著天地澤被生人萬物之所歸往神明之所福饗則有天命之應蓋龜龍銜負出於河洛以紀易代之徵其理幽昧究極神道先王恐其惑人秘而不傳說者又云孔子既敘六經以明天人之道知後世不能稽同其意故別立緯及讖以遺來世其書出於前漢有河圖九篇洛書六篇云自黃帝至周文王所受本文又別有

三十篇云自初起至于孔子九聖之所增演以廣其意又有七經緯三十六篇並云孔子所作幷前合爲八十一篇而又有尙書中候洛罪級五行傳詩推度災氾曆樞含神務孝經勾命決援神契雜讖等書漢代有郗氏袁氏說漢末郎中郗萌集圖緯讖雜占爲五十篇謂之春秋災異宋均鄭玄並爲讖律之注然其文辭淺俗顚倒舛謬不類聖人之旨相傳疑世人造爲之後或者又加點竄非其實錄起王莽好符命光武以圖讖興遂盛行於世漢時又詔東平王蒼正五經章句皆命從讖俗儒趨時益爲其學篇卷第目轉加增廣言五經者皆憑讖爲說唯孔安國毛公王璜賈逵之徒獨非之相承以爲祆妄亂中庸之典故因漢魯恭王河閒獻王所得古文參而考之以成其義謂之古學當世之儒又非毁之竟不得行魏代王肅推引古學以難其義王弼杜預從而明之自是古學稍立至宋大明中始禁圖讖梁天監已後又重其制及高祖受禪禁之踰切煬帝卽位乃發使四出搜天下書籍與讖緯相涉者皆焚之爲吏所糾者至死自是無復其學祕府之内亦多散亡今錄其見存列于六經之下以備異說

三蒼三卷郭璞注秦相李斯作蒼頡篇漢揚雄作訓纂篇後漢郎中賈訪作滂喜篇故曰三蒼梁有蒼頡二卷後漢司空杜林注亡埤蒼三
卷張揖撰梁有廣蒼一卷樊恭撰亡急就章一卷漢黃門令史游撰急就章二卷崔浩撰急就章三卷豆盧
氏撰吳章二卷陸機撰小學篇一卷晉下邳內史王義撰少學九卷楊方撰始學一卷○勸學一
卷蔡邕撰有司馬相如凡將篇班固太甲篇在昔篇崔瑗飛龍篇蔡邕聖皇篇黃初篇吳章篇蔡邕女史篇合八卷又幼學二卷朱育撰始學十二卷吳郎
中項峻撰又月儀十二卷亡發蒙記一卷晉著作郎束皙撰啓蒙記三卷晉散騎常侍顧愷之撰啓疑記三卷
顧愷之撰千字文一卷梁給事郎周興嗣撰千字文一卷梁國子祭酒蕭子雲注千字文一卷胡肅注篆書
千字文一卷○演千字文五卷○草書千字文一卷○古今字詁三卷張揖撰梁有難
字一卷錯誤字一卷並張揖撰異字二卷朱育撰字屬一卷賈魴撰亡雜字解詁四卷魏掖庭右丞周氏撰梁有解文字七卷周成撰字義
訓音六卷古今字苑十卷曹侯彥撰亡雜字指一卷後漢太子中庶子郭顯卿撰字指二卷晉朝議大夫李彤撰梁有單行字四
卷李彤撰又字偶五卷亡說文十五卷許慎撰梁有演說文一卷庾儼默注亡說文音隱四卷○字林七卷晉弦
令呂忱撰字林音義五卷宋揚州督護吳恭撰古今字書十卷○字書三卷○字書十卷○字
統二十一卷楊承慶撰玉篇三十一卷陳左將軍顧野王撰字類敍評三卷侯洪泊撰要字苑一卷
宋豫章太守謝康樂撰梁有常用字訓一卷殷仲堪撰要用字對誤四卷梁輕車參軍鄒誕生撰亡要用雜字三卷鄒里撰梁有文字要記三

卷王義撰亡俗語難字一卷秘書少監王劭撰雜字要三卷密州行參軍李少通撰文字整疑一卷〇
正名一卷〇文字集略六卷梁文貞處士阮孝緒撰今字辯疑三卷李少通撰異字同音一卷
梁有釋字同音三卷宋散騎常侍吉文甫撰字宗三卷薛立撰文字譜一卷梁有古今文字序一卷劉歆撰文字通略一卷焦子
明撰亡文字辯嫌一卷彭立撰辯字一卷戴規撰雜字音一卷〇借音字一卷〇音書
考源一卷〇聲韻四十一卷周研撰聲類十卷魏左校令李登撰韻集十卷〇韻集六卷
晉安復令呂靜撰四聲韻林二十八卷張諒撰韻集八卷段弘撰羣玉典韻五卷梁有文章音韻二卷
王該撰又五音韻五卷亡韻略一卷楊林之撰脩續音韻決疑十四卷李槩撰纂韻鈔十卷〇四聲
指歸一卷劉善經撰四聲一卷梁太子少傅沈約撰四聲韻略十三卷夏侯詠撰音譜四卷李槩撰韻
英三卷釋靜洪撰通俗文一卷服虔撰訓俗文字略一卷後齊黃門郎顏之推撰證俗音字略六
卷梁有詁幼二卷顏延之撰廣詁幼一卷宋給事中荀楷撰亡文字音七卷晉蕩昌長王延撰梁有纂文三卷亡翻真語一卷
王延撰真言鑒誡一卷〇字書音異一卷〇敘同音義三卷〇河洛語音一卷
王長孫撰國語十五卷〇國語十卷〇鮮卑語五卷〇國語物名四卷後魏侯伏侯可悉陵撰
國語真歌十卷〇國語雜物名三卷侯伏侯可悉陵撰國語十八傳一卷〇國語御歌

十一卷○鮮卑語十卷○國語號令四卷○國語雜文十五卷○鮮卑號令一卷（周武帝撰）雜號令一卷○古文官書一卷（後漢議郎衛敬仲撰）古今奇字一卷（郭顯卿撰）六文書一卷○四體書勢一卷（晉長水校尉衛恆撰）雜體書九卷（釋正度撰）古今八體六文書法一卷○古今篆隸雜字體一卷（蕭子政撰）古今文等書一卷○篆隸雜體書二卷○文字圖二卷○古今字圖雜錄一卷（祕書學士曹憲撰）婆羅門書一卷（梁有扶南胡書一卷）外國書四卷○秦皇東巡會稽刻石文一卷○一字石經周易一卷（梁有三卷）一字石經尚書六卷（梁有今字石經鄭氏尚書八卷亡）一字石經魯詩六卷（梁有毛詩二卷亡）一字石經儀禮九卷○一字石經春秋一卷（梁有一卷）一字石經公羊傳九卷○一字石經論語一卷（梁有二卷）一字石經典論一卷○三字石經尚書九卷（梁有十三卷）三字石經尚書五卷○三字石經春秋三卷（梁有十二卷）

右一百八部四百四十七卷（通計亡書合一百三十五部五百六十九卷）

孔子曰必也正名乎名謂書字名不正則言不順言不順則事不成說者以爲書之所起起自黃帝蒼頡比類象形謂之文形聲相益謂之字著於竹帛謂之

書故有象形諧聲會意轉注假借處事六義之別古者童子示而不誑六年教之數與方名十歲入小學學書計二十而冠始習先王之道故能成其德而任事然自蒼頡訖于漢初書經五變一曰古文卽蒼頡所作二曰大篆周宣王時史籀所作三曰小篆秦時李斯所作四曰隸書程邈所作五曰草書漢初作秦世旣廢古文始用八體有大篆小篆刻符摹印蟲書署書殳書隸書漢時以六體教學童有古文奇字篆書隸書繆篆蟲鳥幷藁書楷書懸針垂露飛白等二十餘種之勢皆出於上六書因事生變也魏世又有八分書其字義訓讀有史籀篇蒼頡篇三蒼埤蒼廣蒼等諸篇章訓詁說文字林音義聲韻體勢等諸書自後漢佛法行於中國又得西域胡書能以十四字貫一切音文省而義廣謂之婆羅門書與八體六文之義殊別今取以附體勢之下又後魏初定中原軍容號令皆以夷語後染華俗多不能通故錄其本言相傳教習謂之國語今取以附音韻之末又後漢鐫刻七經著於石碑皆蔡邕所書魏正始中又立一字石經相承以爲七經正字後魏之末齊神武執政自洛陽徙于鄴都行至河陽

值岸崩遂沒于水其得至鄴者不盈太半至隋開皇六年又自鄴京載入長安置於祕書內省議欲補緝立于國學尋屬隋亂事遂寢廢營造之司因用爲柱礎貞觀初祕書監臣魏徵始收聚之十不存一其相承傳拓之本猶在祕府幷秦帝刻石附於此篇以備小學

凡六藝經緯六百二十七部五千三百七十一卷（通計亡書合九百五十部七千二百九十卷）

傳曰玉不琢不成器人不學不知道古之君子多識而不窮畜疑以待問學不踰等教不陵節言約而易曉師逸而功倍且耕且養三年而成一藝自孔子沒而微言絕七十子喪而大義乖學者離羣索居各爲異說至于戰國典文遺棄六經之儒不能究其宗旨多立小數一經至數百萬言致令學者難曉虛誦問答脣腐齒落而不知益且先王設教以防人欲必本於人事折之中道上天之命略而罕言方外之理固所未說至後漢好圖讖晉世重玄言穿鑿妄作日以滋生先王正典雜之以祅妄大雅之論汩之以放誕陵夷至于近代去正轉疎無復師資之法學不心解專以浮華相尚豫造雜難擬爲讎對遂有芟角反對

互從等諸翻競之說馳騁煩言以紊彝敘譊譊成俗而不知變此學者之蔽也

班固列六藝爲九種或以緯書解經合爲十種

隋書卷三十二

隋書卷三十二考證

經籍志一言則左史書之動則右史書之○臣映斗按禮記玉藻動則左史書之言則右史書之後人引用往往互易云

周易講疏十三卷注國子祭酒何妥撰○監本何妥訛何安南監本訛何晏惟閣本作何妥按妥本傳歷國子祭酒撰周易講疏十三卷

毛詩義問十卷注魏太子文學劉楨撰○監本楨訛禎按魏志劉楨字公幹爲司空軍謀祭酒掾屬五官將文學

毛詩草木蟲魚疏二卷注烏程令吳郡陸璣撰○監本璣訛機按宋晁公武郡齋讀書志毛詩草木鳥獸蟲魚疏二卷吳陸璣撰或題曰陸機非也

右一百三十六部一千六百二十二卷注通計亡書合二百一十一部二千一百八十六卷○監本脫合字按前後俱合亡書統算此亦合現存書與亡書統算部卷乃符增合字

隋書卷三十二考證

西元二〇二〇年十一月一日重製一版

隋書（附考證）冊二（唐魏徵撰）

平裝四冊基本定價參仟元正
（郵運匯費另加）

發行人：張敏君

發行處：中華書局

臺北市內湖區舊宗路二段一八一巷八號五樓（5FL., No. 8, Lane 181, JIOU-TZUNG Rd., Sec 2, NEI HU, TAIPEI, 11494, TAIWAN）

客服電話：886-2-8797-8396

公司傳真：886-2-8797-8909

匯款帳戶：華南商業銀行西湖分行
179100026931

印刷：維中科技有限公司
海瑞印刷品有限公司

No. N1050-2

國家圖書館出版品預行編目(CIP)資料

隋書/(唐)魏徵撰. -- 重製一版. -- 臺北市 : 中華書局, 2020.11

冊 ;　公分

ISBN 978-986-5512-30-9(全套 : 平裝)

1.隋史

623.701　　109016718